영남대학교
인문학
육성총서
• • • 24

영어음성음운론 - 이론과 실습
초판 발행 2019년 8월 30일
지은이 신승훈
디자인 정재완
펴낸곳 영남대학교출판부
펴낸이 서길수
출판등록 1975년 9월 5일 경산 제16-1호
주소 경북 경산시 대학로 280
전화 053) 810-1801~3
FAX 053) 810-4722
홈페이지 book.yu.ac.kr

ISBN 978-89-7581-807-3 93740

값은 표지 뒷면에 있습니다.
잘못 만들어진 책은 바꾸어 드립니다.

이 도서의 국립중앙도서관 출판예정도서목록(CIP)은
서지정보유통지원시스템 홈페이지(http://seoji.nl.go.kr)와
국가자료종합목록시스템(http://www.nl.go.kr/kolisnet)에서 이용하실 수 있습니다.
(CIP제어번호 : CIP2019031682)

영어음성음운론

—이론과 실습

신승훈 지음

영남대학교출판부

머리말

저자도 잘 모르던 영어음성학, 영어음운론을 강의한지 벌써 20여 년이 훌쩍 지났다. 그간 많은 학생들이 나와 함께 공부하였고 우리를 둘러싼 환경도 많이 바뀌었다. 스펙트로그램(Spectrogram), 웨이브폼(Waveform) 등 음성분석을 가능케 한 기기들은 초고가에서 고가로, 이제는 컴퓨터만 있으면 어디서건 무료로 이용할 수 있게 되었다. 또한 프로젝터가 트렌스페어런시 슬라이드를 대신하고 전자칠판이 흑판을 대신하며 출석부는 블루투스를 통해 핸드폰 속으로 들어왔다. 그럼에도 여전히 변하지 않은 것은 많은 것을 가르치고자 아둥거리는 교수자의 열의와 그래도 여전히 어렵다고 고개를 저으며 열심히 바둥거리는 학생들이다. 그들은 곧 졸업하여 나와 비슷한 길을 걸을 것이다. 주고자 하는 자와 받고자 하는 자의 이 부조화로운 메아리를 조금이라도 덜어보고자 이 형편없고 낯 뜨거운 책을 쓰게 되었다.

최근의 추세를 반영하여 이 책에서는 프랏(Praat)을 통해 분절음의 음성특성과 음운 변이를 보여주는 다양한 음향 분석정보를 제공하였다. 이를 통해 누구나 스스로 음성분석이 가능하도록 하였다. 또한 음성파일을 제공하여 실제 분절음의 음성특성과 음운변이를 직접 분석할 수 있도록 하였다. 아울러 음성학과 음운이론이 실제 분절음의 구현과 음운현상에 어떻게 적용되는지 다양한 예를 통해 구현하고자 노력하였다.

지금까지 나를 키워주고 이 책을 내게 해준 나의 모교인 영남대학교에 깊이 감사한다. 모교에서 만나 내게 장학금과 방을 내 주시고 유학의 길을 열어 주신 고 Arthur J. McTaggart교수님, 철부지 소년에게 학자의 길을 보여주신 Indiana University의 Stuart Davis 지도교수님께도 진심으로 감사의 말씀을 드린다. 또한 늘 지치지 않도록 성원해주는 모교의 후배 학생들이 없었다면 지금의 나는 분명 없었을 것이다. 참으로 고마운 인연이다. 끝으로 어떤 말로도 그 감사함을 다 하지 못할 사랑하고 존경하는 부모님, 그리고 연구랍시고 어설프게 부산떠는 동안 옆에서 늘 사랑과 격려로 돌봐준 아내 문서은, 두 딸 민경, 유림이, 그리고 곧 우리 식구가 될 조정흠 군에게도 깊은 감사를 전한다. 이 책이 내 부끄러운 흔적에 또 하나의 자국으로 남겠지만 그 자국이 학생들에게 조금의 자극이 된다면 더 이상 바랄 것이 없을 것이다.

2019년 여름

경산 연구실에서 신승훈

차례

제1장

영어음성학

본문에 삽입된 예제문의 음성파일은 영남대학교출판부 홈페이지 고객센터 메뉴의 자료실 게시판에서 다운받아 활용하실 수 있습니다.
http://book.yu.ac.kr

1. 영어음성학의 이해

외국어를 공부함에 있어 음성학·음운론과 같은 발음의 학습과 습득은 무엇보다 가장 중요하다. 그 이유는 많은 연구에서 원어민들과의 의사전달이 실패로 귀착되는 가장 큰 이유가 문법, 단어, 의미가 아니라 잘못된 발음에 기인하는 것으로 보고하는데 기인한다. 예를 들어, Jenkins(2000)는 "대부분의 의사전달 실패는 발음의 실수에 기인하는 것(the majority of communication breakdowns are due to pronunciation errors)"이며 "발음이야말로 성공적인 의사전달을 위한 가장 크고 유일한 장벽이다(Pronunciation is possibly the greatest single barrier to successful communication"고 주장하였다. 많은 학자들에 따르면 이러한 잘못된 발음은 대부분 모국어의 전이(L1 Transfer)에서 비롯된다. 본 서적은 학문적으로 영어의 음성학과 음운론을 다루고 이를 실제 발화에 응용하는데 그 주안점을 두고 있다.

음성학(Phonetics)은 자연언어에 포함된 개별소리 자체를 연구하는 학문으로 소리(sound) 혹은 음성(speech)의 본질에 대한 학문이기도 하다. 이러한 음성학은 크게 조음음성학(Articulatory phonetics), 음향음성학(Acoustic phonetics), 청각음성학(Auditory Phonetics)(혹은 음성인지, Speech Perception)등으로 크게 나눌 수 있다. 이 중에서 이 책은 공기의 흐름을 조절하여 특정음을 발화하는 것과 관련된 조음음성학을 주로 다루고 있다.

음성학적 지식은 여러 가지 측면에서 폭넓게 활용될 수 있다. 먼저 특정 언어 혹은 방언의 발음을 기술하는 데 있어서 음성학은 매우 중요한 설명을 제시한다. 예를 들어 한국어의 경음(예: ㄲ, ㄸ, ㅃ)이 어떤 소리인지를 알기 위해서는 음성학의 지식이 동원되어야 한다. 또한 음성학은 소리의 특성과 관련하여 언어 간의 유사점과 차이점을 기술하는데 매우 폭넓게 활용된다. 예를 들어 한국어의 'ㄱ', 'ㄲ'과 'ㅋ'이 어떻게 다른지, 한국어의 'ㄹ'과 영어의 'r'이 어떻게 다른지를 설명하기 위해서는 기본적인 음성학 지식이 필요하다. 공시적 혹은 통시적인 음운변화를 기술하고 설명하는 가장 기본적인 정보 역시 음성학이 제공한다. 예를 들어 '남비'와 '냄비', '지팡이'와 '지팽이'의 발음(전설모음화)이 왜 가능한지, '산[s]'과 '신[ʃ]', 'sin[s]'과 'miss[ʃ] you'에서의 발음과 '맏이'와 '마디'의 발음, 'action', 'gradual', 'did you'등에서의 공시적 혹은 통시적 발음변화(구개음화)를 설명하기 위해서는 음성학 지식이 필수적이다.

조음음성학은 개별음을 발화하기 위해 공기의 흐름을 조절하는 것을 연구하는 학문이다. 이러한 조음음성학은 성대(vocal cords)와 같은 발성기관(phonatory organ)과 조음기관(articulatory organs, vocal organs)을 이용하여 공기흐름을 조절하는 다양한 방법을 다룬다. 이는 마치 우리가 피리를 불 때 폐에서부터 나오는 공기의 흐름을 손가락이라는 기관을 활용하여 다양한 소리를 내는 것에 비유할 수 있을 것이다. 이를 구체적으로 살펴보면 다음과 같다.

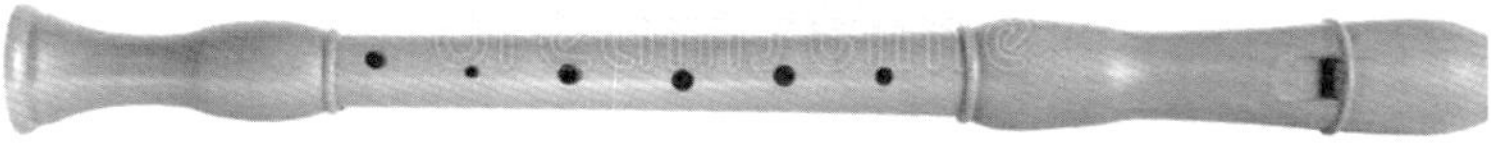

조음기관(Vocal organs)

우리가 말을 할 때 흔히 사용하는 조음기관은 다음과 같다.

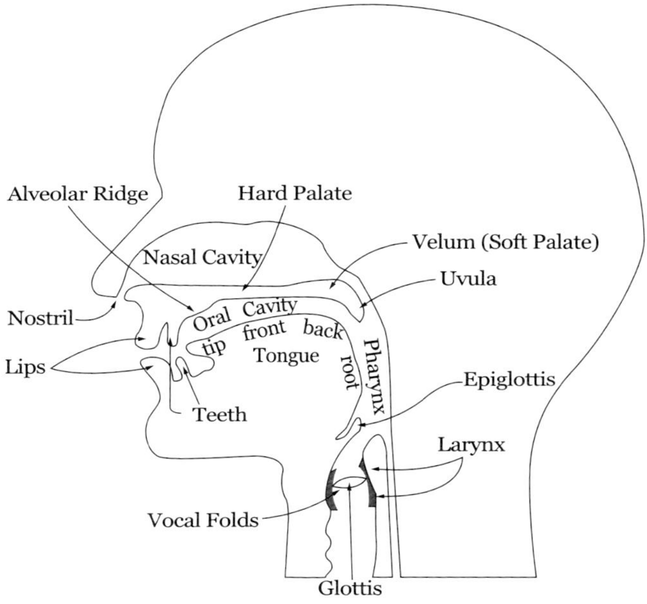

<조음 기관>

입의 앞쪽부터 보면 우리가 잘 아는 입술과 이가 있다. 그리고 윗니 후면의 뿌리를 따라 뒤로 혀를 가져가 보면 튀어 나온 부분이 느껴지는 데 이곳이 치경(alveolar ridge)이다. 이곳은 일반적으로 우리가 편히 쉬고 있을 때 혀의 끝부분이 닿아 있어 모든 언어에서 가장 많은 소리가 만들어지는 곳이기도 하다. 치경을 따라 좀 더 뒤쪽으로 가면 뼈로 이루어진 매우 딱딱하고 높은 곳이 나오는 데 여기를 구개(palate)라고 한다. 구개를 흔히 경구개(hard palate)라고도 부르는 데 그 이유는 구개의 뒤를 따라 입의 안쪽까지 가면 뼈가 없이 매우 연

한 조직이 나오는 데 이를 연구개(velum)라고 하며 연구개와 대조되기 때문이다.

연구개는 수동적으로 혀가 그 위치에서 공기의 흐름을 방해할 때 여러 다양한 소리를 만드는 장소인 동시에 아래 오른쪽 그림과 같이 연구개 자체가 능동적으로 위로 올라가서 구강으로 가는 공기를 막을 수 있는 매우 중요한 조음기관이다.

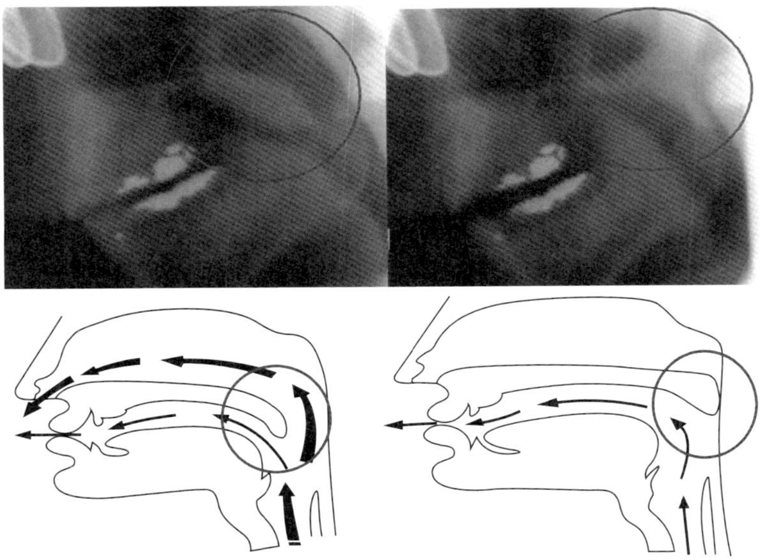

<비강의 활용> <구강의 활용>

그림과 X-ray사진의 왼쪽을 보면 연구개가 내려와서 코로 호흡하거나 혹은 비음의 발음을 위해 공기가 구강으로 자유롭게 이동하는 반면 오른쪽의 그림을 보면 연구개가 올라가서 공기가 비강으로 가는 것을 막고 있는 것을 알 수 있다. 일반적으로 말을 할 때 가장 먼저 하는 일은 이와 같이 연구개를 올려 비강을 막는 일이다.

목의 중간에 튀어나와 자유롭게 위아래로 움직이는 연골조직인 후두(larynx)는 기도(trachea) 안에 위치해 있으며 소리를 내는 매우 중요한 발성기관이다.

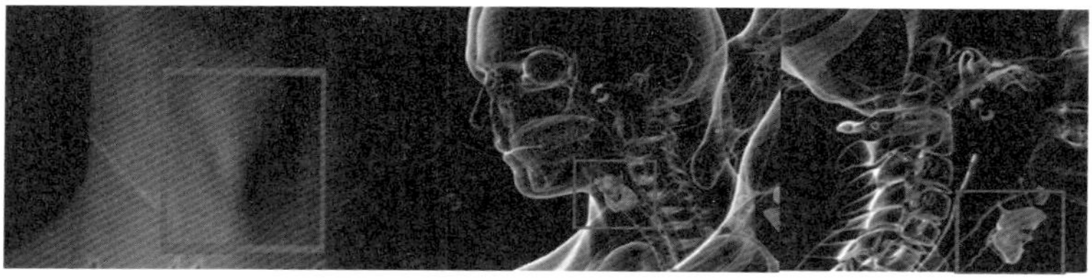

성대(vocal cords)는 이런 후두 안에 대칭으로 위치한 두 개의 얇은 점막주름이다. 성대는 일반적으로 호흡을 위해서 떨어져 있는데 이 때 성대사이의 빈 공간을 성문(glottis)이라고 한다.

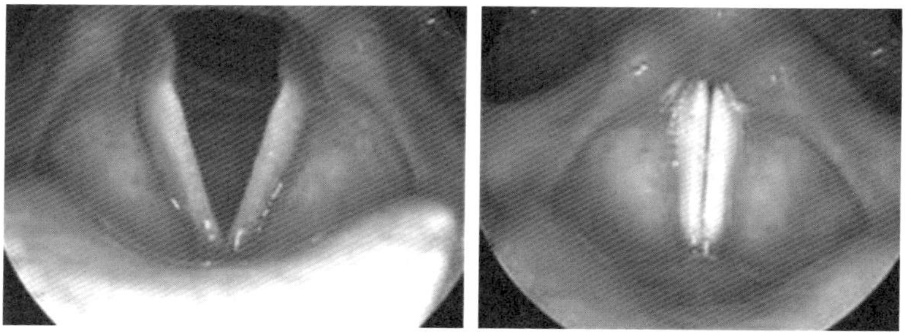

<성대와 성문, 성대가 열린 모양과 닫혀 있는 모양>

유·무성(Voicing)

폐에서 나오는 공기가 기도를 따라 올라오면서 성대를 지나게 되는 데 이 때 성대가 서로 떨어져서 떨리지 않는 소리를 무성음(voiceless), 성대가 서로 붙어 떨리는 소리를 유성음(voiced)이라고 한다. 유성자음을 발음하기 위해서는 자음을 발음하는 동안, 즉 공기의 흐름이 막히는 동안 성대가 진동하여야 한다. 다음 a)~h)를 연습해 보자. 참고로 아래 프랏(praat) 그림을 보면 무성음인 [s], [f]와 달리 유성음인 [z], [v]의 경우 성대의 개폐에 따라 성대가 떨리면서 생성되는 유성막대(voicing bar)를 확인할 수 있다. 괄호 안 '♬' 뒤의 숫자는 해당 사운드 파일의 번호이다.

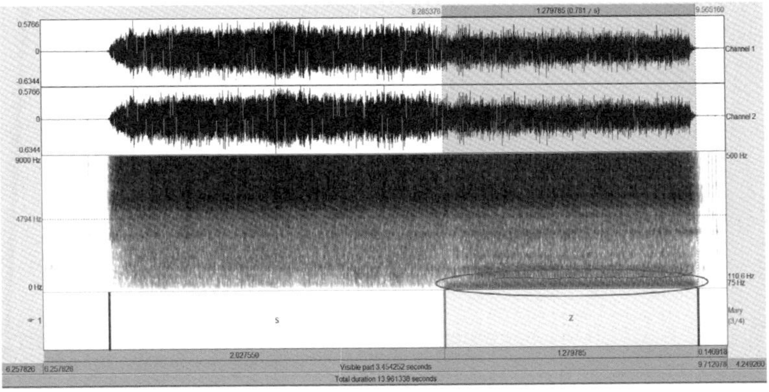

<s~~z~~s~~z~~s~~z~~(♬ 1-6)>

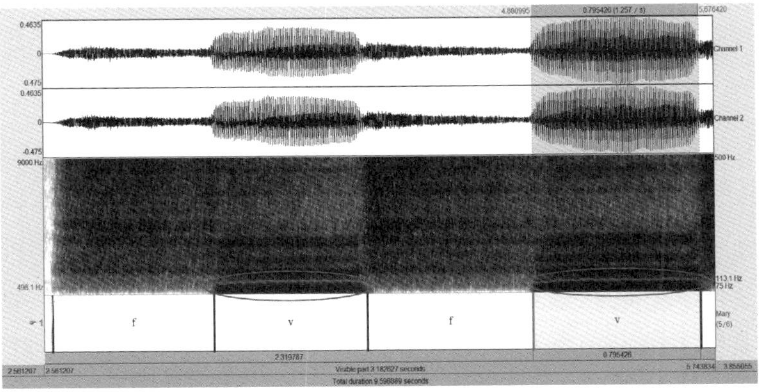

<f~~v~~f~~v~~f~~v~~(♬ 2-6)>

a. pan, fan (♬ 2-1)

b. zip, zoo, zeal, zap (♬ 1-4)

c. For four minutes my nephew laughed. (♬ 2-12)

d. Vicky saw the movie over and over again. (♬ 2-15)

e. leg, light, late, live (♬ 5-5)

f. really (♬ 9-33)

g. No, open the window slow. (♬ 11-15)

h. This bothers me a lot. (♬ 3-20)

예를 들어 아래 스펙트로그램에서 보는 바와 같이 영어에서 [n]은 유성자음이므로 성대의 떨림과 유성막대가 진하게 보이며 쉽게 자음의 스펙트로그램을 관측할 수 있다.

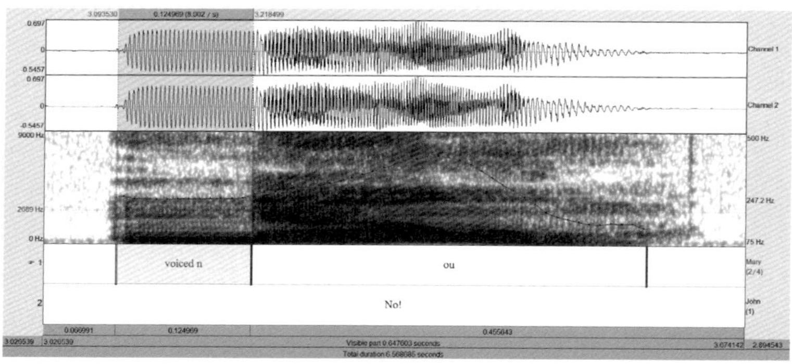

<영어 'No!'에서의 유성 [n]>(♬ 11-15)

이러한 유성은 영어와 달리 어두에서도 유성자음을 가지는 타갈로그어(Tagalog)에서도 쉽게 발견할 수 있다.

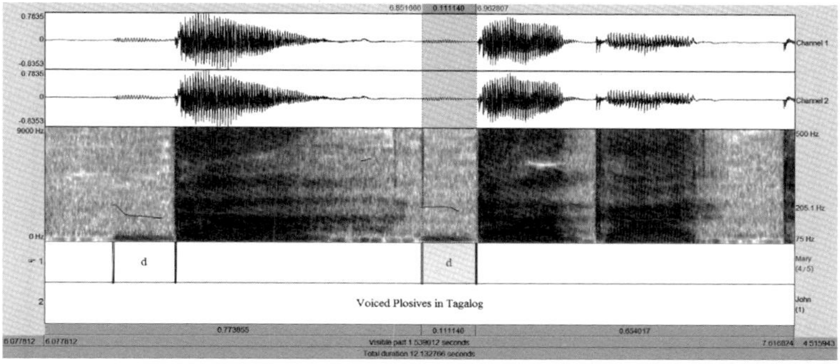

<타갈로그어에서 두 단어 'da'와 'dagat'의 [d]>

타갈로그어의 어두 자음 [d]를 영어의 어두 자음 [d]와 비교해보면 실제 영어에서는 어두에 나타날 때 유성자음이 아래 그림과 같이 무성음화 한다는 것을 잘 알 수 있다(예: die). 즉, 위의 타갈로그어와 아래 영어의 예를 비교하면 영어의 유성자음은 타갈로그어와 달리 어두에서 폐쇄구간(아무것도 나타나지 않는 구간)에서 성대가 떨리지 않으며 이로 인해 아무 소리도 나지 않는 다는 것을 알 수 있다.

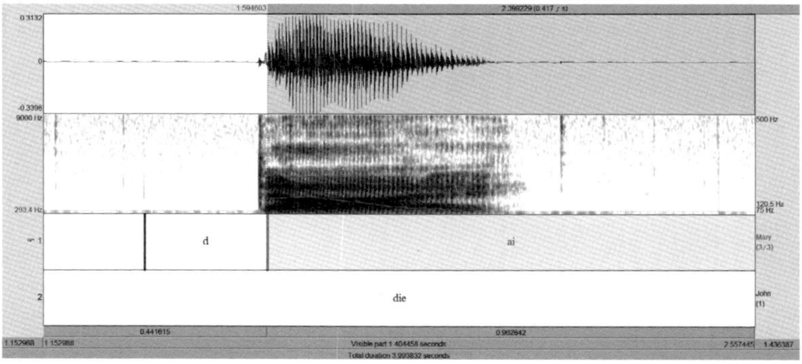

<영어 'die'에서의 [d]>

그러나 어두에서 무성음화하는 영어의 폐쇄음과 달리 영어의 유성마찰음은 어두에 나타날 때 무성음화하지 않고 아래 그림에서 보는 바와 같이 유성음으로 나타난다.

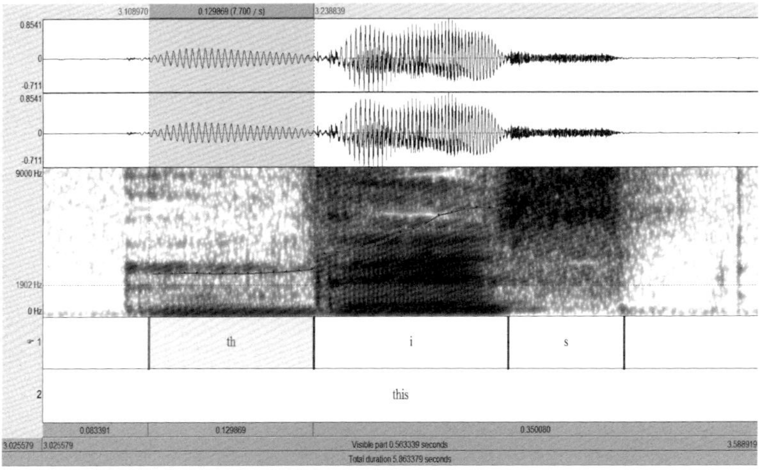

<영어 'this'에서의 [ð]>(♬ 3-20)

그렇다면 우리가 모국어로 사용하는 한국어는 어떠할까? 우리가 지역명인 '대구'를 흔히 'Taegu' 혹은 'Daegu'라고 로마자표기를 하는 데 여기에서 주목할 점은 '대'와 달리 '구'에서의 'ㄱ'은 항상 유성음으로 쓴다는 것이다. 아래 그림을 통해 각 자음의 유·무성 정도를 살펴보자.

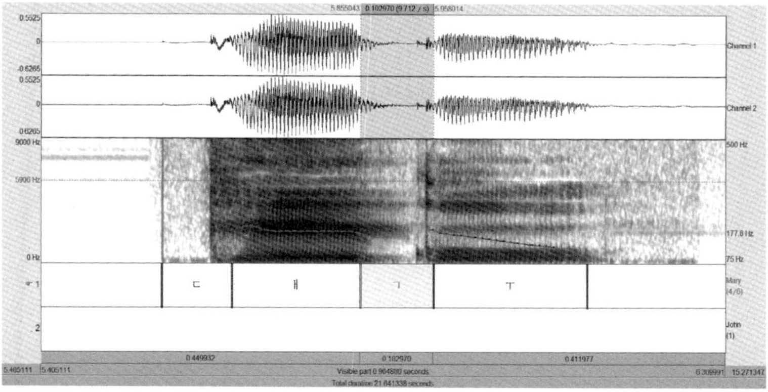

<한국어 '대구'에서의 [t]와 [g]>(네이버사전 녹음)

위 그림을 보면 '대구'에서 '대'에서의 'ㄷ'은 영어에서와 같이 무성음으로 나타나는 반면 '구'에서의 'ㄱ'은 유성음으로 나타난다는 것을 알 수 있다. 이를 한국어의 '유성음화'라고 한다. 아래 한국어의 '비빔밥'에 나타난 3개의 'ㅂ'소리를 보면 위치에 따른 한국어의 유·무성이 매우 잘 나타난다.

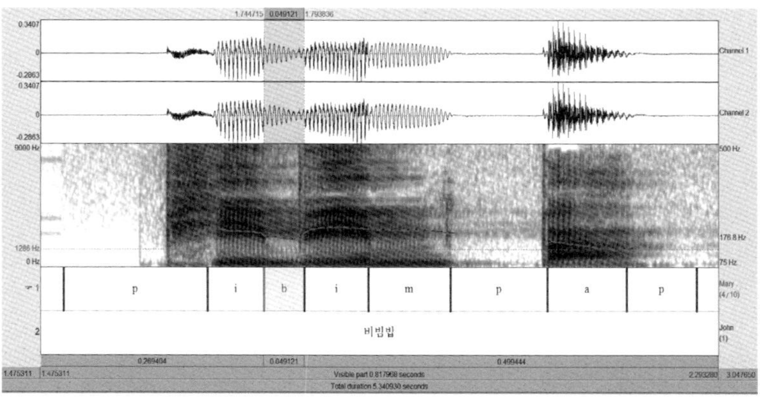

<한국어 '비빔밥'에서의 [p], [b], [p]>(네이버사전 녹음)

자음(Consonants)/유성자음(Voiced consonants)

자음은 공기의 흐름이 부분적이거나 완전한 정도의 방해(obstruction)를 받는 소리이고 모음은 방해 없이 발화되는 소리를 일컫는다. 한국학생들의 경우 유·무성자음에 대해 매우 혼돈스러워하는 것을 흔히 보게 되는데 이는 영어와 달리 한국어의 유·무성자음이 음소(phoneme)가 아닌데 기인한다. 자음이란 공기의 흐름이 방해받는 소리이고 자음을 일정시간 조음한다는 것은 이와 같은 이러한 공기흐름의 방해를 지속하는 것을 의미한다. 또한 유성이란 조음하는 동안 성대가 떨리는 소리이니 유성자음이란 공기의 흐름이 방해받는 그 시간동안 성대가 떨리는 소리를 지칭한다. 즉, 유성자음인 [m]을 조음한다는 것은 두 입술을 닫고 공기를 방해하는 시간 동안 성대가 떨리는 것을 의미한다. 이러한 이유로 [ma]를 발음하면 [a]를 발음하기 위해 입술을 열어 공기흐름의 방해를 없애기 전에, 즉 입술을 열어 모음을 발음하기 이전에 성대가 떨리는 것을 알 수 있다. [la]를 발음해도 여전히 그렇다는 것을 알 수 있을 것이다.

그렇다면 [ba]의 발음은 어떨까? [ba]에서의 [b]가 유성자음이라면 [ma]에서의 [m]과 같이 입술을 열기 이전에, 즉 공기의 흐름이 방해받는 동안 성대가 떨려야 할 것이고 이러한 성대의 떨림은 입술을 열고나서 모음 [a]를 발음할 때까지 이어질 것이다. 즉, 유성자음을 발음할 때는 모음이 시작되는 시점(입술을 여는 것과 같이 공기흐름의 방해를 없애는 시점) 이전에 성대가 떨려야 한다. 영어의 'buy'를 발음해 보면 [b]가 흔히 무성음화(devoicing)하여 유성자음으로 발음되지 않는 것을 알 수 있다.

조음장소(Place of articulation)

위에서 자음은 공기흐름의 방해를 동반하는 음이라고 하였다. 자음은 이와 같은 공기흐름의 방해가 어디에서 어떤 조음기관에 의해 이루어지는 지에 따라 다양한 소리로 나누어진다. 조음장소(place of articulation)란 공기의 흐름이 방해받는 장소를 의미하는데 영어에는 다음과 같은 장소에서 공기의 흐름이 방해받는 다양한 자음이 존재한다.

가. **양순음**(bilabial) [p, b, m]

양순음은 입술 두 개를 이용해서 입술에서 공기의 흐름을 방해하는 자음이다. 예를 들어 '엄마', '아빠'라고 말할 때의 [m]과 [p']는 입술을 닫지 않고는 발음할 수 없는 소리이며 꼭 입술을 다물어 공기의 흐름을 방해해야 발음이 가능하다. 영어의 'mama', 'papa'에서의 자음 역시 마찬가지이다.

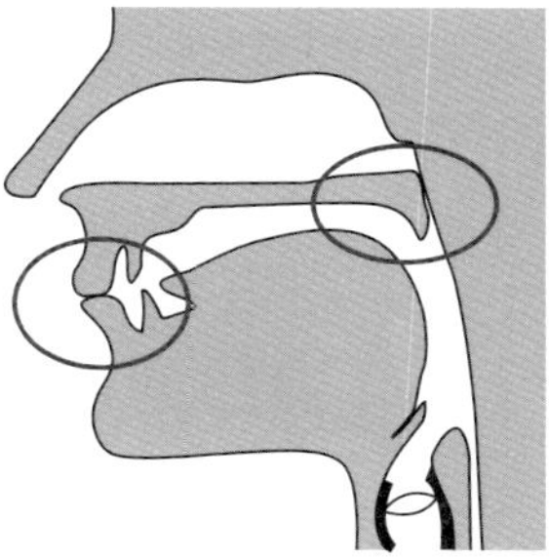

양순음 [p]의 조음

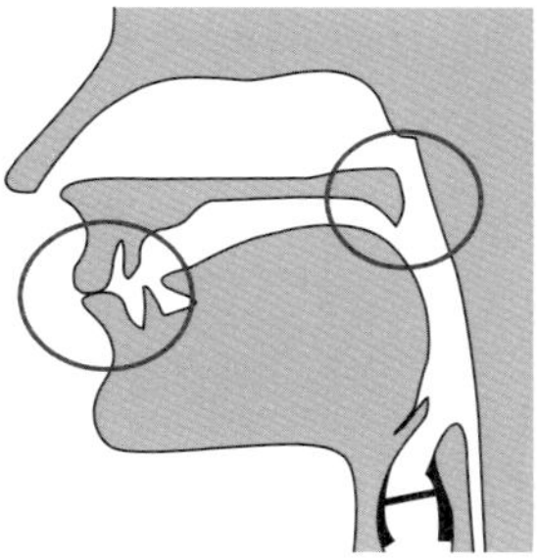

양순음 [m]의 조음

나. **순치음**(labiodental) [f, v]

순치음은 아랫입술과 윗니를 이용하여 공기의 흐름을 방해하는 소리이다. 'five'를 발음해보면 [f]와 [v]를 발음할 때 아랫입술이 올라가면서 윗니의 끝에 닿는 것을 알 수 있다. [f]와 [v]는 아래 그림에서 보는 바와 같이 유·무성 차이를 제외하면 동일한 소리이다.

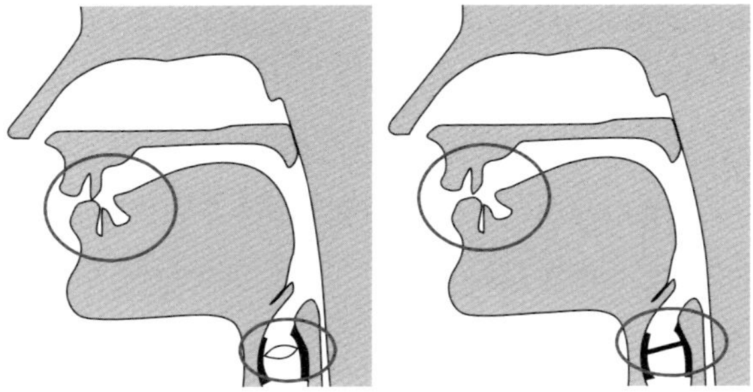

순치음 [f]의 조음 순치음 [v]의 조음

다. 치음(dental) [θ, ð]

치음은 혀의 끝을 윗니 뒤에 두어 공기의 흐름을 방해하는 소리이다. 이와 같은 소리는 우리가 흔히 'th'발음이라고 생각하는 혀의 끝을 윗니 아래에 두고 공기의 흐름을 방해하는 치간음(interdental)으로도 발음될 수 있는 소리이다. 일반적으로 영국영어는 치음을 미국영어는 치간음을 선호하는 것으로 알려져 있다.

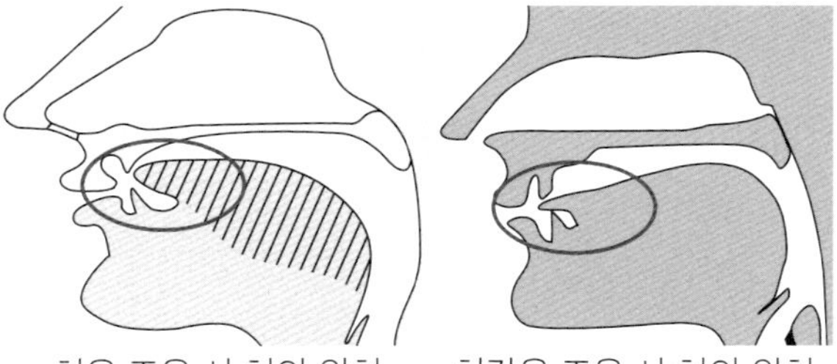

치음 조음 시 혀의 위치 치간음 조음 시 혀의 위치

라. 치경음(alveolar) [t, d, n, s, z, ɹ, r, ɾ, l]

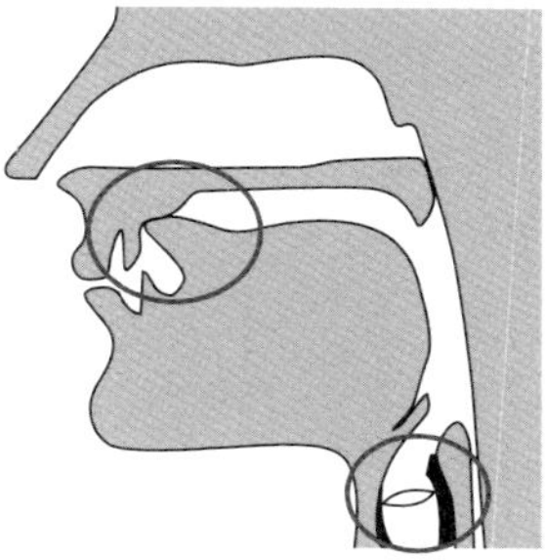

치경폐쇄음 [t]의 조음

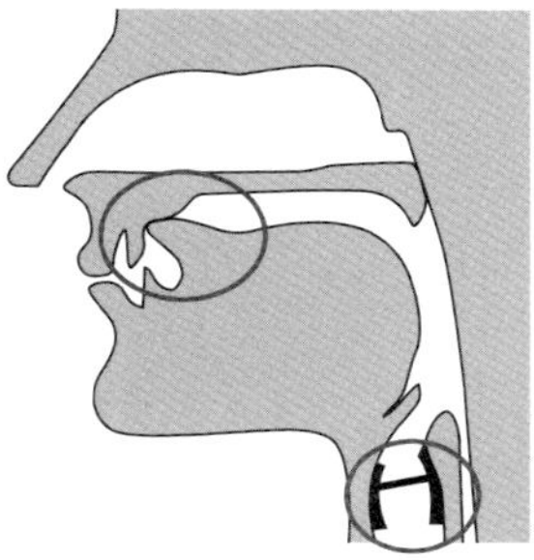

치경폐쇄음 [d]의 조음

치경음은 혀의 끝이 치경에 닿아 공기의 흐름을 방해하는 소리로 치경은 영어와 한국어를 포함한 대부분의 언어에서 가장 많은 자음이 발음되는 장소이다. 이는 혀의 움직임 측면에서 보았을 때 조음을 위한 노력이 가장 최소화되는 장소, 즉, 조음을 위한 혀의 움직임이 가장 적은 장소라는 사실에 기인한다.

마. 후치경음(postalveolar) [ʃ, ʒ]

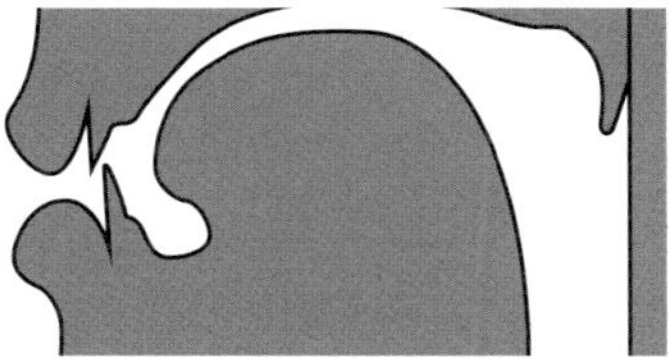

후치경음 조음 시 혀의 모양

후치경음은 혀가 치경보다 조금 더 뒤쪽에서 공기의 흐름을 방해하는 소리이다. 한국어에서 '사'라고 발음할 때의 'ㅅ'발음과 '시'를 발음할 때의 'ㅅ'발음을 비교해보면 '시'를 발음할 때의 'ㅅ'발음에서 혀의 가장 높은 부분이 조금 더 뒤쪽에 있다는 것을 알 수 있다. 이와 같이 후치경음은 치경보다 더 뒤쪽에서 공기의 흐름이 방해받는 소리이다.

바. 권설음(retroflex) [ɻ]

권설음은 혀가 구개 바로 앞까지 뒤쪽으로 굽혀져 나는 소리이다.

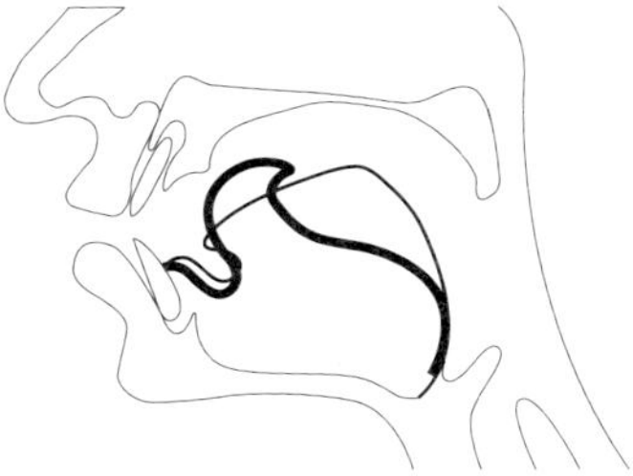

권설음 조음 시 혀의 모양

사. 연구개음(Velar) [k, g, ŋ]

연구개음은 혀의 뒤쪽이 연구개까지 들려져서 공기의 흐름을 방해하는 소리이다.

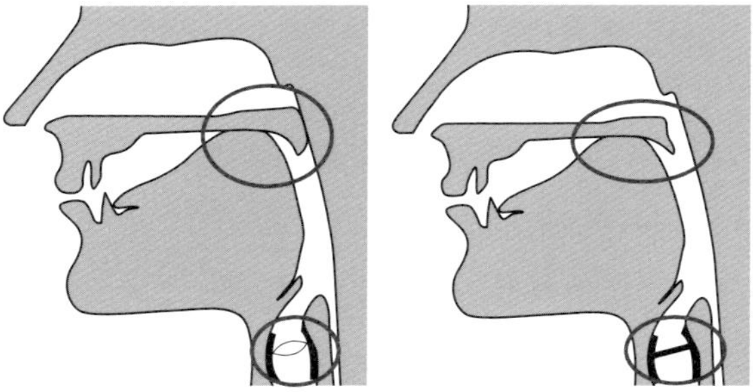

연구개음 [k]의 조음 연구개음 [ŋ]의 조음

아. 성문음(glottal) [h, ʔ]

성문음은 성대를 완전히 닫아 성문을 막거나 성문을 좁혀서 공기의 흐름을 방해하는 소리이다.

조음방법(Manner of articulation)

조음방법이란 자음을 발음하는 동안 공기의 흐름을 방해하는 방법을 말한다. 이러한 조음방법은 크게 다음과 같이 나눌 수 있다.

가. 파열음(plosive)/폐쇄음(stop) [p, b, t, d, k, g, ʔ]

구강과 비강이 모두 막혀 폐에서 나온 공기가 더 이상 나갈 수 없게 되면 구강 내에서 공기의 압력이 높아지게 되고 높아진 압력은 구강폐쇄를 해제하는 순간 터지게 된다. 이와 같이 터지는 소리를 '파열음'이라고 한다. 파열음은 파열을 위해 공기의 흐름을 완전히 폐쇄하고 더 이상 공기의 흐름이 진행되지 못하는 소리를 의미하므로 이를 (구강)폐쇄음이라고 지칭하기도 한다. 아래의 그림은 공기의 흐름이 완전히 폐쇄된 상태를 보여준다.

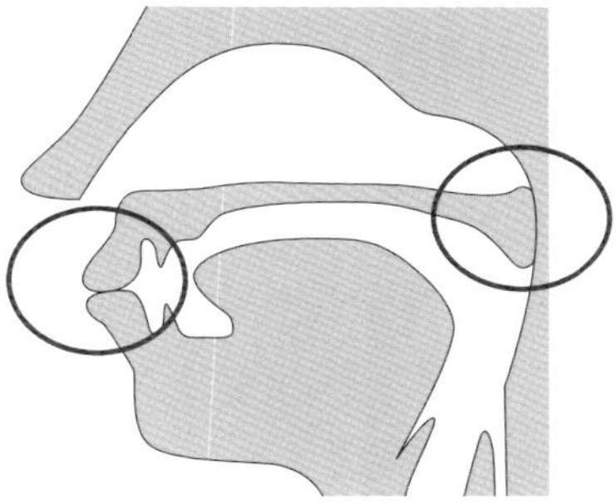

양순파열음 조음 시 구강과 비강의 폐쇄

나. 비음(nasals) [m, n, ŋ]

구강이 폐쇄되어 공기가 구강으로는 나갈 수 없지만 연구개가 내려져 공기가 비강으로 나가는 소리를 비음이라고 한다. 비음도 구강이 완전히 막혀야 하므로 폐쇄음의 일종(비강폐쇄음)이지만 흔히 폐쇄음이라고 지칭하는 경우에는 파열음(구강폐쇄음)을 의미한다. 일반적으로 호흡을 위해 구강은 늘 열려있고 이러한 이유로 아기들은 비음을 가장 먼저 습득하고 특히 입술을 막아 구강이 폐쇄된 양순비음 [m]을 가장 먼저 습득한다.

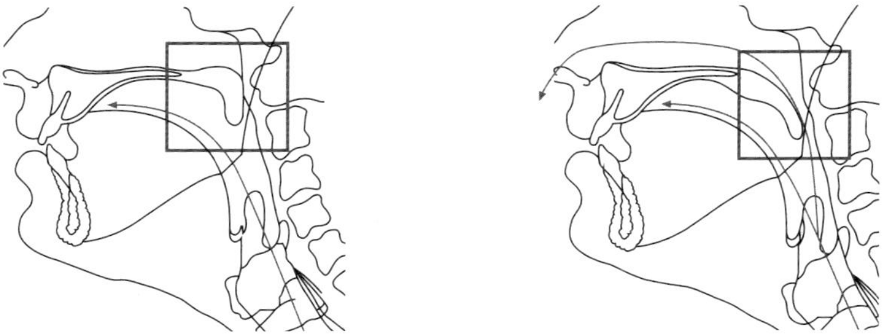

(좌: 연구개가 올라간 모양, 우: 연구개가 내려간 모양)

다. 설탄음(tap 또는 flap) [ɾ]

혀의 끝이 치경을 매우 짧게 한 번 치고 내려오는 소리를 설탄음이라고 한다. 한국어의 모음사이의 'ㄹ', 미국영어의 모음사이에 나타나고 후행하는 모음이 강세를 가지지 않을 때 흔히 나타나는 치경폐쇄음의 이음이 설탄음이다. 한국어를 로마자로 표기할 때 흔히 사용되는 모음사이의 'r'은 실제 설탄음을 나타낸다.

라. 마찰음(fricative) [f, v, θ, ð, s, z, ʃ, ʒ, h]

공기의 흐름이 구강 내 매우 좁은 공간을 통과하게 되면 마찰이 생기게 되는데 이와 같은 마찰을 동반하는 소리를 마찰음이라고 한다.

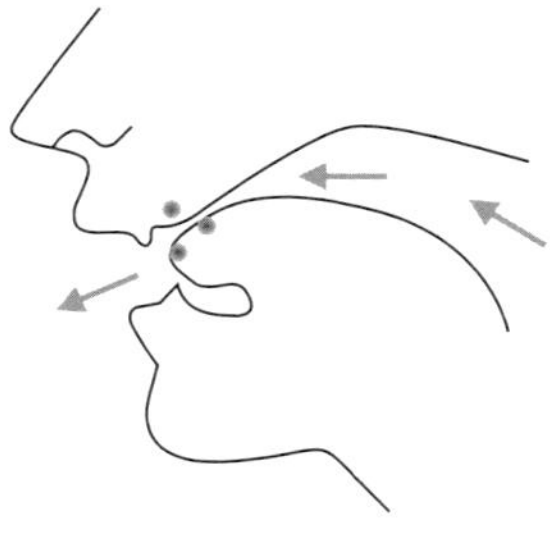

치경마찰음의 조음

마. 파찰음(affricates) [ʧ, ʤ]

파찰음은 한 개의 소리로 폐쇄음과 그 뒤에 따라오는 매우 짧은 마찰음의 연속으로 구성된다. 영어의 파찰음은 폐쇄의 구간보다 마찰의 구간이 조금 더 뒤쪽에서 구현된다.

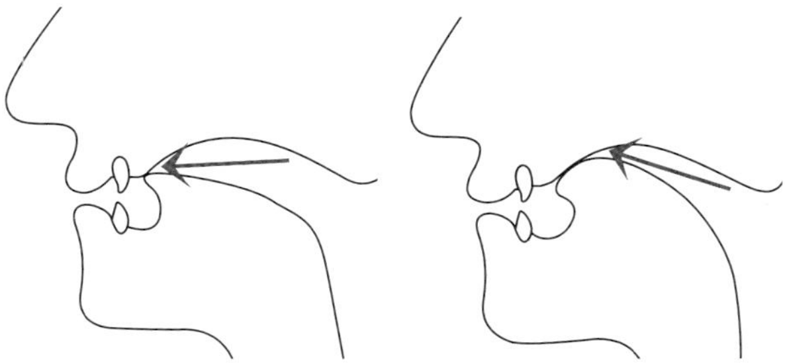

1단계인 폐쇄와 2단계인 마찰
(출처: http://thesoundofenglish.org/affricates/)

바. 근접음(approximants) [ɹ, ɻ, l, ɫ]

공기의 흐름을 방해하여 자음을 조음하기 위한 조음기관의 근접이 대충 이루어져 공기흐름의 마찰을 일으킬 정도로 충분하게 이루어지지 않을 때 만들어지는 소리를 근접음이라고 한다. 근접음은 구강의 중간에서 조음기관의 근접이 이루어지는 치경 혹은 권설근접음(retroflex approximant)과 구강의 중간에서는 혀에 의해 완전히 막히지만 혀의 양쪽 옆에서 공기의 흐름이 방출되는 설측근접음으로 나눌 수 있다. 영어와 한국어의 설측음은 모두 근접음이므로 설측근접음(lateral approximant)은 흔히 설측음(lateral)으로 지칭된다.

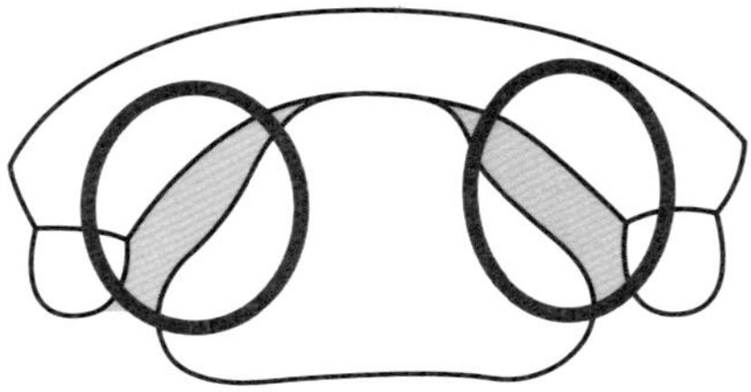

설측음 조음시 혀의 양쪽 측면을 통한 기류의 방출

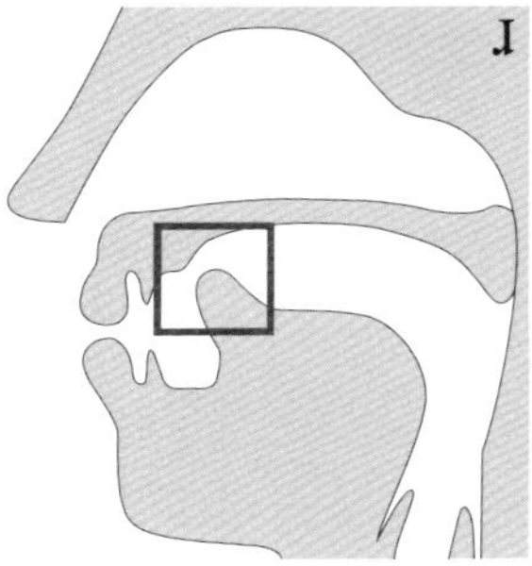

치경근접음의 조음

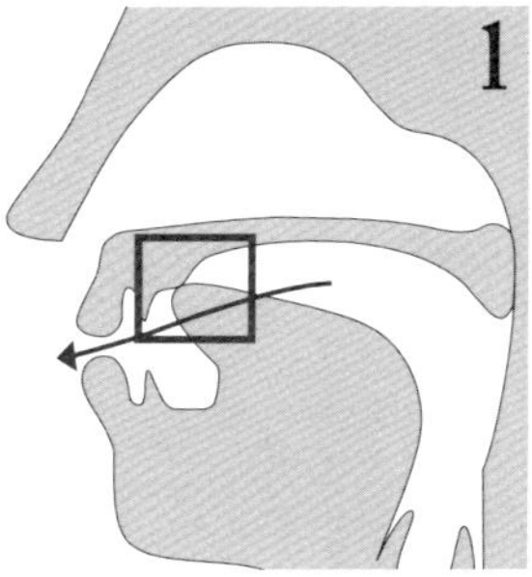

설측근접음의 조음

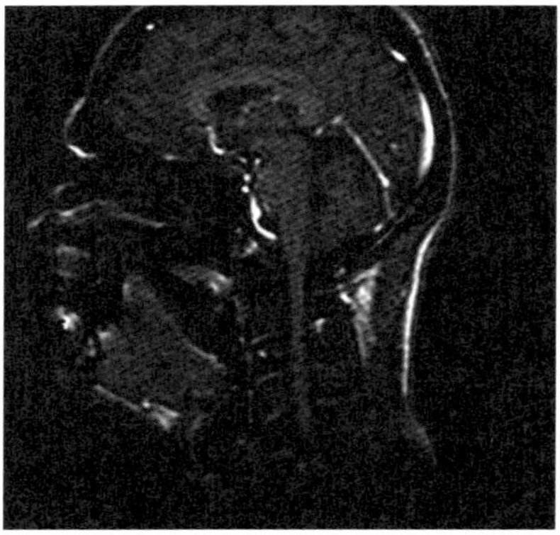

치경근접음의 X-ray

특히 영어의 설측근접음은 흔히 음절말에서 연구개화(velarized)하는 경향이 있는데 이와 같은 연구개화 설측음은 아래와 같은 발음부호(diacritic)를 사용하여 표기한다.

DIACRITICS Diacritics may be placed above a symbol with a descender, e.g. ŋ̊

◌̥ Voiceless	n̥ d̥	◌̤ Breathy voiced	b̤ a̤	◌̪ Dental	t̪ d̪
◌̬ Voiced	s̬ t̬	◌̰ Creaky voiced	b̰ a̰	◌̺ Apical	t̺ d̺
ʰ Aspirated	tʰ dʰ	◌̼ Linguolabial	t̼ d̼	◌̻ Laminal	t̻ d̻
◌̹ More rounded	ɔ̹	ʷ Labialized	tʷ dʷ	◌̃ Nasalized	ẽ
◌̜ Less rounded	ɔ̜	ʲ Palatalized	tʲ dʲ	ⁿ Nasal release	dⁿ
◌̟ Advanced	u̟	ˠ Velarized	tˠ dˠ	ˡ Lateral release	dˡ
◌̠ Retracted	i̠	ˤ Pharyngealized	tˤ dˤ	◌̚ No audible release	d̚
◌̈ Centralized	ë	◌̴ Velarized or pharyngealized	ɫ		
◌̽ Mid-centralized	e̽	◌̝ Raised	e̝ (ɹ̝ = voiced alveolar fricative)		
◌̩ Syllabic	ɹ̩	◌̞ Lowered	e̞ (β̞ = voiced bilabial approximant)		
◌̯ Non-syllabic	e̯	◌̘ Advanced Tongue Root	e̘		
˞ Rhoticity	ɚ	◌̙ Retracted Tongue Root	e̙		

<다양한 발음구별 부호>

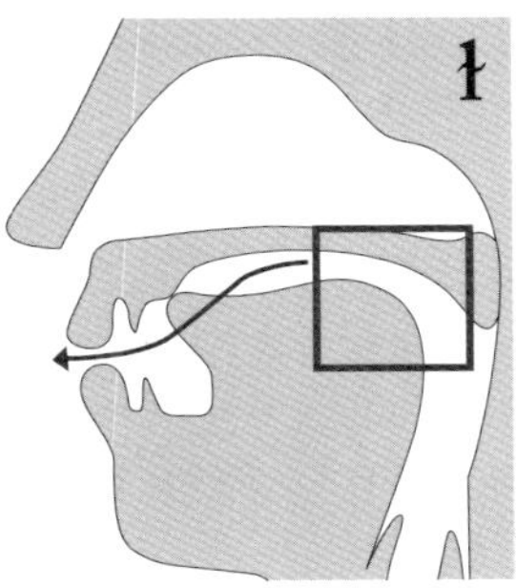

연구개화 설측근접음의 조음

참고로 한국인들이 'ㄹ'과 비슷하다고 생각하는 영어의 다양한 소리를 한국어와 비교하면 다음과 같다.

	ɾ	ɹ	ɻ	l	ɫ
영어	모음사이 t, d	r	r	l	l(특히 음절말)
한국어	모음사이 'ㄹ'	없음	없음	ㄹ	없음
예	city/다리	red, car	red, car	lip/라면, 길	feel

<한국어와 영어의 비교>

다음은 한국어로 '그릴'을 발음할 때 나타나는 설탄음과 설측음의 음향 특성이다.

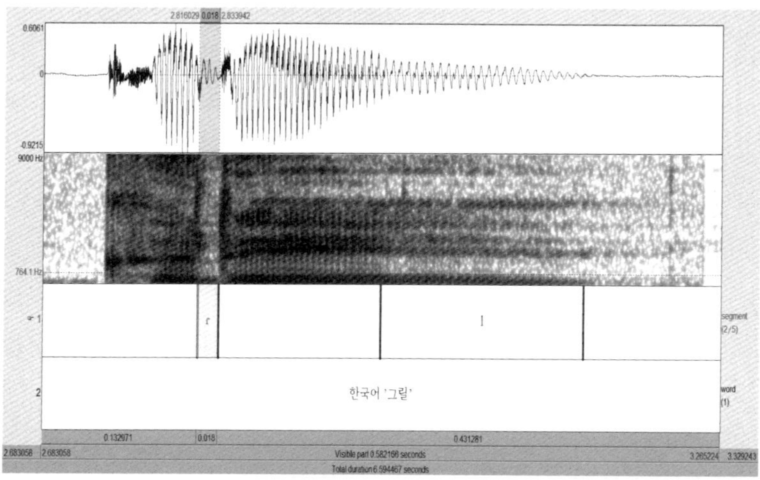

(한국어의 '그릴': 네이버 사전 녹음)

IPA Chart

위에서 언급한 바와 같이 자음은 공기흐름의 심각한 방해를 동반한다. 자음은 이와 같은 방해가 일어나는 장소와 방법, 그리고 발음 도중 성대의 떨림 여부 등에 따라 다양한 소리로 구분된다. 아래와 같이 자음도란 이와 같은 자음의 가장 기본적인 특성인 유·무성, 조음장소, 조음방법에 관한 정보를 담고 있는 도표를 지칭한다.

THE INTERNATIONAL PHONETIC ALPHABET(revised to 2015)

CONSONANTS(PULMONIC) ©2015 IPA

	Bilabial	Labiodental	Dental	Alveolar	Postalveolar	Retroflex	Palatal	Velar	Uvular	Pharyngeal	Glottal
Plosive	p b			t d		ʈ ɖ	c ɟ	k g	q ɢ		ʔ
Nasal	m	ɱ		n		ɳ	ɲ	ŋ	ɴ		
Trill	ʙ			r					ʀ		
Tap of Flap		ⱱ		ɾ		ɽ					
Fricative	ɸ β	f v	θ ð	s z	ʃ ʒ	ʂ ʐ	ç ʝ	x ɣ	χ ʁ	ħ ʕ	h ɦ
Lateral fricative				ɬ ɮ							
Approximant		ʋ		ɹ		ɻ	j	ɰ			
Lateral approximant				l		ɭ	ʎ	ʟ			

Symbole to the right in a cell are voiced, to the left are voiceless, Shaded areas denot articulations judged impossible

<국제음성기호표>

자음도 네모 칸 안의 2개의 자음은 동일한 소리로 다만 유·무성에서 차이가 있어 좌측과 우측은 각각 무성과 유성을 나타낸다. 예를 들어 [s]와 [z]는 동일한 네모 안에 들어있는 동일한 소리로 [s]를 발음하다가 성대를 떨면 [z]가 된다. 또한 조음위치는 도표의 수평축에 나타나 있는데 왼쪽부터 오른쪽으로 진행할수록 조음장소가 구강의 가장 앞쪽에서 뒤쪽으로 가는 것을 의미한다. 이와 달리 조음방법은 수직축에 표시되어 있는데 위쪽에서 아래쪽으로 갈수록 기류가 덜 방해받는 것을 의미한다. 즉, 도표의 가장 왼쪽과 위쪽에 표기된 [p] 소리는 네모 칸 왼쪽에 나타난 무성이고 조음장소는 구강의 가장 앞

쪽인 양순이며 조음방법은 가장 많이 방해받는 폐쇄음으로 [p]는 무성양순폐쇄음이다. 이러한 표기방법에 따르면 [z]는 유성치경마찰음, [ŋ]은 유성연구개비음, [l]은 유성치경설측근접음이 된다.

국제음성학회에서 제작한 IPA차트는 전 세계 대부분의 언어를 대상으로 하고 있다. 이 중 영어의 자음만을 나타내면 다음과 같다.

Place / Manner	Bilabial	Labiodental	(Inter) Dental	Alveolar	Postalveolar (Alveopalatal)	Retroflex	Velar	Glottal
Plosive (or Stop)	p b			t d			k g	ʔ
Nasal	m			n			ŋ	
Tap (or Flap)				ɾ				
Fricative		f v	θ ð	s z	ʃ ʒ			h
Approximant				ɹ		ɻ		
Lateral Approximant				l				

<영어의 자음도>

영어의 자음도에는 영어에서 흔히 사용됨에도 불구하고 나타나지 않는 분절음이 있는데 그 이유는 해당 분절음이 두 개의 조음장소를 가지는데 기인한다(ʧ = voiceless affricate, ʤ = voiced affricate). 참고로 영어에서 [l]의 이음인 [ɫ]도 두 개의 조음장소를 가지며 위 자음도의 [ɾ]은 사실 음소가 아닌 이음으로 엄격히 말하면 자음도에 포함되지 않아야 한다.

모음(Vowel)

모음은 공기흐름이 방해받지 않고 방출되는 소리이다. 모음은 전·후, 고·저와 같은 혀의 위치와 원순, 평순과 같은 입술의 모양으로 흔히 정의된다. 아래 그림은 모음 발음 시 혀의 위치이다.

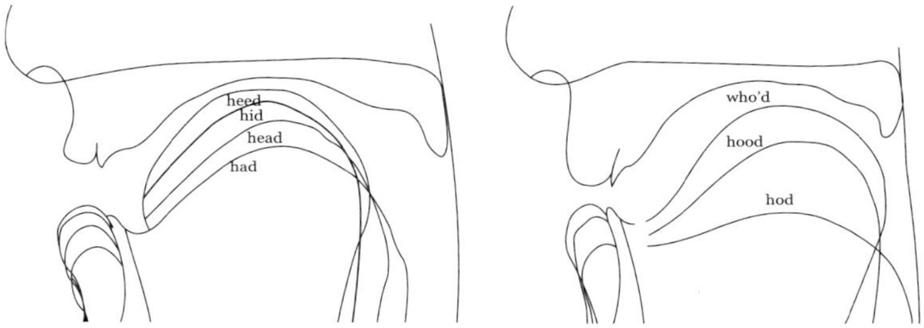

(Ladefoged 2012: 124-125)

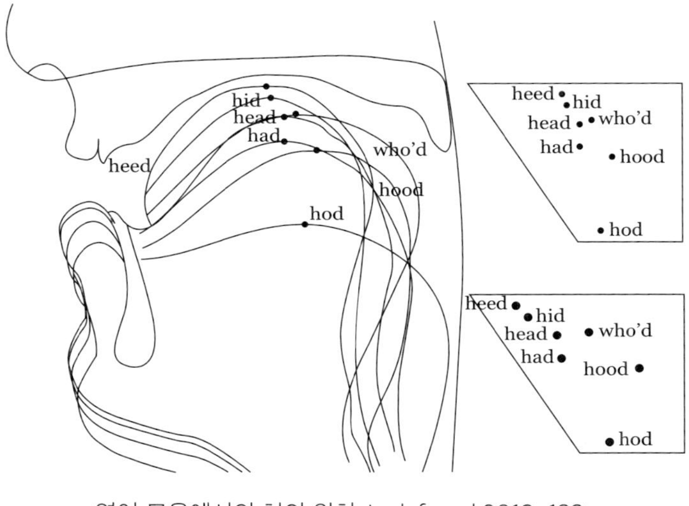

<영어 모음에서의 혀의 위치, Ladefoged 2012: 132>

이와 같이 모음은 흔히 구개와 연구개에서 조음되는데 아래와 같이 전설모음은 구개, 후설모음은 연구개에서 조음된다.

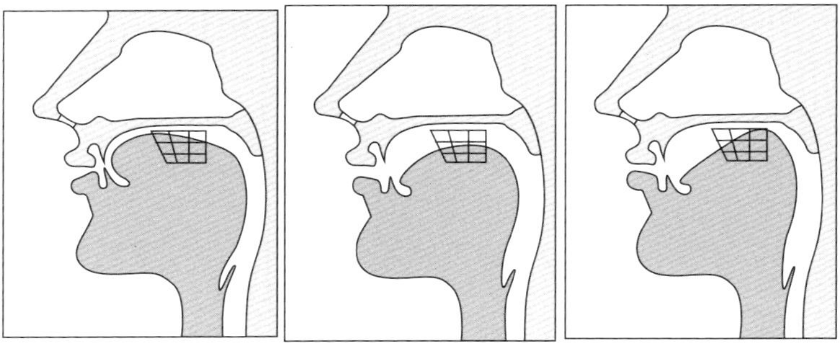

<모음 [i], [ə], [u]에서의 혀의 위치>

모음은 혀의 높낮이에 따라 고, 중, 저모음으로, 혀의 위치에 따라 전설, 중설, 후설모음으로, 입술의 원순정도에 따라 원순모음 또는 비원순모음으로 구분한다.

모음의 공식 IPA 차트는 다음과 같다.

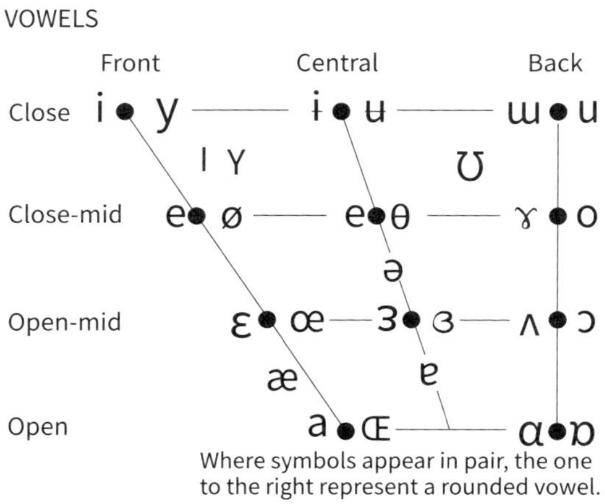

모음삼각도를 기준으로 구체적인 영어의 예를 살펴보면 다음과 같다.

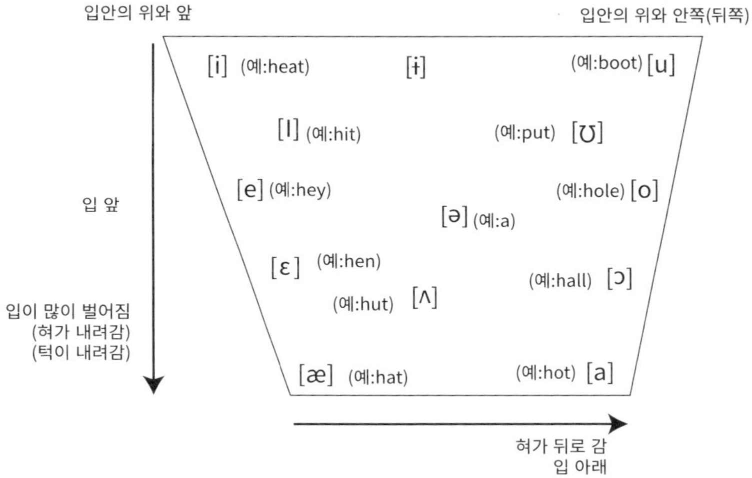

<영어의 모음도>

영어의 모음삼각도를 보면 [ɪ]는 [i]보다 더 아래와 가운데에서 발음되고 [ʊ]는 [u]보다 더 아래와 가운데서 발음된다는 것을 알 수 있다. 또한 [æ]는 [ɛ]보다, [ʌ]는 [ə]보다, [ɔ]는 [o]보다 더 아래에서 발음된다. 즉, 턱과 혀를 더 내리고 입을 더 벌려 발음해야 한다는 것을 의미한다. 이와는 달리 [i]는 [ɨ]보다, [ɛ]는 [ə]보다, [æ]는 [a]보다 더 왼쪽에 위치하고 있어 혀가 더 앞에 위치하여 발음된다는 것을 알 수 있다. 이와 같이 모음삼각도를 통해 개별 모음의 조음장소를 이해하고 이를 응용할 수 있어야 한다. 참고로 Ladefoged의 모음은 다음 사이트에서 확인할 수 있다(http://www.vowelsandconsonants3e.com/chapter_1.html). 한편 영어에서 약음절의 모음은 중성모음 혹은 약모

음(schwa)으로 약화되는데 이에 대해서는 5장의 27과에서 자세히 설명하도록 하겠다.

영어는 위와 같은 단모음(monothong) 외에 다양한 이중모음(diphthong)을 가진다. 영어의 경우 전이음(glide) 혹은 반모음(semi-vowel)인 [w, y]로 시작하는 상승이중모음(ascending(rising) diphthong)을 가지는 한국어와 달리 전이음으로 끝나는 하강이중모음(descending(falling) diphthong)을 다수 가지는 언어이다. 즉, 한국어의 경우 '야, 여, 요, 유, 얘, 예, 와, 워, 왜, 웨, 위' 등의 경우와 같이 이중모음의 대부분('의'를 제외)이 전이음으로 시작하는 반면 영어는 'yes'와 같은 상승이중모음과 'boy', 'eye' 'day', 'now', '등에서 보는 바와 같은 다양한 하강이중모음을 가진다. 한국어의 상승이중모음과 달리 영어 하강이중모음의 특징은 앞부분은 길고 강하지만 뒷부분은 짧고 약하다는 것이다. 이중모음의 자세한 특징은 2장과 12과에서 다루도록 하겠다. 다음은 다양한 영어의 하강 이중모음의 예이다.

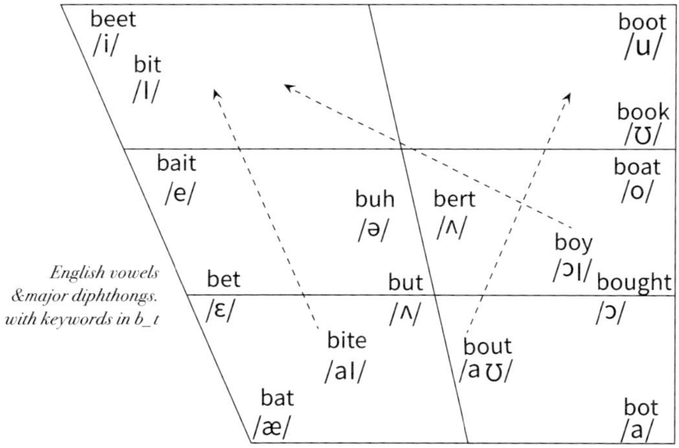

(http://allthingslinguistic.com/post/67308552090/how-to-remember-the-ipa-vowel-chart)

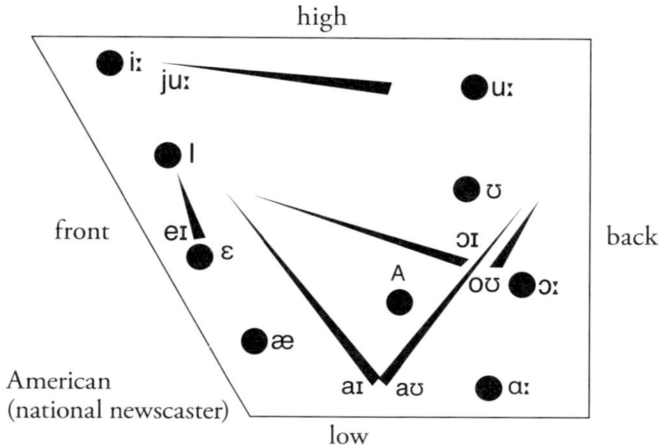

<영어의 이중모음, Ladefoged (2006: 88)>

프랏(Praat)의 활용

30~40년 전까지만 해도 음성을 분석하기 위해서는 고가의 기기를 구매해야만 하였다. 그러나 최근 컴퓨터와 IT기술의 개발로 다양한 무료 소프트웨어를 활용할 수 있게 되었다. 본 교재에서 음성을 분석하는 데 활용한 소프트웨어는 프랏으로 아래에서는 이를 활용하기 위한 방법에 대해 설명하고자 한다.

가. 다운로드 및 녹음

프랏은 상업적 목적을 제외하면 누구나 무료로 사용할 수 있는 프로그램으로 www.praat.org. 또는 www.fon.hum.uva.nl/praat에서 자유롭게 다운 받을 수 있다. 해당 사이트에 접속 후 왼쪽 위의 'Download Praat'을 통해 Windows 혹은 Macintosh 버전의 프랏을 다운받을 수 있다.

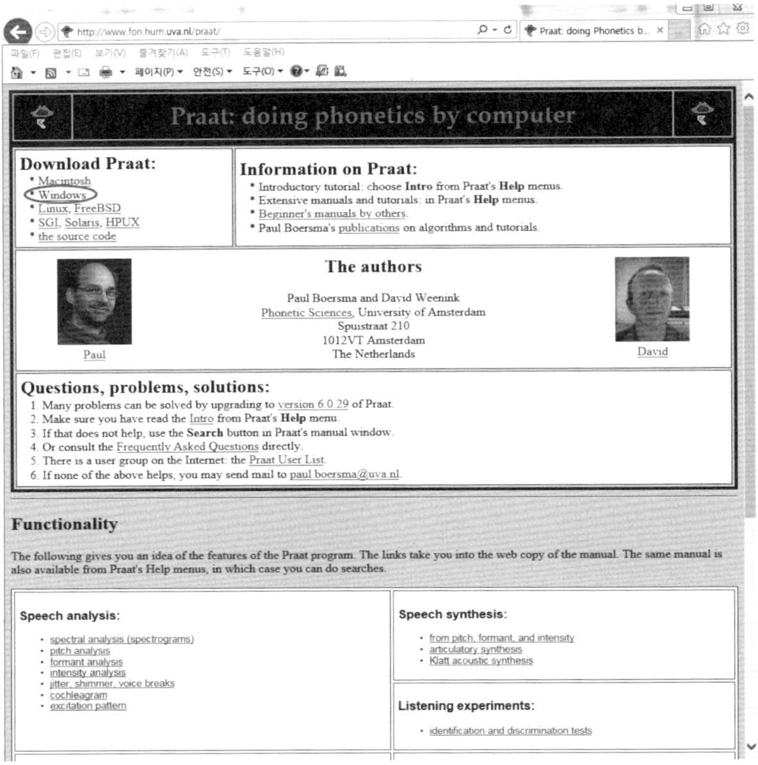
Praat: doing phonetics by computer
Download Praat:
* Macintosh
* Windows
* Linux, FreeBSD
* SGI, Solaris, HPUX
* the source code
Information on Praat:
* Introductory tutorial: choose Intro from Praat's Help menus.
* Extensive manuals and tutorials: in Praat's Help menus.
* Beginner's manuals by others.
* Paul Boersma's publications on algorithms and tutorials.
The authors
Paul Boersma and David Weenink
Phonetic Sciences, University of Amsterdam
Spuistraat 210
1012VT Amsterdam
The Netherlands
Paul
David
Questions, problems, solutions:
1. Many problems can be solved by upgrading to version 6.0.29 of Praat.
2. Make sure you have read the Intro from Praat's Help menu.
3. If that does not help, use the Search button in Praat's manual window.
4. Or consult the Frequently Asked Questions directly.
5. There is a user group on the Internet: the Praat User List.
6. If none of the above helps, you may send mail to paul.boersma@uva.nl.
Functionality
The following gives you an idea of the features of the Praat program. The links take you into the web copy of the manual. The same manual is also available from Praat's Help menus, in which case you can do searches.
Speech analysis:
spectral analysis (spectrograms)
pitch analysis
formant analysis
intensity analysis
jitter, shimmer, voice breaks
cochleagram
excitation pattern
Speech synthesis:
from pitch, formant, and intensity
articulatory synthesis
Klatt acoustic synthesis
Listening experiments:
identification and discrimination tests

<프랏의 첫 화면>

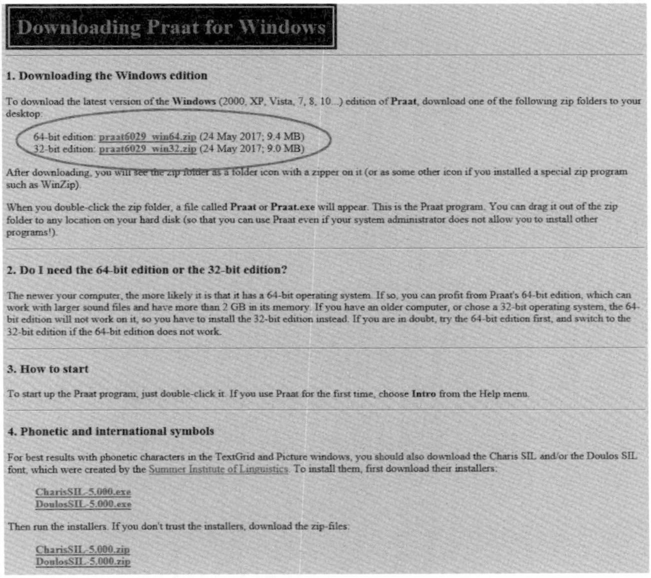

Downloading Praat for Windows

1. Downloading the Windows edition

To download the latest version of the **Windows** (2000, XP, Vista, 7, 8, 10...) edition of **Praat**, download one of the following zip folders to your desktop:

64-bit edition: praat6029_win64.zip (24 May 2017; 9.4 MB)
32-bit edition: praat6029_win32.zip (24 May 2017; 9.0 MB)

After downloading, you will see the zip folder as a folder icon with a zipper on it (or as some other icon if you installed a special zip program such as WinZip).

When you double-click the zip folder, a file called **Praat** or **Praat.exe** will appear. This is the Praat program. You can drag it out of the zip folder to any location on your hard disk (so that you can use Praat even if your system administrator does not allow you to install other programs!).

2. Do I need the 64-bit edition or the 32-bit edition?

The newer your computer, the more likely it is that it has a 64-bit operating system. If so, you can profit from Praat's 64-bit edition, which can work with larger sound files and have more than 2 GB in its memory. If you have an older computer, or chose a 32-bit operating system, the 64-bit edition will not work on it, so you have to install the 32-bit edition instead. If you are in doubt, try the 64-bit edition first, and switch to the 32-bit edition if the 64-bit edition does not work.

3. How to start

To start up the Praat program, just double-click it. If you use Praat for the first time, choose **Intro** from the Help menu.

4. Phonetic and international symbols

For best results with phonetic characters in the TextGrid and Picture windows, you should also download the Charis SIL and/or the Doulos SIL font, which were created by the Summer Institute of Linguistics. To install them, first download their installers:

CharisSIL-5.000.exe
DoulosSIL-5.000.exe

Then run the installers. If you don't trust the installers, download the zip-files:

CharisSIL-5.000.zip
DoulosSIL-5.000.zip

<프랏을 다운받기 위한 화면>

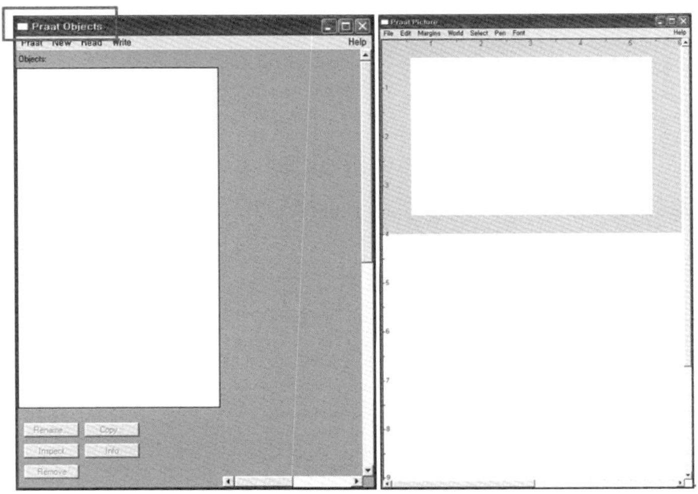

다운을 받고 나서 구동시키면 'Praat Objects'와 'Praat Picture'이라는 두 개의 창이 뜨는데 우리는 파란색 창인 'Praat Objects'를 주로 사용하게 되며 분홍색의 창은 닫으면 된다.

프랏을 이용해 발화를 녹음하는 방법은 다음과 같다.

a) 메뉴의 'New' → 'Record MonoSound'를 클릭 한다.

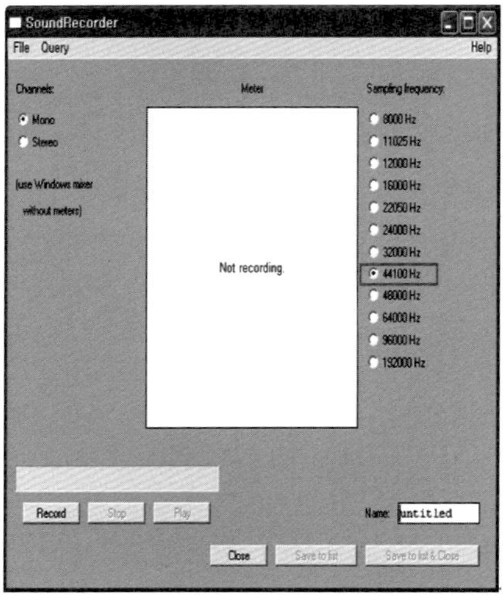

b) 'Sampling frequency'는 22050~44100Hz 중 원하는 음질을 설정하면 된다.

c) 시작 시 'Record', 마치면 'Stop'을 클릭한다.

d) 중요한 점은 마치고 나서 꼭 'Save to List' 또는 'Save to list & Close'를 클릭하여 소리를 저장하여야 한다는 것이다.

e) 여기서 'save'를 했다고 해서 실제 저장이 되는 것은 아니며 다만 'Praat Objects' 창에 저장되는 것이다. 저장하기 위해서는 메뉴의 'Write' → 'Write to WAV file'를 클릭하여 저장하여야 한다.

f) 저장된 음성을 분석하기 위해서는 먼저 메뉴의 'Read' → 'Read from file'을 클릭 한다. 'Object window'에서 'Edit'탭을 클릭하면 아래와 같은 화면이 나타난다.

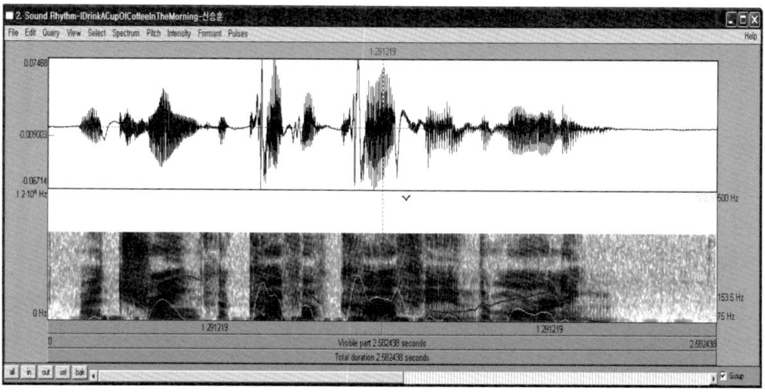

<프랏의 음성분석 창>

g) 통상 10초를 넘으면 진폭과 자극강도를 보여주는 파형(waveform)과 주파수 대역을 보여주는 스펙트로그램(spectrogram)이 나타나지 않으므로 보고자 하는 영역을 마우스로 선택한 후 왼쪽 아래의 'sel'을 클릭하여 확대하거나 'in'을 눌러 전체 화면을 확대하여야 한다. 'out'을 클릭하면 화면이 축소된다.

h) 화면에서 파란색 선은 피치(pitch)를 나타내는 선으로 메뉴의 'Pitch'탭에서 'Show Pitch'를 선택하면 나타나거나 사라진다.

i) 화면에서 노란색 선은 강도(intensity)를 나타내는 선으로 메뉴의 'Intensity'탭에서 'Show intensity'를 선택하면 나타나거나 사라진다.

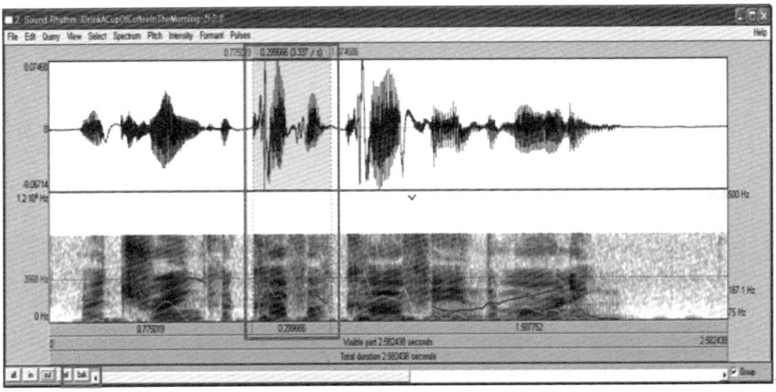

<특정한 부분을 보기 위한 'Sel' 탭>

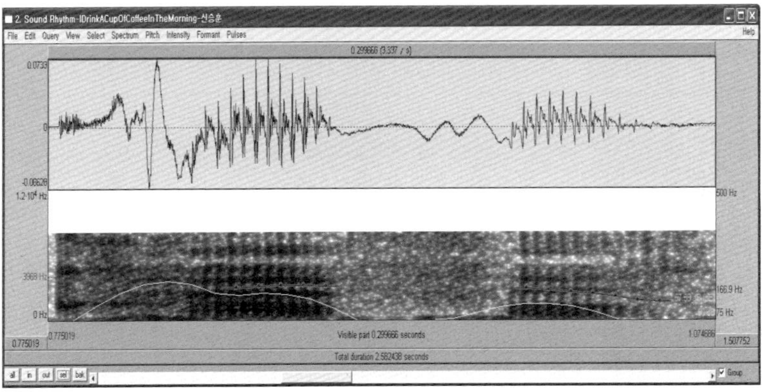

<보고자 하는 부분이 확대된 모습>

특정 부분을 자르려면 마우스로 선택 후 ctrl+x를 활용할 수 있고 자른 부위를 다른 곳에 붙이려면 ctrl+v를 누르면 된다. 화면의 밝기를 조절하기 위해서는 'Spectrum'메뉴의 'Spectrogram settings'을 클릭 하고 'Dynamic range'의 설정을 조절하면 된다. 참고로 숫자가 높을수록 화면은 어두워진다.

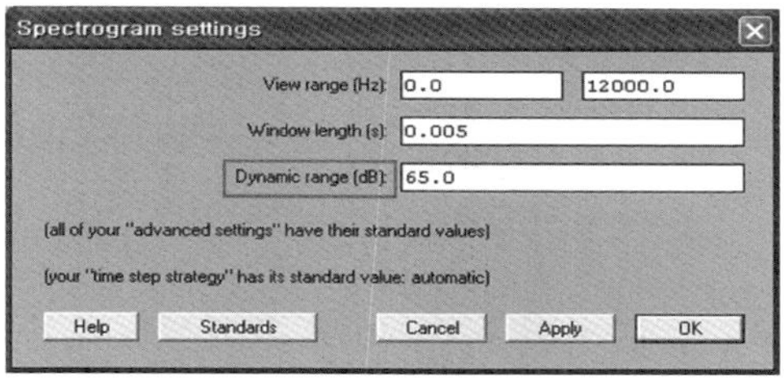

<화면 밝기를 조절하는 창>

자음과 모음의 스펙트로그램

스펙트로그램을 통해 나타나는 영어 자음과 모음의 음향적 특징을 간략히 기술하면 다음과 같다. 먼저 일반적으로 첫 번째와 두 번째 포먼트(formant)에 의해 결정되는 모음의 스펙트로그램은 다음과 같다. 각각의 모음 스펙트로그램에서 낮은 주파수 대역으로 가장 아래에 나타나는 것이 첫 번째 포먼트(F1)이며 그 위로 두 번째(F2), 세 번째 포먼트(F3)이다.

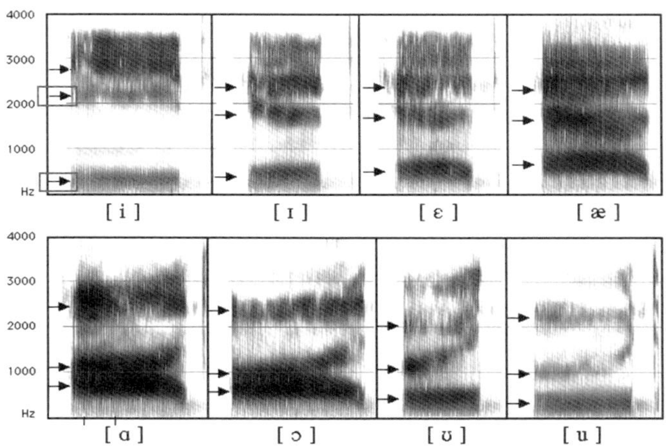

<미국 영어모음의 스펙트로그램, Ladefoged 2006:186>

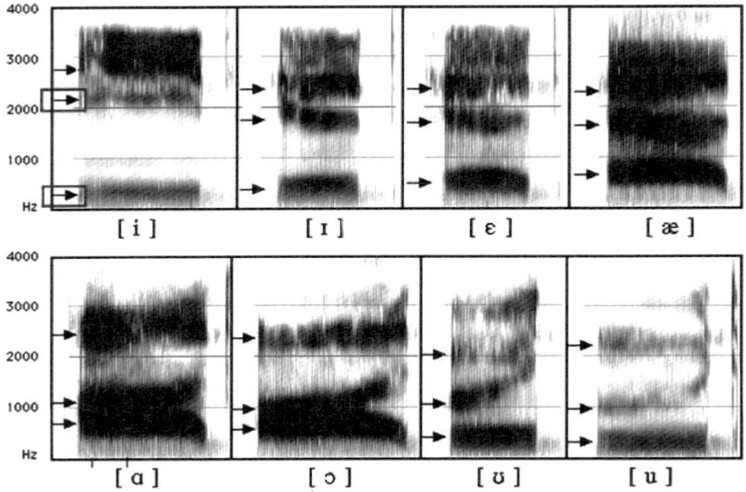

<영국 영어모음의 스펙트로그램, Ladefoged 2006:187)>

성인남자를 기준으로 이상과 같은 모음의 포먼트 값을 구체적 수치와 그림으로 나타내면 다음과 같다.

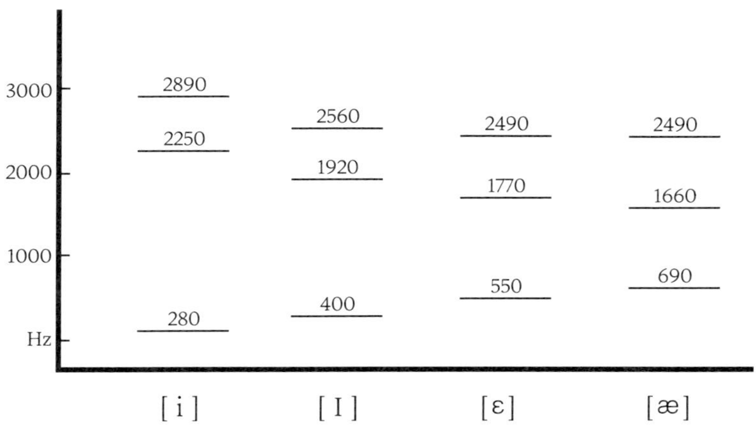

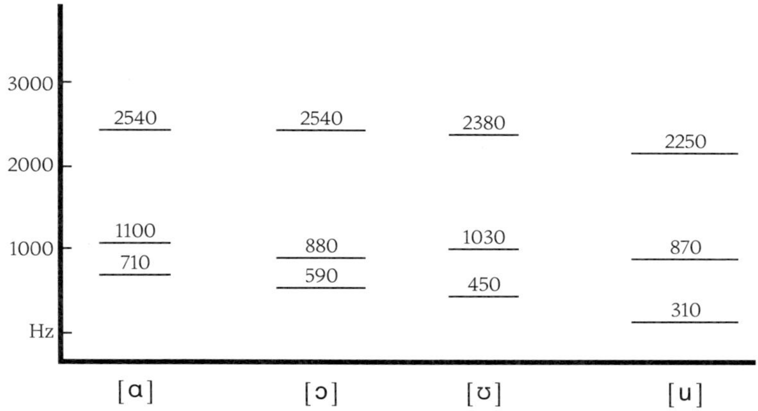

<미국 영어모음의 포먼트 값, Ladefoged 2006:187)>

이제 모음의 F1과 F2값을 기준으로 모음삼각도를 그리면 다음과 같다.

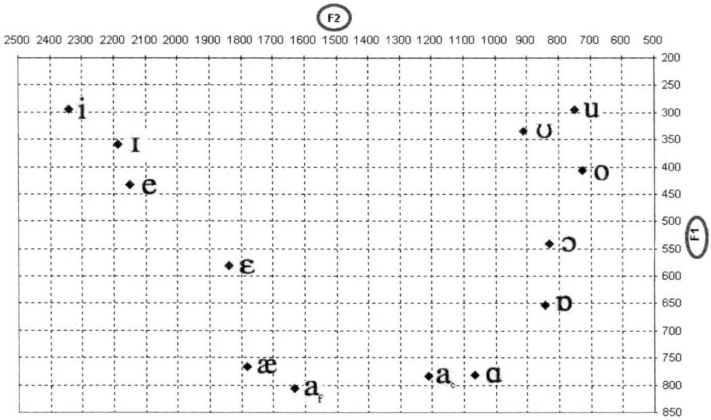

(http://linguistics.ucla.edu/people/hayes/103/Charts/VChart/)

다음은 F2-F1값과 F1값을 기준으로 그린 영어의 모음 삼각도이다.

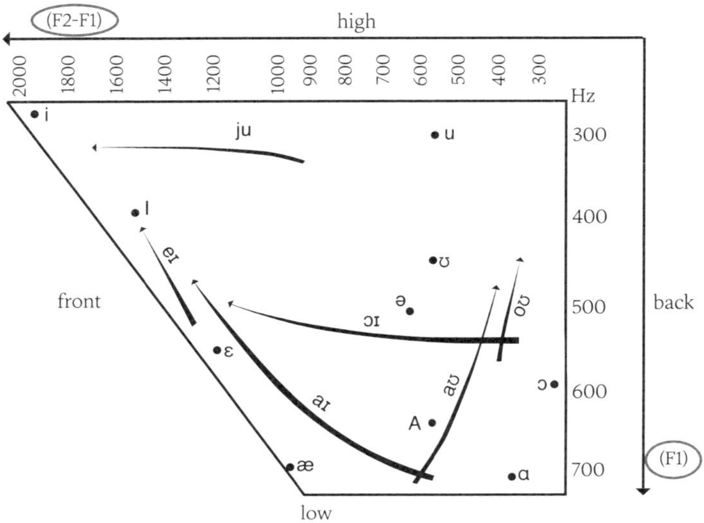

<F1과 F2와 F1값의 차이에 근거한 영어모음삼각도, Ladefoged 2006: 212)>

이제 자음을 살펴보기로 하자. 먼저 무성폐쇄음은 폐쇄구간동안 아무런 음향특성이 나타나지 않는다. 마찰음은 무작위로 나타나는 에너지가 불규칙적으로 분포하는 모양을 보인다. 스펙트로그램으로 마찰음을 식별하는 것은 용이하지 않으며 다만 [s]와 [ʃ]의 경우 5000~6000Hz 부근에서 높이 나타나는 [s]의 음향적 특징과 2500Hz까지 낮게 나타나는 [ʃ]의 특징으로 인해 구분하기가 다소 용이한 편이다. 비음과 같은 공명자음(sonorant consonant)은 모음에 비해 약한 에너지를 가져 모음과 비교했을 때 매우 연하게 나타난다. 일반적으로 비음의 F1은 250Hz정도로 매우 낮지만 F2는 2500Hz, F3는 3250Hz 정도로 나타나 F1과 F2사이에 비교적 큰 공백이 보이는 것이 특징이다. 이와 같은 자음의 구체적인 파형과 스펙트로그램은 2장에서 제시한다.

근접음인 [r]은 F2와 F3의 값이 매우 낮은 것이 특징이다. F2는 흔히 1000Hz를 약간 상회하고 F3의 경우도 1600Hz정도까지 매우 낮게 나타난다. 이로 인해 [r]은 F2의 포먼트 값이 매우 낮은 [w](600-850Hz)와 유사한 음향특징을 가진다(입술을 둥글게 하면 F2가 낮아진다). 다음은 각각 [a:r]과 음절을 구성하는(syllabic) 다양한 [r]의 스펙트로그램이다. 음성파일 9-3의 스펙트로그램을 보면 모음에서 [r]로 갈수록 F3값이 낮아지는 것을 알 수 있다.

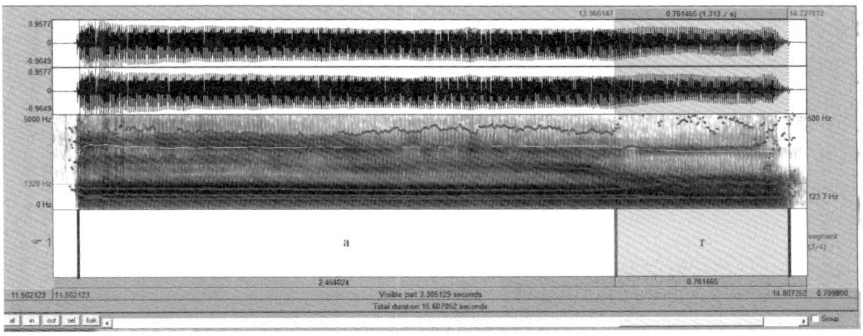

<'a~~r'의 스펙트로그램(♬ 7-3)>

설측음은 아래와 같이 F2가 낮고(1,800Hz) F3는 상대적으로 높아(3,000Hz) 2,100Hz 부근에 흰 공백이 나타나는 것이 특징이다. 미국영어에서 설측음이 연구개화가 일어나면 F2는 특히 더 낮아진다. 아래 음성파일 7-6의 스펙트로그램을 보면 모음에서 [ɫ]로 갈수록 F2와 F3가 벌어지는 것을 잘 확인할 수 있다.

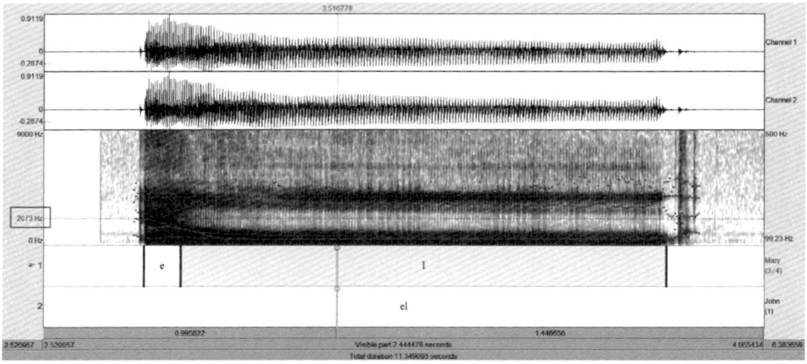

<‘bell’에서 [ɛl]의 스펙트로그램(♬ 6-2)>

기타 개별 자음의 음향특징은 2장에서 보기로 하자.

제2장

발음 연습

1. 유성치경마찰음 [z] 연습

요약

[z]는 한국어 'ㅅ', 즉 [s]~~ 발음에서 성대만 떨면 되는 유성치경마찰음이다. 성대를 진동하는 동시에 공기가 치경과 혀 위의 좁은 공간을 통과하면서 생기는 마찰에 의해 생성되는 마찰음이다.

연습

1.1) 집 Vs. zip

주 Vs. zoo

1.2) Zicky, zebra, zoo

Zicky saw a ***zebra*** at a ***zoo***.

예전에 한 텔레비전 코너에서 "자기야"라는 발음으로 인기를 끈 개그맨이 있었다. 자 다음의 발음을 한번 들어보고 무엇이 일반 발음과 다른지 왜 녹음된 발음을 들으면 웃음이 나는지 같이 생각해보자. 참고로 2장~5장에 나오는 모든 예문의 번호는 사운드 파일의 번호이다.

1.3) 자전거, 주전자, 지존, 가자!, 자자!

이번엔 영어 [z]소리가 들어가는 단어가 실제로 어떻게 들리는지 한번 들어보자.

1.4) zip, zoo, easy, his

알파벳 마지막 글자 'z'로 표기되는 영어의 [z]소리는 한국어의 'ㅅ'발음, 즉 [s]와 동일한 소리이다. 다만 유일하게 다른 점이 있다면 성대가 떨린다는 점이다. 즉, [z]라는 발음을 하기 위해서는 ㅅ~ [s~]라는 한국 발음을 하다가 성대만 떨면 되는 소리이다. 성대를 떨지 않고 한국어의 ㅅ---, 즉 [s~~~]를 발음하고 그리고 나서 [z]를 발음하기 위해 목 앞의 손이 떨리도록 성대를 진동하면서 [s~~~z~~~]와 같이 발음해 보자.

1.5) s~~~z~~~, s~~~z~~~, s~~~z~~~

이제 똑같이 하고나서 '동물원'이란 뜻의 'zoo'라는 발음을 해보자.

1.6) s~~~z~~~oo s~~~z~~~oo s~~~z~~~oo

어느 정도 연습이 되었다면 이제 다음 발음을 하면서 마찰이 무엇인지 느껴보자.

1.7) z~~oo, z~~ip, z~~eal, z~~ebra

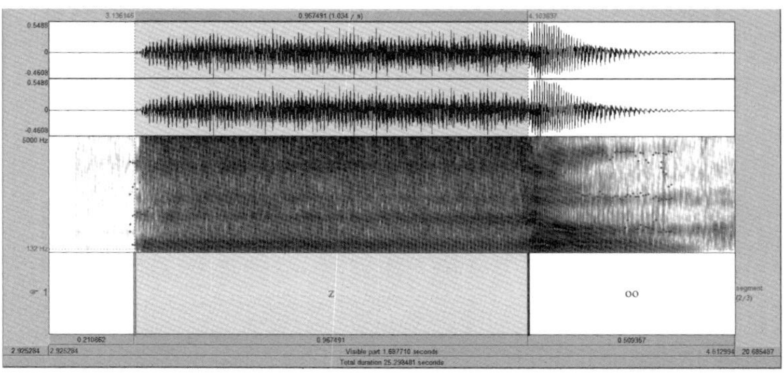

<'zoo'에서의 마찰(♬ 1-9)>

한국인들이 이 발음을 잘못하는 가장 큰 이유 중의 하나는 [z]를 한국어의 'ㅈ'와 같이 [ʤ]로 발음하면서 공기를 막았다가([ʤ]의 [d]) 살짝 터지면서 마찰음을 발음([ʒ])한다는 것이다. 아래 스펙트로그램을 보면 한국어 '집'과 '주'는 영어의 'zip'과 'zoo'와 달리 폐쇄가 나타나고 이후 파열(화살표로 표시)되는 것을 알 수 있다.

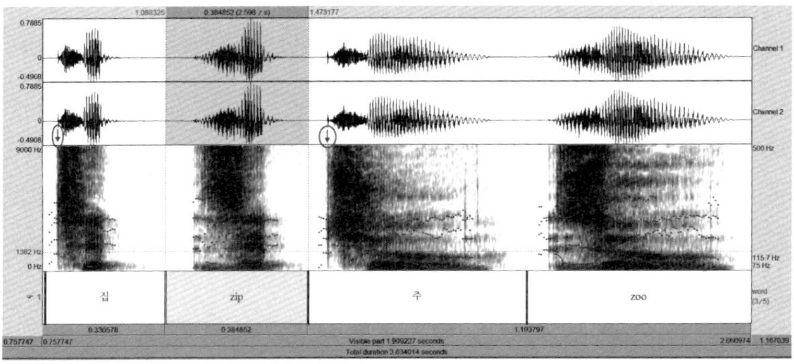

<'집'과 'zip', '주'와 'zoo'의 비교(♬ 1-1)>

'ㅈ'가 아니라 [z]가 되기 위해서는 혀와 치경사이의 좁은 공간으로 공기가 겨우 빠져나오면서 생기는 마찰이 있어야 한다. 즉, 조금 과장해서 얘기하면 다음과 같이 이 발음을 오래 계속하게 되면 혀가 간지러워야 정상적인 발음이라는 것이다.

1.8) z~~~~~, z~~~~~, z~~~~~

Carol Kidd의 When I dream에서 [z]와 [s]발음을 듣고 비교해 보자.

♫ Carol Kidd의 When I Dream (00:26)

I could build a mansion that is higher than the ***trees***

I could have all the gifts I want and never ask ***please***

I could fly to ***Paris***, it's at my beck and call

이제 숨을 멈추지 말고 계속해서 5초간 [z]를 마찰로 발음한 후 모음을 발음해보자.

1.9) *단어의 앞에서*	*단어의 중간에서*	*단어의 끝에서*
z-----oo	eas-----y	his-----
z-----ip	bus-----y	has-----
z-----ero	craz-----y	as-----

1.10) He ***closed his eyes***.

1.11) ***Zicky raises roses***.

1.12) He ***is as busy as*** she ***is***.

1.13) The ***puzzle was easy***.

1.14) ***His zebra is*** in the ***zoo***.

참고로 [s]로 발음되는 명사가 동사로 사용 될 때 [z]로 바뀌어 소리 나는 단어들은 각별히 주의하여야 한다. 그 예들은 다음과 같다.

1.15) [s]로 발음되는 명사인 경우 / 동사로 사용되어 [z]로 발음 나는 경우

[s]로 발음되는 명사인 경우	동사로 사용되어 [z]로 발음 나는 경우
excu**s**e	excu**s**e
clo**s**e	clo**s**e
u**s**e	u**s**e
abu**s**e	abu**s**e
advi**c**e	advi**s**e

기억하기

[z]는 혀와 치경사이에서 공기가 부딛치며 나는 발음이고 이와 같이 공기가 마찰하는 소리들의 특징은 원하는 시간만큼 [z~~~~~], 이렇게 늘릴 수 있다는 것이다. 곤충들이 날개를 떨어서 나는 소리와 같은 진동음이 들린다면 올바른 발음이다.

발음 팁

[z]발음이 어렵다면 [s]를 먼저 발음해보자. 이번엔 숨을 크게 들이 마시고 숨을 멈추지 않고 계속 [s~~~]라고 발음하다가 갑자기 목 위에 얹은 손이 떨리도록 [s~~~z~~~]와 같이 성대를 떨어보자. 그 소리가 [z]이다.

2. 순치마찰음 [f], [v] 연습

요약

흔히 [f, v]발음은 윗니로 아랫입술을 깨물고 발음한다고 생각하기 쉽지만 그럴 경우 오히려 공기의 통로를 막아버려 올바른 발음이 나오지 않는다. '아~'하고 입을 벌린 상태에서 턱을 천천히 올려 아랫입술 안쪽에 윗니의 끝이 아주 조금 닿으면 그 때 멈추고 공기를 이빨과 아랫입술의 안쪽사이 아주 좁은 공간으로 내보낼 때 나는 소리가 [f]이다. [f]에서 성대를 떨면 [v]가 된다.

연습

2.1) pan Vs. fan; I bought a ***pan*** and a ***fan***.

2.2) five: It's ***five***.

예전에 영어를 처음 배울 때 [f], [v] 발음을 하기 위해서는 윗니로 아랫입술을 깨물고 발음해야 한다고 배웠던 기억이 있을 것이다. 그러나 겨울에는 영하 40-50도 까지 내려가는 추운 지방에 사는 캐나다 사람들은 그렇지 않아도 춥고 건조한데 아랫입술을 그렇게 자주 깨물면 과연 입술이 견딜 수 있을까? 다음 사항에 주의하면서 이 소리들을 연습해 보자.

i) [f], [v]발음은 아랫입술이 윗니 쪽으로 올라와서

ii) 아랫입술의 안쪽이(아랫니보다 더 앞쪽으로 나와 있는) 윗니에 살짝 닿을 때 윗니와 아랫입술 사이의 좁은 공간을 겨우 통과하는 공기가 진동하면서 나는 소리이다.

이제 다음에 나오는 한국어 'ㅂ'을 가진 단어에서 'ㅂ'을 진동을 가진 영어의 [v]로 발음하면서 얼마나 다른지 느껴보자.

2.3) 바보, 부부, 빈부, 베비장

- [f], [v]발음 연습하기

i) 입을 벌리고 "아~" 하고 소리를 낸다. 단 이때 소리를 내기위해 입을 벌린 채로 그대로 있다.

ii) '아~'한 상태에서 이번엔 아주 천천히 아주 천천히 손으로 턱을

위로 밀어 올린다.

iii) 그러면 언젠가 아랫입술의 안쪽이 윗니의 끝에 아주 조금 닿게 되는 것을 느끼게 될 것이다.

iv) 그 자리에서 성대를 계속 떨면서 아랫 입술 위의 좁은 공간으로 공기를 내보낸다.

조금 익숙해지면 손으로 턱을 올리지 말고 턱을 올리고 내리고 하면서 연속으로 [a~v~a~v~a~v~a~v~]를 해보자.

2.4) a~v~a~v~a~v~a~v~ (조금 천천히)

2.5) a~v~a~v~a~v~a~v~a~v~a~v~a~v~ (조금 빠르게)

발음연습을 위해 거울을 보았을 때 아랫입술이 안쪽으로 말려들어간다면 이미 틀린 발음이다. 즉, 윗니가 내려오는 것이 아니라 아래턱이 윗니에 자연스럽게 닿을 때까지 올라가서 나는 소리로 처음엔 턱을 손으로 밀어 올리면서 나중엔 턱을 자유롭게 아래위로 움직이면서 공기를 좁은 공간사이로 내보내는 연습을 자연스럽게 될 때까지 해보자. 이 발음을 하면서 목에 있는 성대를 떨지 않으면 [f]소리이고 성대를 떨면 [v]소리이다. 즉 이 두 소리는 모든 것이 동일한 소리이지만 단지 성대가 떨리고 떨리지 않는 것이 차이점이다.

2.4), 2.5)의 연습이 자연스러워지면 성대를 떨고 떨지 않는 연습을 한번 듣고 따라해 보자.

2.6) f~v~f~v~f~v~f~v~

다음 노래에서 [f], [v]발음을 들어보자.

♬ Glenn Medeiros의 Nothing's gonna change my love for you (00:10)

If I had to ***live*** my ***life*** without you near me
The days would all be empty
The nights would seem so long
With you I see ***forever*** oh so clearly
I might have been in ***love before***
But it ***never felt*** this strong

♬ Mariah Carey & Whitney Houston의 When You Believe (0:32)

Many nights we prayed with no ***proof*** anyone could hear
In our hearts a ***hopeful*** song we barely understood
Now we are not ***afraid*** although we know there's much to fear
We were moving mountains long ***before*** we knew we could

이제 윗니가 립스틱을 칠하는 부분까지 나오지 않도록 조심하는 동시에 아랫입술의 안쪽에서 공기가 빠져나오면서 공기가 마찰을 일으키도록 노력해보자. 또한 파열이 일어나지 않도록 5초 정도 소리를 늘려서 발음해 보도록 하자. 먼저 성대를 떨지 않고 발음하는 [f] 발음이다.

2.7) *단어의 앞에서*	*단어의 중간에서*	*단어의 끝에서*
f---ive	a***f***---ter	sa***f***e---
f---ace	di***ff***---icult	wi***f***e---
ph---one	ne***ph***---ew	lau***gh***---

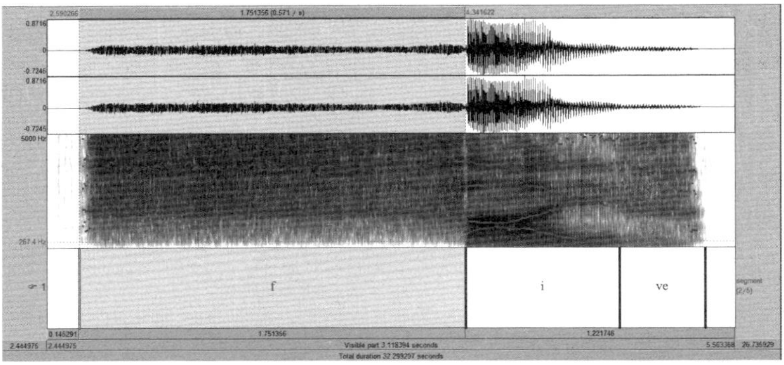

<'five'에서 [f]의 스펙트로그램(♬ 2-7)>

참고로 영어에서 [f]로 소리 나는 철자는 일반적으로 다음과 같다.

*[f]로 소리 나는 철자

a. -f(f)-: four, fine, coffee, sniff, half

b. -ph-: photo, phone, nephew, dolphin

c. -gh: laugh, cough, enough, tough

다음은 동일한 방법으로 5초간 소리를 늘리면서 성대가 떨려서 발음되는 [v]를 연습해 보자.

2.8)

단어의 앞에서	*단어의 중간에서*	*단어의 끝에서*
v---ery	se***v***---en	o***f***---
v---ote	hea***v***---y	ha***v***e---
v---ine	o***v***---er	mo***v***e---

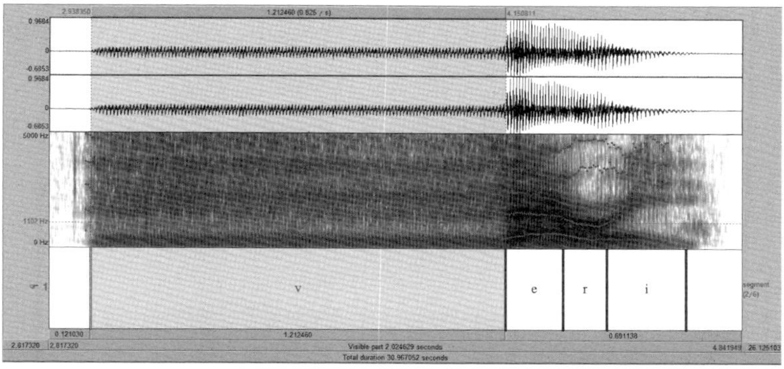

<‘very’에서 [v]의 스펙트로그램(♬ 2-10)>

이제 한국인들이 많이 틀리는 [f]와 [p]발음의 차이를 연습해 보자. 이 두 발음의 차이점과 공통점은 다음과 같다.

- [f]와 [p]발음의 차이점과 공통점

	f	p
공통점	무성음	
차이점	1) 좁은 공간사이로 공기가 나오면서 생기는 마찰을 동반해야 함(마찰음) 2) 윗니와 아랫입술이(순치음) 가까이 위치하면서 좁은 공간을 만듬	1) 공기가 입안에서 완전히 막혔다가 한 번에 터짐(파열음) 2) 아랫입술과 윗입술로(양순음) 공기 구멍을 완전히 차단함(폐쇄음)

2.9) [f]와 [p]발음의 차이점 연습

공기가 마찰하는 소리	공기가 한 번에 터지는 소리
f---ine	pine
f---ace	pace
f---at	pat
f---ast	past

역시 아래 스펙트로그램을 보면 [p]는 마찰을 가진 [f]와 달리 기류가 막혔다가 파열하는 것을 알 수 있다.

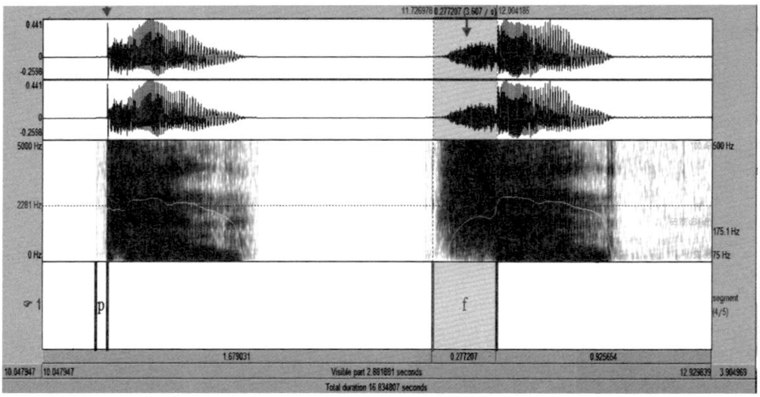

<pan Vs. fan(♬ 2-1)>

이번엔 [v]와 [b]발음의 차이점과 공통점에 유의하면서 두 발음을 연습해 보자. 두 발음의 차이는 [f]와 [p]의 차이점과 동일하다.

2.10) [v]와 [b]발음의 차이점 연습

공기가 마찰하는 소리	공기가 한 번에 터지는 소리
v---est	best
v---ery	berry
v---ase	base
v---ow	bow

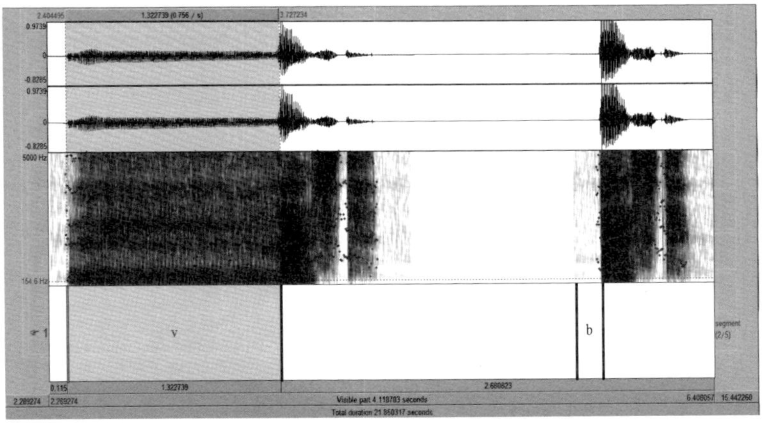

<'vest'와 'best'의 스펙트로그램(♬ 2-10)>

2.11) I ***have*** a ***physics*** class on ***Friday***.

2.12) ***For four*** minutes my ***nephew laughed***.

2.13) My ***father*** and I drink ***coffee*** in the ***office*** at ***five***.

2.14) My ***wife*** and ***Philip have five*** very ***fine phones***.

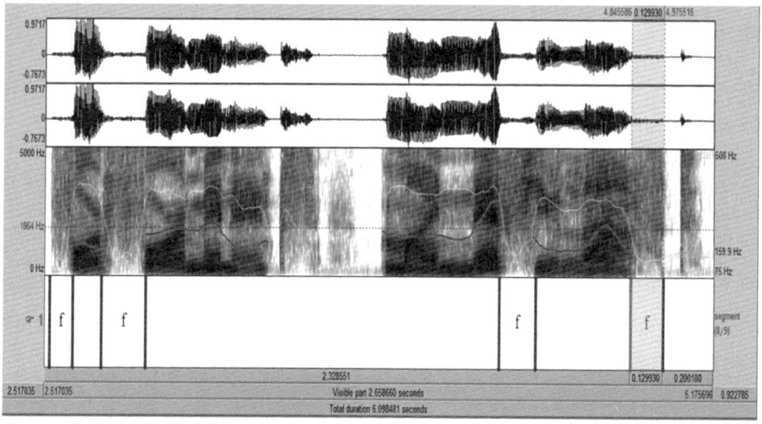

<For four minutes my nephew laughed.(♬ 2-12)>

다음은 문장 속에 나오는 [v]발음이다.

2.15) ***Vicky*** saw the ***movie over*** and ***over*** again.

2.16) ***Vote*** and ***save*** him.

2.17) The ***stove*** is ***very heavy***.

2.18) ***Even Eve*** didn't ***vote*** yet.

2.19) Tongue Twisters

a. ***Flies fly*** but a ***fly flies***.

b. ***Five frantic frogs fled from fifty fierce fishes***.

c. ***Fat frogs flying past fast***.

d. ***Five fat frogs flew*** past ***fast***. The ***fattest frog flew fastest***.

기억하기
[f] / [v]발음은 윗니와 아랫입술사이의 아주 좁은 공간으로 공기가 빠져나오면서 마찰을 일으키는 음이다. 영어는 이런 공기의 마찰이 잘 발달되어있는 언어이므로 영어를 잘 발음하기위해서는 마찰에 꼭 익숙해져야 한다.

발음 팁
입을 아래위로 계속 열고 닫고를 반복하면서 윗니 아래쪽에 아랫입술의 안쪽 면이 닿는 것을 느껴보자. 입을 크게 열었다가 어떤 음을 만든다고 생각하지 말고 그냥 입을 다물면 분명히 윗니에 닿는 입술 부분이 있을 것이다. 그 때 생긴 좁은 공간으로 공기를 내보내면 공기가 서로 빠져나가려고 부딪치면서 [f]소리가 나고 [f]소리에서 성대를 떨면 [v]소리가 된다.

3. 치아마찰음 [θ], [ð] 연습

요약
영국식 치음([θ, ð])은 혀의 끝부분과 윗니 후면의 좁은 공간 사이로 공기가 마찰하며 나오는 소리이다. 이와는 달리 미국식 치음은 혀의 앞부분이 윗니와 아랫니 사이에 나와 있을 때 윗니와 혀 사이의 아주 좁은 공간으로 마찰이 나는 소리이다.

연습
3.1) they Vs. day; ***They*** spent two ***days*** together.
3.2) the, author, birthday, the, third, the
The author had a ***birthday*** party on ***the third*** floor of ***the*** hotel.

이번 장에서는 치음(dental) 혹은 치간음(interdental)에 대해 알아보자. 한국인들은 [θ]는 'ㅆ'(thin, 씬), 혹은 'ㅌ'(therapy, 테라피)로, [ð]는 'ㄷ'로(this, 디스) 흔히 잘못 발음하는 경향이 있다. 이와 같은 치음은 공기의 마찰로 소리 나는 마찰음이다. 다만 마찰의 장소가 이빨과 혀 사이라는 것만 다를 뿐이다. 혀의 가장 앞쪽과 이빨이 만들어 내는 마찰과 진동을 먼저 한번 들어보자.

3.3) theme, theme park

3.4) therapy, aroma therapy

3.5) thin

이와 같은 치음을 연습할 때 가장 중요한 것은 역시 좁은 공간으로 공기가 겨우 빠져나오면서 마찰과 진동을 만들 수 있도록 하여야 한다는 점이다. 또한 마찰음인 [z], [f], [v]와 같은 소리들을 한국어에 흔한 폐쇄음으로 만들지 않도록 음을 늘려서 연습해 보았는데, 치음도 그렇게 연습해보자.

치음 [θ, ð]는 [s]와 [z], [f]와 [v]의 쌍과 같이 성대가 떨린다는 것 이외의 발음차이는 없는 동일한 소리이다. 즉, 아무것도 움직이지 않고 단지 성대만 떨면 무성음인 [θ]가 유성음인 [ð]로 변한다.

3.6) θ~~~ð~~~θ~~~ð~~~θ~~~ð~~~

이러한 소리들을 발음하기 위해서는 두 가지, 영국식과 미국식방법이 있는데, 먼저 영국식 발음에 대해 알아보자.

영국식 치음은 혀가 이빨사이로 나오는 음이 아니라 윗니의 뒷면에 혀를 올려 혀의 끝이 윗니 뒤쪽에 살짝 닿은 상태에서 혀와 윗니 뒤쪽사이에 생긴 아주 좁은 공간을 통해서 공기가 마찰을 동반하며 나는 소리이다. 이와 같은 영국식 발음은 미국식 발음과 소리 면에서 큰 차이가 없지만 다른 사람이 보았을 때 혀가 윗니 뒤쪽에 위치하므로 밖에서는 보이지는 않는다.

한 번 들어보자.

3.7) 영국식 [ɵ]: ɵ~~

이와 같은 무성치간마찰음을 발음하는 도중에 성대를 진동하여 유성음으로 발음해 보자.

3.8) 영국식 치음: ɵ~~~ð~~~ɵ~~~ð~~~ɵ~~~ð~~~ɵ~~~ð~~~

이와는 달리 미국인들이 선호하는 치음 발음법은 혀를 윗니와 아랫니 사이에 두고 윗니와 혀 사이의 좁은 공간으로 공기만 내보내며 내는 치간음이다. 듣고 확인해 보자.

3.9) 미국식 치간음 [ɵ]: ɵ~~

이번엔 성대를 떨면서 두 가지 소리를 동시에 발음해 보자.

3.10) 미국식 치간음: ɵ~~~ð~~~ɵ~~~ð~~~ɵ~~~ð~~~ɵ~~~ð~~~

이 발음에서 가장 중요한 점은 공기를 내보내면서 마찰이 이루어지고 있을 때 절대로 혀를 넣지 않는 것이다. 이 소리들은 혀를 넣지 않고 혀가 나와 있을 때 나는 소리이다. 이점 각별히 주의하여야 한다.

Queen의 노래 Bohemian Rhapsody의 가장 마지막에 나오는 부분에서 반복되는 'th'발음을 들어보자.

♬ Queen의 Bohemian Rhapsody (05:10)

Nothing really matters, Anyone can see

Nothing really matters

Nothing really matters to me

이번엔 좁은 공간을 통해서 만들어지는 치음의 마찰을 충분히 늘려서 연습해보자.

3.11) *단어의 앞에서* *단어의 중간에서* *단어의 끝에서*

단어의 앞에서	단어의 중간에서	단어의 끝에서
th---ieves	me***th***---od	bir***th***---
th---in	any***th***---ing	four***th***---
th---ree	no***th***---ing	ba***th***---

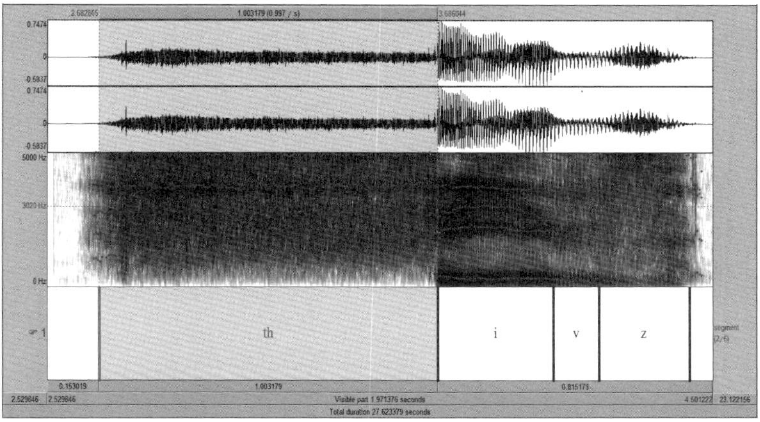

<'thieves'에서 [θ]의 스펙트로그램(♬ 3-11)>

3.12) Take a deep ***breath***.

3.13) It's ***nothing*** more, ***nothing*** less.

3.14) ***Three thieves*** devised various ***methods***.

3.15) I ***thought the author*** was ***thin***.

3.16) My son has his ***fourth tooth*** this ***month***.

다음은 동일한 방법으로 5초간 소리를 늘리면서 유성인 [ð]발음을 연습해 보자.

3.17) *단어의 앞에서*	*단어의 중간에서*	*단어의 끝에서*
th---is	mo***th***---er	smoo***th***---
th---ere	fa***th***---er	soo***the***---
th---en	ga***th***---er	brea***the***---

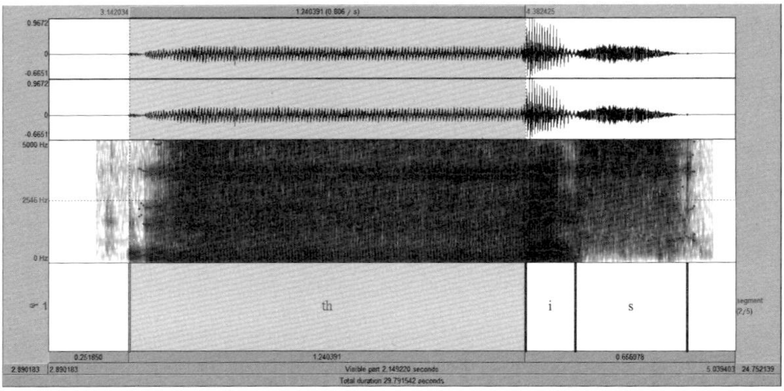

<'this'에서 [ð]의 스펙트로그램(♬ 3-17)>

3.18) ***That***'s it.

3.19) ***They*** have bad ***weather these*** days.

3.20) ***This bothers*** me a lot.

3.21) We'd ***rather*** go ***there together.***

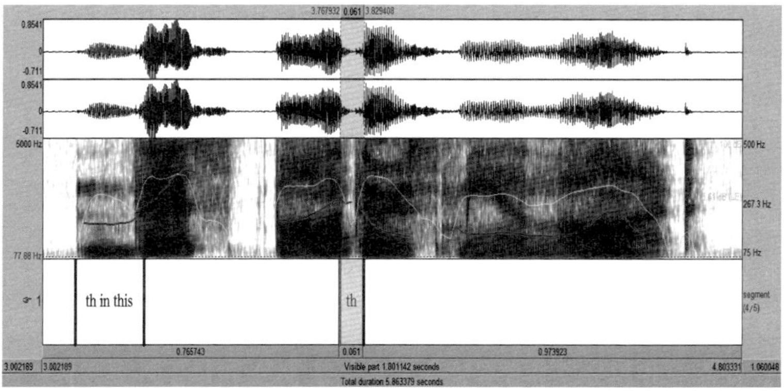

<This bothers me a lot.(♬ 3-20)>

우리는 [θ]발음을 다른 많은 발음을 제쳐두고 왜 하필 [s]로 잘못 읽게 되는 것일까? 'think'를 '잉크', '딩크', '깅크', '빙크'라고 잘못 읽을 수도 있는데 왜 하필 '싱크'라고 잘못 읽는 것일까? 이는 [s]발음이 [θ]발음과 많은 점에서 유사하기 때문이다. 가장 중요한 유사점은 이 두 개의 발음이 모두 무성마찰음이라는 것이다. 다만 두 발음의 차이는 아래와 같이 마찰이 생기는 조음장소의 차이로 [s]는 치경에서 [θ]는 치간이라는 점이다.

- [θ]와 [s]발음의 차이점과 공통점

	θ	s
공통점	1) 무성음 2) 마찰음	
차이점	치음/치간음	치경음

즉, 우리가 잘못된 발음을 하여 /θ/를 [s]로 발음한다면 이를 고치기 위해 [s]와 [θ] 발음의 유사점을 그대로 유지하면서 차이점을 없애면 될 것이다. 즉, [s~~~]를 발음하면서 느껴지는 좁은 공간에서 나는 공기의 마찰을 그대로 유지하되 그 위치를 치경이 아니라 윗니 뒤 혹은 윗니 아래에서 마찰을 만들어야 한다. 즉, [s~~~]라고 발음하다가 혀의 끝을 윗니 뒤로 옮기거나 이빨사이로 내밀면 [s~~θ~~]가 될 것이다.

아래와 같이 혀를 앞으로 움직이며 연습해 보자.

3.22) s~~θ~~s~~θ~~s~~θ~~

3.23) [θ]와 [s]발음의 차이점 연습

[s]	[θ]	[s]	[θ]
sink	think	mass	math
sank	thank	pass	path
sin	thin	bass	bath

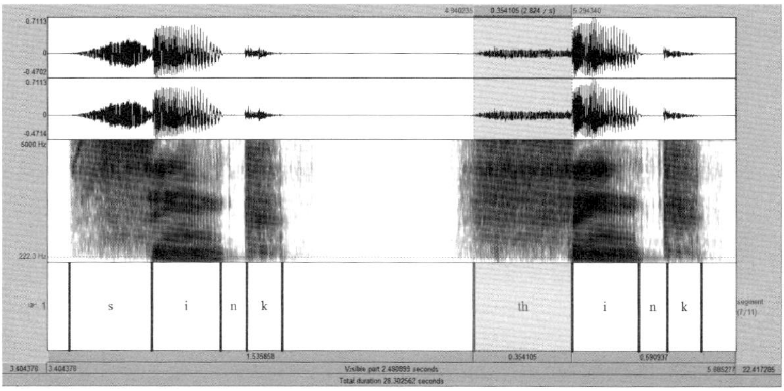

<'sink'와 'think'에서의 마찰음(♬ 3-23)>

3.24) I ***think*** it ***sinks***.

3.25) The ***thing*** is, she doesn't like to ***sing***.

3.26) He ***passed*** the ***path***.

3.27) A ***mass*** of ***math*** teachers were in a ***mass***.

이번엔 [ð]와 [d]발음의 차이점과 공통점에 유의하면서 두 발음을 연습해 보자.

3.28) [ð]와 [d]발음의 차이점 연습

[ð]	[d]	[ð]	[d]
then	den	breathe	breed
they	day	bathe	bade
though	dough	soothe	sued

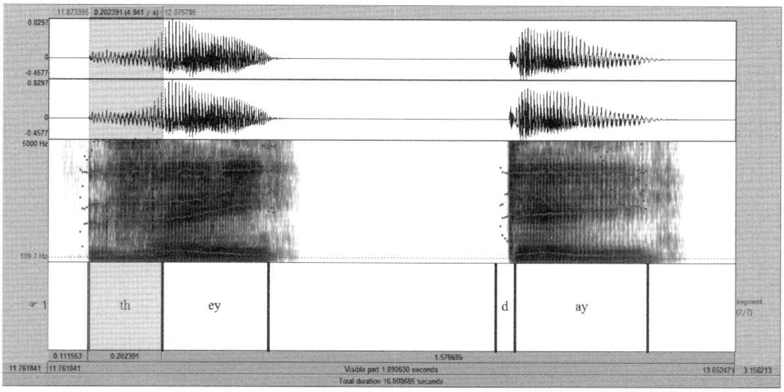

<'they'와 'day'에서의 마찰음과 폐쇄음의 차이(♬ 3-28)>

3.29) Even ***though*** their ***dough*** was good, the bread tasted very bad.

3.30) ***They*** were glad to see his health was improving ***day***-by-***day***.

3.31) ***Then those*** people started to ***soothe the*** baby.

3.32) ***They thought that the three thieves threw their theses***.

3.33) ***There*** were his ***father***, ***mother and brothers*** at his ***birthday*** party.

또 하나 꼭 중요한 것은 the와 같은 단어가 'i*n th*e', 'o*n th*e', 'a*t th*e', 혹은 'a*l th*e', 'seve*nth*', 'te*nth*', 'hea*lth*'와 같이 치경음 뒤에서 발음되는 경우, 일반적인 치경음의 발음이 아니라 후행하는 치음을 미리 준비하기 위해서 치경이 아니라 치음으로 발음한다는 것이다.

즉, 'in the'에서 'in'을 발음할 때 [ɪ]를 발음하고 나서 치경비음인 [n]을 발음하기 위해 혀가 치경에 가는 것이 아니라 치음으로 발음된다는 사실(즉, 혀를 이빨사이에 넣고 [n] 발음을 한다)이다. 치간음으로 발음되는 치경음의 발음을 듣고 따라 해보자.

3.34) seve***nth***, te***nth***, hea***lth***, wea***lth***

i***n th***e, o***n th***e, a***t th***e, withi***n th***e, a***l th***e, dow***n th***e, wi***n th***e, kil***l th***e, hi***t th***e, insi***de th***e

3.35) His father is ***in the*** house.

3.36) They're ***at the*** cafeteria.

3.37) Don't kil***l th***e fly!

3.38) He wen***t th***ere. (자음사이의 [t]탈락 후 치음 [n])

3.39) Today's his ***tenth*** birthday.

3.40) He is insi***de th***e house.

3.41) It's arou***nd th***e corner. (자음사이의 [t]탈락 후 치음 [n])

이와 같이 치음화된 [l]발음을 가진 다음 노래를 들어보자.

♬ John Lennon의 Imagine (00:51)

Nothing to kill or die for

No religion too

Imagine al***l the*** people

영국식과 미국식 치음이 모두 중요한 이유는 북미영어 화자들의 경우에도 [s, z, ʃ, ʒ]를 후행하는 치음의 경우 영국식으로 발음한다는 것이다. 다음 예문을 읽어 보면 미국식 치간음으로 발음하는 것이 매우 어색하다는 것을 알 수 있을 것이다.

3.42) 미국영어에서도 영국식으로 발음되는 치음

a. I***s th***at in?

b. Don't mi***ss the*** bus.

c. Wa***sh the*** dishes.

이런 치음의 발음이 잘 드러나는 노래들이다.

♬ Avril Lavigne의 How Does It Feel (0:00)

I'm not afraid of ***anything***

I just need to know that I can ***breath***

And I don't need much of ***anything***

♬ Jesse McCartney의 Why Don't You Kiss Her (0:15)

She knows ***everything***

That is on my mind

Lately ***something's*** changed

3.43) Tongue Twisters

a. ***They*** all ***think that those subs sink***.

b. ***Nothing*** is ***worth thousands*** of ***deaths***.

c. I ***thought*** a ***thought***. But the ***thought*** I ***thought*** wasn't the ***thought*** I ***thought thought***. If the ***thought*** I ***thought*** I ***thought*** had been the ***thought*** I ***thought***, I wouldn't have ***thought*** so much.

d. ***There those thousand thinkers*** were ***thinking*** how did ***those other three thieves*** go ***through***?

e. ***Thirty-three thousand*** people ***think that Thursday*** is ***their thirtieth birthday***.

기억하기

영국영어의 치음은 혀의 끝이 윗니의 후면에 거의 붙어서 공기의 마찰을 일으킨다. 이와는 달리 미국영어의 치음은 혀의 앞부분이 윗니의 아래에 위치해 있을 때 공기를 통과시켜 마찰이 나도록 하는 음이다. 치음의 발음을 위해서는 이빨과 혀 사이에서 이런 마찰이 생길 수 있도록 소리가 끝날 때까지 혀의 위치를 유지하고 있어야 한다. 이 때 목의 성대가 떨리면 [ð], 성대가 떨리지 않으면 [θ]발음이다.

발음 팁

가장 권하고 싶은 방법은 거울을 보면서 자신이 치음을 하고 있을 때 혀가 나와 있는지(혀가 들어가는 것이 아니라 쭉 나와서 유지되고 있는지) 확인하는 것이고 더욱 좋은 것은 발음하는 과정을 동영상으로 찍어서 자신이 발음할 때 혀가 충분히 윗니 아래에 나와 있고 그 동안에 공기가 혀 위를 통과하는지 확인하는 것이다. 'in the', 'on the', 'at the'와 같은 발음을 할 때 전치사의 마지막 자음을 치음으로 바꾸는 것만 익숙해져도 'the'발음이 한결 편안해 질 것이다.

4. 무성치경마찰음 [s]와 무성치경구개마찰음 [ʃ] 연습

요약

흔히 'sh'로 표기되는 [ʃ]발음은 치경음인 우리의 'ㅅ'발음보다 혀의 조금 뒤쪽에서 나는 후치경음(postalveolar)이다. 그러나 한국어에서도 뒤에 모음 [i]가 올 때 치경마찰음이 후행 모음의 영향으로 보다 뒤쪽에서 [ʃ]로 발음되는데 이를 구개음화(palatalization)라고 한다. 영어에서는 [ʃ]발음 시 입술이 둥글어지는 경향이 있다.

연습

4.1) see Vs. she; ***She sees*** it.
4.2) sake Vs. shake; mass Vs. mash

이번 장에서는 [ʃ]발음을 중심으로 흔히 철자 'sh'로, 간혹 'ti', 'ci', 'ss', 'ch'로 쓰이는 [ʃ]가 어떤 발음인지, 또 [s]와는 어떻게 다른 발음인지에 대해 생각해 보자.

다음 주어진 한글 단어를 읽으면서 'ㅅ'를 발음할 때 혀가 어디에 위치해 있는지 느껴보자. 혀의 위치를 느끼기 힘들면 주어진 단어를 크게 읽는다고 생각하되 준비만 하고 막상 입 밖으로 소리는 내지 말고 준비만 한 그 상태에서 멈추어보자.

4.3) 시장 Vs. 사장, 신문 Vs. 산문, 실 Vs. 살

4.3)에서 주어진 앞의 세 단어, '시장', '신문', '실'을 읽을 때의 'ㅅ'은 뒤의 세 단어, '사장, '산문', '살'을 읽을 때의 'ㅅ'보다 혀의 약간 더 뒷쪽이 들리면서 입안 뒤쪽에서 소리가 난다. 4.3)에서 앞의 세 단어의 공통적인 특징은 뒤에 '이'라는 모음이 나온다는 것으로 이런 경우 [s]는 [ʃ]로 발음된다. 즉, '신', '실', '십'과 같이 뒤에 [i] 모음

이 있는 경우의 'ㅅ' 발음과 '산', '살'이라고 할 때의 'ㅅ'발음은 다르며 '신'이라고 할 때의 'ㅅ'발음은 여러분의 생각처럼 [s]가 아니라 사실은 [ʃ]이다. 이와 같이 치경음 [s]가 전설모음 [i]로 인해 입의 좀 더 뒤쪽, 즉, 입천장(구개)쪽에서 발음되어 구개음 [ʃ]로 변화하는 현상을 '구개음화'(palatalization)라고 한다.

예를 들어 '신승훈'이란 이름의 姓은 'Sin'이 아니라 'Shin'으로 영어로 표기(로마자표기, Romanization)하는 게 일반적인데, 이는 'sin'이 '원죄'와 같은 별로 좋지 않은 의미가 있는 이유 때문이기도 하겠지만 그보다는 위의 한국어 '신'에서와 같이 '이'모음이 뒤에 나오는 [s]발음은 뒤에 나오는 모음 [i]의 영향으로 [s]가 아니라 [ʃ]로 발음되기 때문이다. 정리하면 다음과 같다.

4.4) [s]로 발음 나는 ㅅ	[ʃ]로 발음 나는 ㅅ
시장 [ʃi.ʤaŋ]	사장 [sa.ʤaŋ]
신문 [ʃin.mun]	산문 [san.mun]
실 [ʃil]	살 [sal]

이와 같이 뒤에 [i] 혹은 [i]와 비슷한 소리인 'y'를 포함하는 '야', '여', '요', '유' 등이 오면 한국어의 'ㅅ'은 [ʃ]로 발음된다. '이' 앞에서 한국어의 'ㅅ'이 [ʃ]라면 영어 'she'의 발음이 [ʃi]이므로 그냥 한국어 '시'를 읽듯이 읽어도 무방할 것 같다. 그러나 영어의 'she'를 한국어처럼 '시'라고 읽으면 어색한 이유는 입술을 둥글게 하지 않기 때문이다. 입술을 둥글게 하고 한국어 '시'로 읽으면 'she'와 비슷한 발음이 될 것이다(물론 영어 모음의 길이가 더 길다).

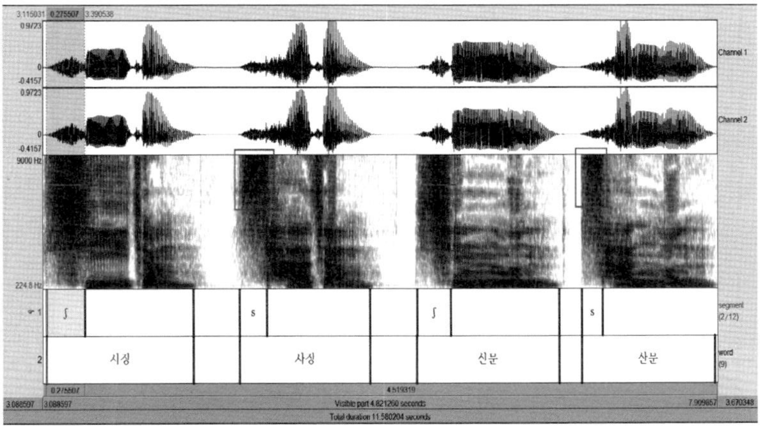

<한국어의 ‘시장’, ‘사장’, ‘신문’, ‘산문’(♬ 4-4)>

그러면 과연 영어 ‘see’는 어떤 발음일까? 정작 한국어의 ‘시’라고 생각하기 쉬운 이 발음은 오히려 한국어에서는 나타나지 않는 발음이다. 그 이유는 한국어에서의 ‘시’와 같은 발음은 위에서도 언급한 바와 같이 [si]로 나타나지 않고 [ʃi]로 나타나기 때문이다. ‘see’라는 발음을 하기 위해서는 마치 4.3)에서의 뒤의 세 단어와 같이, 즉, ‘산’, ‘살’을 읽는 다고 생각하고 ‘ㅅ’발음을 한 후 뒤에 [i]발음을 해야 한다. 어색한 ‘see’발음과 올바른 ‘see’발음을 한번 듣고 비교해보자.

4.5) 틀린 발음 see - 한국어처럼 [ʃi]로 읽어서 틀린 발음
  틀린 발음 I see!

4.6) 올바른 발음 see [si]: I ***see***!

4.7) 틀린 발음 con***si***der - 한국어처럼 [ʃi]로 읽어서 틀린 발음

4.8) 올바른 발음 con***si***der [sɪ]: I ***considered*** it.

즉, 뒤에 [i]와 같은 모음이 나타날 때, 한국어에 더 가까운 소리는 여러분의 생각과 달리 아래의 예에서 왼쪽에 있는 소리가 아니라 오른쪽에 있는 소리들이며 이러한 이유로 발음할 때 더 주의를 기울여야 할 발음은 왼쪽에 있는 단어들이다.

4.9) sin Vs. shin　　see Vs. she

sip Vs. ship　　seat Vs. sheet

즉, 첫 번째 단어를 발음하기 위한 준비를 해보면 혀의 끝이 올라간다는 것을 느낄 수 있을 것이지만 두 번째에 있는 단어들을 읽으려고 준비해보면 혀의 끝이 아래로 쳐져 있으면서 입술이 둥글어 진다는 것을 알 수 있을 것이다.

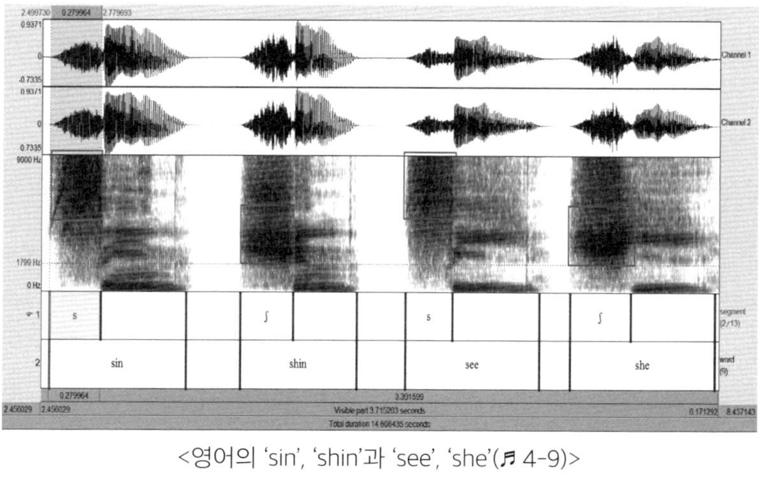

<영어의 'sin', 'shin'과 'see', 'she'(♬ 4-9)>

위 영어의 'sin'과 'shin' 그리고 'see'와 'she'의 스펙트로그램을 비

교해보면 [s]에 비해 [ʃ]의 주파수가 매우 낮게 나타난다.

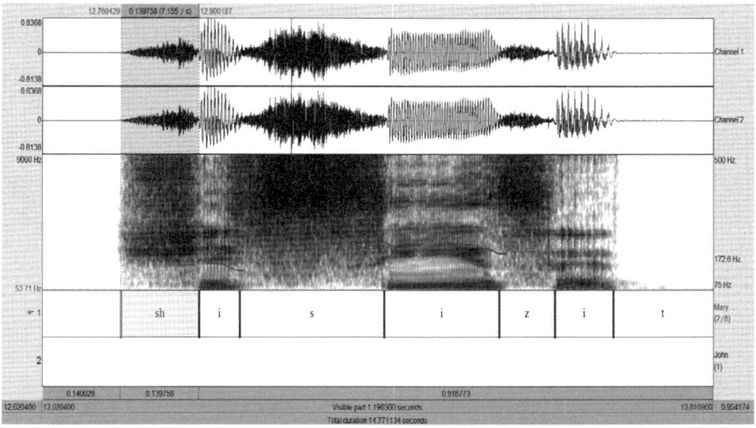

<'She sees it'에서 [ʃ]와 [s], [z]의 스펙트로그램(♬ 4-1)>

이와 같은 발음의 차이를 생각하면서 다음의 예를 읽어보자.

4.10) see, sip, sin, sink, sick, seat, silly, cereal, civil

4.11) When ***she's sick***, ***she*** eats ***cereal***.

4.12) ***She*** was ***seen*** on the ***seat***.

4.13) Isn't it ***silly*** that he filed a ***civil*** suit?

다음 노래에서 확인해보자.

♬ UB40의 Can't help falling in love중에서 (00:58)

Shall I stay

♬ Eric Crapton의 Wonderful tonight중에서 (00:20)

She puts on her make-up and ***brushed*** her long blonde hair

And then ***she*** asks me 'Do I look all right?'

[ʃ]발음과 [s]발음은 사실 단 한 가지 차이가 있을 뿐이다. 즉, 후치경음 [ʃ]가 발음되는 위치가 치경음 [s]보다 조금 뒤쪽이라는 것이다. 그래서 [s]를 발음하다가 혀의 앞을 내리고 아주 조금 뒤쪽을 들어 공기의 마찰을 만들면 [ʃ]가 된다. 정리하면 다음과 같다.

• [ʃ]와 [s]발음의 차이점과 공통점

	ʃ	s
공통점	1) 무성음 2) 마찰음	
차이점	1) 혀가 윗니 뒤쪽 치경과 입천장 사이에서 좁은 공간을 만듦 (혀 + 치경 뒤 입천장 앞) 2) 입술이 둥글어지는 경향이 있음	1) 혀의 끝이 윗니 뒤쪽 치경에 접근하여 좁은 공간이 만들어짐(혀 + 치경) 2) 입술이 둥글어지지 않음 (뒤에 o, u와 같은 모음이 나오면 그 모음의 영향으로 둥글어짐)

즉, [s]와 [ʃ]의 발음은 단순히 혀의 끝이 치경에 거의 붙어 있는지 또는 혀가 그 뒤쪽, 즉, 입천장 앞쪽에 거의 붙어 있는지와 같은 혀의 위치가 가장 큰 차이이다. 이와 더불어 영어에서 [ʃ]는 입술이 조금 둥글어져서 나는 경향이 있다. 그래서 [s]에서 [ʃ]를 하려면 혀의 조금 뒤쪽에서 소리가 나는 것 이외에도 입술을 조금 둥글게 하여 발음하여야 한다.

한국어와 유사하게 영어에도 구개음화가 흔히 적용된다. 영어의 구개음화는 일반적으로 영어의 치경음이 [i] 혹은 [y] 앞에서 구개음으로 발화하는 것을 총칭하며 치경음이 구개에서 발화되는 조음장소의 동화와 더불어 마찰음으로 발화되는 조음방법의 동화를 포함한다. 영어의 경우, 구개음화는 단어의 경계에서는 [y]를 선행하는 경우에만 일어나며 [i]를 선행하는 경우는 일어나지 않는 것으로 알려져 있다(예: miss you[ʃyu], miss it *[ʃit]). 구개음화는 설단음의 구개음화 이외에도 electri[c] ~ electri[c]ity, analo[g] ~ analo[g]y와 같이 흔히 연구개음 연음화(velar softening)이라고 지칭되는 연구개폐쇄음의 구개음화 등 다양한 종류가 존재한다. 자세한 예는 다음과 같다.

a) 반드시 적용되는 경우(마찰음으로 통시적): expression, action, departure
b) 선택적으로 적용되는 마찰음: sensual, visual, gradual
c) 선택적으로 적용되는 파찰음: virtue, immediate, educate
d) 선택적으로 적용되는 파찰음(단어 경계에서): did you, told you, as yet

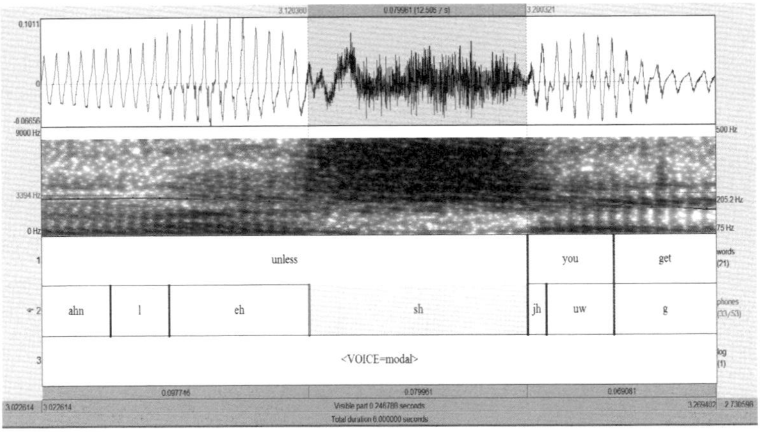

<‘unless you’에서의 구개음화>

참고로 [ʃ]가 나타나는 철자는 다음과 같다.

- [ʃ]가 나타나는 철자

a. -sh-: shake, shoes, dish, wash

b. -ti-: option, nation, section

c. -ci-: special, social, racial

d. -ss-: issue, pressure, assure

e. -ch-: machine, chef, Chicago

마지막으로 [s]와 [ʃ]를 함께 연습해 보자.

4.14) ***She sees*** the ***ship*** everyday.

4.15) I'm ***ashamed*** of my ***sin***.

4.16) I'm ***sure*** that the ***washing machine*** is broken.

4.17) ***She sells sea shells*** by the ***sea shore***.

4.18) ***Sue washed*** her new ***shoes***.

4.19) Tongue Twisters

a. I ***wish*** you were a ***fish*** in my ***dish***.

b. The ***shells she*** sells are surely ***seashells***.

기억하기

한국어에서 'ㅅ' 뒤에 '이'가 나오면 뒤의 '이'의 영향으로 'ㅅ'이 [ʃ]로 발음되므로 뒤에 [i]가 나오는 영어발음 [s]를 [ʃ]로 읽지 않도록 주의하여 발음하여야 한다. 또한 영어에서 [ʃ]는 입술이 둥글어져서 발음된다. 즉, 한국어의 '시'는 영어의 'see'보다는 'she'에 더 가까운 소리이지만 입술은 둥글어지지 않는 소리이다.

발음 팁

[s]뒤에 [i]가 나오는 [s]발음을 할 때 혀를 최대한 앞쪽으로 옮기면서 입을 옆으로 넓게 벌린다고 생각하면 발음이 한결 편해질 것이다. 이와 반대로 [ʃ]뒤에 [i]가 나오는 [ʃ]발음을 할 때는 입술을 둥글게 한다는 생각으로 발음을 하면 자연스러운 발음이 될 것이다.

5. 영어의 연구개화 설측음 [ɫ] 연습

요약

영어 [l]의 특징은 한국어 "ㄹ"과 같이 혀끝이 치경에 붙어 공기의 흐름을 구강의 중앙에서 막고 혀의 양쪽으로 공기를 내보내는 설측근접음(lateral approximant)이다. 영어의 설측음은 음절의 앞 또는 주로 음절의 뒤에서 혀의 뒷부분도 동시에 입 뒤쪽으로 올라가서 연구개화(velarization)가 일어나 연구개화 설측음(velarized l, [ɫ])으로 발음된다.

연습

5.1) 풀 Vs. pull, pool

5.2) All, people, apples

All the *people* like *apples*.

한국어를 모국어로 가지는 경우 이를 의식하지 못하겠지만 사실 한국어에는 설측음, 설탄음, 구개설탄음 등 다양한 종류의 음소 [l]이 존재한다. 이 중 모음사이에 나오는 'ㄹ'은 뒤에서 자세히 설명하기로 하고 먼저 한국어 받침으로 사용되는 'ㄹ'에 대해 생각해 보자. 이를 위해 먼저 '쿨'의 '아로하'라는 곡에서 "모든 걸 다 잃는데도" 부분을 들어보자. 여기에는 "모든 걸"에서의 '걸', 그리고 "잃는데도"에서의 '일' 이렇게 두 개의 음절말음 'ㄹ'이 나오는데 들어보면 '모든 걸'에서의 [l]발음과 '잃는데도'의 '일'에서의 [l]발음이 상이하다는 것을 알 수 있다.

♬ '쿨'의 '아로하' 중에서 (01:25)

you ***light up*** my life
you are the one in my life
내 *모든 걸 다 잃는데도* 후회하지 않아
오직 너를 위한 변하지 않는 사랑으로

이 두 개의 [l]발음 중에서 첫 번째 나오는 'ㄹ'은 한국어 [l], 그리고 두 번째 나오는 'ㄹ'이 생뚱맞게 영어의 연구개화(velarization) [ɫ] 혹은 어두운(dark) [ɫ]이다. 연구개화 설측음은 영국영어에서는 일반적으로 설측음이 음절말음으로 사용될 때 흔히 나타나며 최근 미국영어의 경우에는 음절 앞과 음절 말에 상관없이 거의 모든 음절의 위치에서 설측음이 연구개화되어 발화된다. 다음 그림 중 왼쪽은 일반적인 설측음인 반면 오른쪽 그림은 혀의 뒷부분이 연구개로 올려져 있는 연구개화 설측음이다.

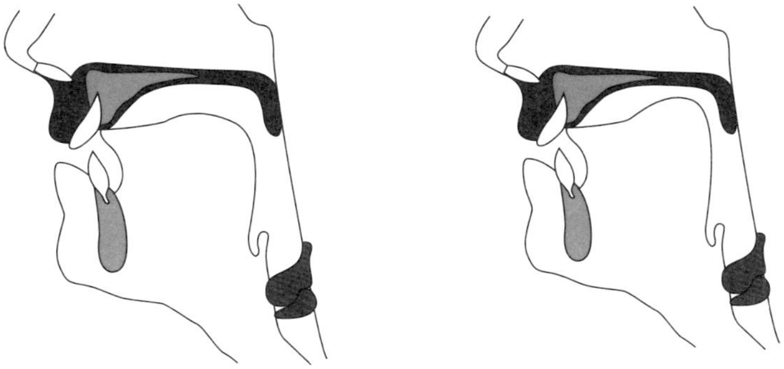

<치경 설측음(좌)와 연구개화 설측음(우)>

아래 X-ray사진은 혀의 뒷부분이 얼마만큼 올라가 있는지 잘 보여주고 있다.

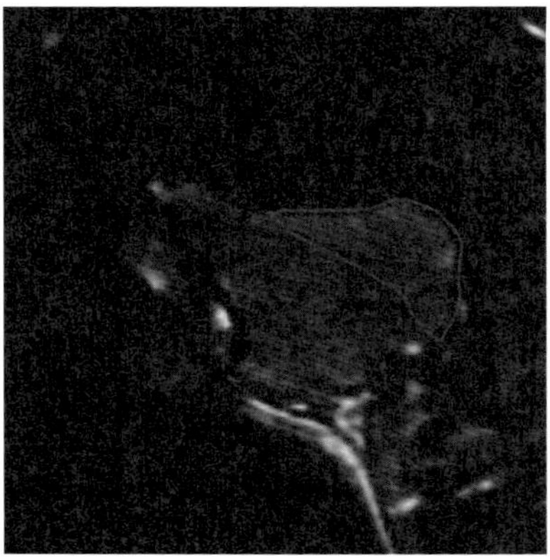

<영어의 연구개화 설측음 발음 시 혀의 위치>

이제 이와 같은 연구개화 설측음 [ɫ]을 어떻게 발음해야 하는지에 대해 알아보자. 먼저 한국어로 "강~~"이라고 길게 발음하면서 혀의 뒷부분이 올라가 있는 것을 느껴 보자. 이번엔 한국어 "을~~"이라고 해 보자. "을~~"이라고 발음하면 조금 전 "강"이라고 할 때와는 달리 혀의 앞이 들려져서 윗니 치경 뒤쪽에 위치하게 되는 데 이번엔 두 소리를 붙여서 해 보자. "강~을~" 즉, "강~~"이라는 소리를 멈추지 말고 계속 "강~~" 하면서 들려진 혀의 뒤를 내리지 말고 그대로 둔 채로 동시에 "을~"이란 발음을 하기 위해 혀의 앞쪽을 들어 윗니 뒤의 치경에 붙이고 동시에 혀의 뒤쪽을 아주 조금만 내려 공기를 내보내보자. 무엇보다 혀의 뒤를 내리지 않는 것이 중요하다.

5.3) 강~을~ 강~을~ 강~을~ ("강~"발음 시 올라간 혀의 뒤를 그대로 두고 "을~")

이와 같이 연구개화 설측음은 한국어와 달리 혀의 앞쪽 끝뿐만 아니라 혀의 뒤쪽도 올라가 있을 때 나는 소리이다. 이제 [ɛl]을 '에으ㄹ' 과 같이 연구개화하여 읽어보자. 왜 '으'가 짧게 들어가는지는 다음 장에서 자세히 설명하겠다.

5.4) ɛl~~~~, ɛl~~~~, ɛl~~~~

이제 다양한 음절의 위치에서 발음되는 설측음을 듣고 연습해 보자.

5.5) 단어의 앞에서 단어의 중간에서 단어의 끝에서

단어의 앞에서	단어의 중간에서	단어의 끝에서
leg	family	all
light	lovely	tell
late	believe	fill
live	salad	able

5.6) ***All*** the ***people*** like ***apples***.

5.7) ***Please fill*** in the form.

5.8) ***Let*** him ***mail*** the ***letter***.

5.9) The ***yellow lion*** was ***lovely***.

5.10) I made a ***telephone call*** to the ***family***.

이 장의 내용을 정리하면 다음과 같다.

- 한국어 'ㄹ'과 영어 [l]발음의 차이점과 공통점

	영어의 [l]	'나라'라고 할 때의 'ㄹ'	'물'이라고 할 때의 'ㄹ'
공통점	혀가 치경에 올라가서 공기를 막지만 공기는 혀의 양 옆으로 나오는 설측음		혀가 치경에 올라가서 공기를 막지만 공기는 혀의 양 옆으로 나오는 설측음
차이점	혀의 앞 쪽뿐만이 아니라 뒤쪽도 들리면서 연구개화	혀의 끝이 아주 빨리 치경을 한 번 툭 치고 내려오는 설탄음	연구개화의 비적용
비고	영국영어의 음절 말 설측음과 미국영어의 설측음은 일반적으로 연구개화함([ɫ])	'city'라고 할 때의 't' 발음과 동일	((치경)설측(근접)음 [l])

5.11) Tongue Twister

A ***lusty lady loved*** a ***lawyer*** and ***longed*** to ***lure*** him from his ***laboratory.***

기억하기

영어의 [ɫ]발음은 한국어의 [l]발음과 같이 공기가 혀의 양 옆으로 나오는 설측음이라는 특성 이외에도 혀의 뒤쪽이 같이 올라가서 연구개화 된 소리가 난다. 이는 영국영어의 음절말음에 나타나는 설측음의 특징이기도 하지만 현대 미국영어의 경우 음절의 위치에 관계없이 거의 모든 위치에서 나타나는 특성이기도 하다.

발음 팁

영어에서 설측음 발음 시 가장 먼저 하게 되는 일은 혀의 끝부분을 들어 중앙의 치경에 붙여 중앙으로 공기가 나오지 못하게 막는 일이다. 그러면 공기는 혀의 양옆으로 나오게 되는데 이때 동시에 혀의 앞을 유지하면서 혀의 뒷부분을 연구개 쪽으로 올리며 발음하는 연습을 해 보자.

6. 영어의 전설모음과 설측음 연속 연습

요약

[ɫ]앞에 [i]나 [ɛ]와 같이 전설모음이 나오는 경우, 연구개화 설측음의 영향을 받아 모음의 마지막에 아주 짧은 시간 동안 '으'([ɨ])나 '어(ə))'와 같은 소리로 변화해서 '이^{으}', '에^{어}'와 같이 발음되는 반면 다른 중설 혹은 후설모음들은 모음의 변화가 없다.

연습

6.1) 일 Vs. ill; He is ***ill.***

6.2) 밀 Vs. mill, 실 Vs. seal, 벨 Vs. bell

앞 장에서 우리는 연구개화 설측음 [ɫ]을 발음 시 혀의 앞부분 뿐 아니라 뒷부분도 연구개로 올라가서 발음된다는 것을 보았다. 이번 장에서는 이런 특징으로 인해 일어나는 모음소리의 변화에 대해 알아보자.

먼저 요즘은 한국어로도 흔히 사용되는 '리필'발음이 영어에서 어떻게 발음되는지 들어보자.

6.3) refill: I'd like a ***refill*** on my coffee.

잘 들어보면 첫음절 're'다음에 'fill'이라고 할 때의 모음이 꼭 '이으'와 같이 들리는 것을 알 수 있다. 즉, 'fill'에서 모음은 '이[I]' 하나밖에 없는 단자음임에 불구하고 'refᵒ ㄹ'과 같이 '으'라는 모음이 약하지만 존재한다. 이번엔 'full'을 들어보자.

6.4) full: I'm ***full***.

'fell'과 'fall'은 어떨까? 한번 들어보자.

6.5) fell Vs. fall

Tears ***fell***.

Tears ***fall*** in ***fall***.

'fell'과 'fall'에서의 모음을 보면 'fell'의 경우 혀와 입의 앞쪽에서 소리 나는 [ɛ] 모음이 있어서 'fe어ㄹ'과 같이 들리지만 뒤에서 소리 나는 [ɔ]를 가진 'fall'의 경우 모음의 변화 없이 [ɔ]로만 발음된다. 왜 그럴까?

앞 장에서 영어의 연구개화 설측음은 한국어와 달리 혀의 앞쪽 끝뿐만 아니라 혀의 뒤쪽도 올라가 있을 때 나는 소리라고 하였다. 이와 같이 혀의 뒤가 들리는 영어의 설측음 앞에 [i, ı, e, ɛ]와 같이 전설모음이 나오면 연구개화된 설측음의 영향을 받아 혀의 뒤가 들리면서 소리가 뒤로 가게 되어 각각 '이'와 '에' 보다 조금 뒤쪽에서 소리 나는 '으' 나 '어' 같은 소리로 변하는 반면 '우'와 오'와 같은 소리들은 원래 뒤에서 나므로 소리의 변화 없이 발음되는 것이다.

즉, [i], [ɪ], [e], [ɛ]와 같은 전설모음이 영어의 연구개화 설측음 앞에 나오면 혀의 뒤가 들리는 설측음의 특성으로 인해 '이^{으}', '에^{어}'와 같이 모음이 발음도중 다른 소리로 변하게 된다. 예를 들어 'feel'과 'help'는 어떻게 읽혀져야 할까? 'feel'의 경우 설측음이 모음 [i], 'help'의 경우 모음 [ɛ]를 선행하므로 각각 [fi^{ɨ}ɫ], [hɛ^{ə}ɫp]와 같이 발음된다. 다음 그림을 보면 설측음의 연구개화의 영향으로 모음의 조음 장소가 뒤쪽으로 이동하는 것을 알 수 있다.

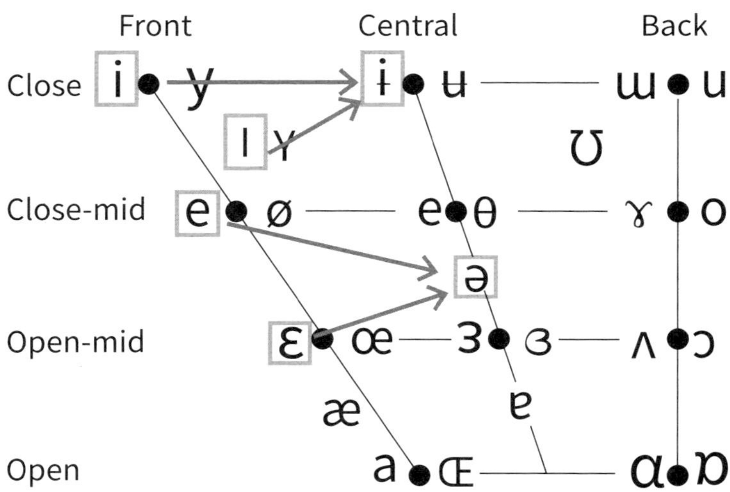

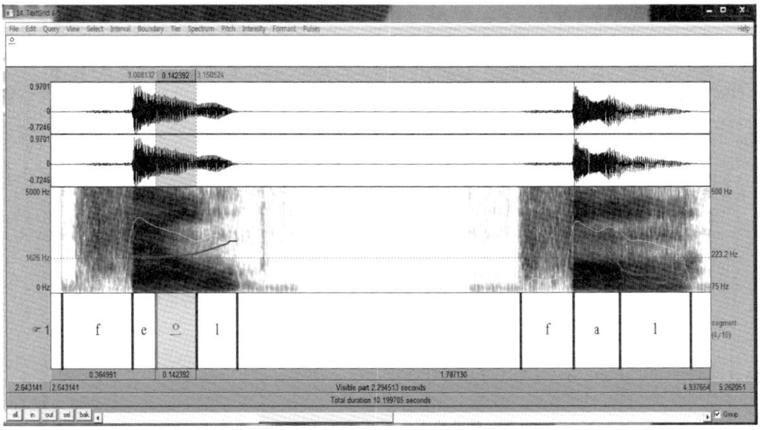

<‘fell’ Vs. ‘fall’(♬ 6-5)>

위 두 개의 스펙트로그램을 비교해보면 ‘fall’에서의 모음과 달리 ‘fell’에서의 모음은 조음도중에 F2가 하강하는 것을 볼 수 있다.

다음 두 곡에서의 설측음 발음을 비교해 보자.

♬ 컨츄리꼬꼬의 Gimme Gimme

사랑을 ***Tell*** me ***Tell*** me ***Tell*** me ***Tell*** me ***Tell*** me ***Tell*** me

♬ Willie Nelson의 Always on My Mind

Tell me, ***tell*** me that your sweet love hasn’t died

요즘은 그리 낯설지 않게 한국 가요 중에서도 연구개화 설측음 발음을 들을 수가 있는데, 한 번 확인해 보자.

♬ 원더걸스의 Tell Me

Tell me ***tell*** me te-----tell me
나를 사랑한다고 날 기다려 왔다고
Tell me ***tell*** me te-----tell me
내가 필요하다 말해 말해줘요
Tell me ***tell*** me te-----tell me
자꾸만 듣고 싶어 계속 내게 말해줘
Tell me ***tell*** me te-----tell me

다음 Ashleee Simpson의 제법 빠른 노래를 들어보면 모음 [i]가 이중모음화하여 발음되면서 오히려 뒤에 나오는 [l]은 거의 없는 것처럼 약하게 들리게 된다. 한 번 들어보자.

♬ Ashlee Simpson의 Boyfriend (0:39)

Hey, how long ***till*** the music drowns you out?
Don't put words up in my mouth
I didn't ***steal*** your boyfriend
Hey, how long ***till*** your face what's going on?
Cause you really got it wrong
I didn't ***steal*** your boyfriend

이와 같이 뒤에 나오는 연구개화 설측음의 영향으로 모음의 소리가 변화하는 단어들을 같이 한번 읽어보자.

6.6) 전설모음과 설측음의 연속

[i]/[ɪ]	[ɛ]	[eɪ]	[oɪ]
bill	sell	pail	oil
fill	fell	tail	coil
feel	belt	mail	boil
silk	myself	sale	hale

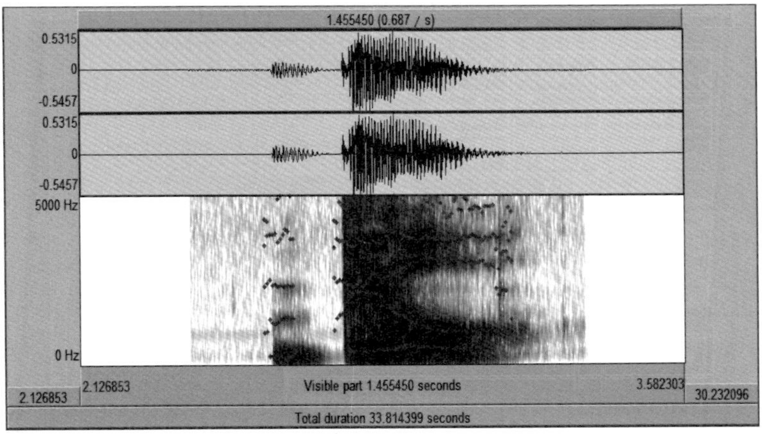

<'bill'에서 [ɫ]의 스펙트로그램(♬ 6-6)>

예를 들어, 우리가 'film'이라는 단어를 발음해보면 설측음을 굳이 발음하지 않아도 되는데 이는 전설모음의 성질이 발음하는 도중에 후행하는 설측음의 영향으로 변하게 되고 이는 인지 시에 후행하는 설측음을 대신할 수 있기 때문이다.

참고로 설측음이 연구개화하는 경우의 음향 특성을 비교하면 다음과 같다.

	r	l	
		alveolar	Velarized
F1	300~350	200~400	350~550
F2	1000~1200	950~1400	650~850
F3	1600~1750	2600~3100	2200~2700

<설측음의 연구개음화(Velarization Yavas, 2016)>(단위: Hz)

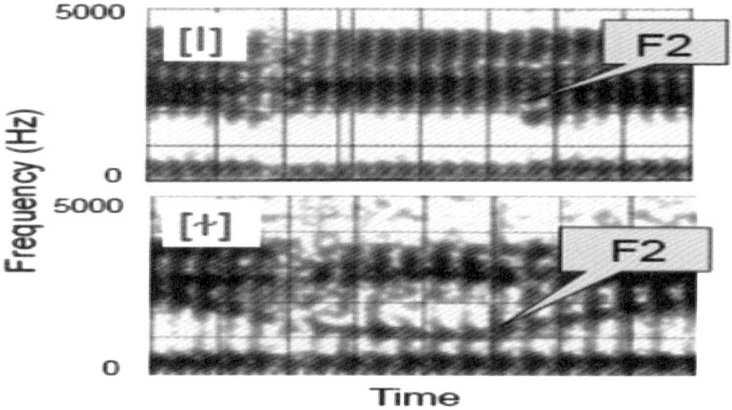

<설측음(상)과 연구개음화 설측음(하)에서의 F2값의 차이(Carter and, Local, 2007)>

Holiday라는 노래에서 'while'과 'smile'에서의 모음과 설측음의 발음을 들어보자.

♬ BeeGees의 Holiday (00:25)

It's something I think ***worthwhile***

If the puppet makes you ***smile***

이제 어느 정도 익숙해졌으면 문장 속에서 연습해보자.

6.7) Please ***help*** me ring this ***bell***.

6.8) The ***killer*** ended up in ***jail***.

6.9) ***Filters*** are on ***sale*** now.

6.10) ***Bill will tell*** you about the ***mail***.

6.11) I ***myself sell milk***.

다음 스펙트로그램은 연구개화 설측음 조음시 F2가 얼마나 낮아지는지를 잘 보여준다.

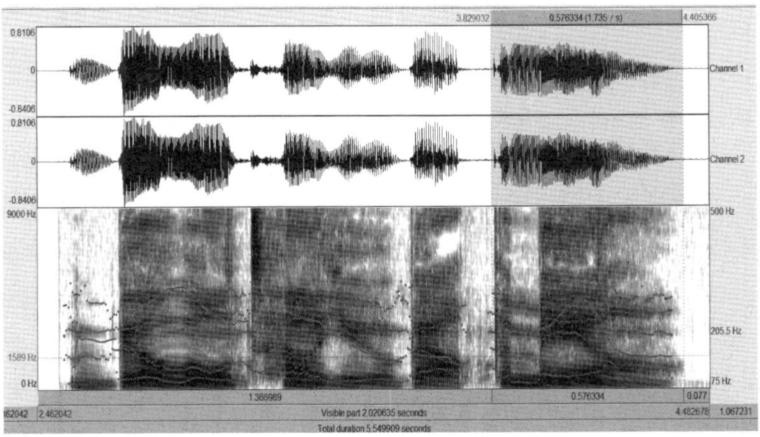

<Bill will tell you about the mail.(♬ 6-10)>

6.12) Tongue Twister

Love's a ***feeling*** you ***feel*** when you ***feel*** you're going to ***feel*** the ***feeling*** you've never ***felt*** before.

기억하기

영어의 연구개화 설측음 발음을 할 때 한국어의 설측음과 달리 혀의 앞쪽뿐만이 아니라 뒤쪽도 들려지게 되고 이런 현상 때문에 혀의 앞쪽에서 소리 나는 [i, ɪ, ɛ]와 같은 모음이 설측음을 선행하는 경우, 모음의 발음 후반부에 혀의 뒤쪽이 들리면서 아주 짧은 [ɨ] 혹은 [ə]"와 같은 소리로 변화하게 되어 [$i^{ɨ}$] 혹은 [$ɛ^{ə}$]와 같은 소리로 발음된다.

발음 팁

영어의 음절이 [il], [ɛl]등과 같이 전설모음과 설측음으로 이루어진 경우, [i]와 [ɛ]뒤에 아주 짧은 [ɨ] 혹은 [ə]가 있다고 생각하고 발음하면 혀의 뒤를 올리는데 도움이 된다. 특히 이런 경우 설측음 앞에 나오는 모음(즉, [i], [ɛ])을 충분히 길고 강하게 발음하는 것이 큰 도움이 되는데 이는 강하고 길게 발음하여야 모음이 충분히 이동하여 정확한 발음을 만들어 낼 수 있기 때문이다.

7. 영어의 권설음 [r] 연습

요약

영어에서 자음 [r]은 치경근접음(alveolar approximant) 혹은 권설근접음(retroflex approximant)이다. 혀를 입의 치경 쪽으로 올리고 뒤로 굽히되 혀가 어디에도 닿지 않도록 주의하여야 한다. 또한 미국영어에서 모음 [ɔ]뒤에 [r]이 나오는 경우, [ɔ]뒤에 짧지만 약한 [ə]를 넣어 발음하여야 한다.

연습

7.1) 발 Vs. bar: Are there any ***bars*** around here?

7.2) 포크 Vs. pork, fork: Can you bring me a ***fork*** to eat the ***pork***?

이번 장에서는 영어 [r]에 대해 연습해 보자. 영어의 [r]은 원어민의 경우에도 개인적으로도 다르게 읽을 뿐 아니라 다양한 연령, 인종, 사회적 신분 등의 요인에 따라 매우 상이하게 발음하기 때문에 "이렇게 발음하자"라고 말하기 쉽지 않다. 재미있는 것은 오래전에 William Labov라는 학자가 사회계층에 따라 영어를 달리 말하는 것을 조사하기 위해 New York시의 고급, 중간, 중간이하 수준, 이렇게 3개의 백화점 점원을 대상으로 실험해 보니 최고급일수록 점원이 [r]발음을 많이 쓰고 수준이 낮을수록 [r]발음을 적게 쓴다는 점이었다. 이러한 연구결과는 사회언어학의 시초가 되었고 [r]의 사용과 관련된 이러한 발화 경향은 최근의 연구결과에서 더 심화된 것으로 조사되었다.

본 장에서는 가장 기본에 충실하면서도 조금 과장된 발음을 기본으로 연습하기로 한다. 먼저 모음 [a]를 발음하다가 혀의 끝을 치경 쪽으로 올리되 혀의 끝을 어디에도 닿지 않고 좀 더 뒤쪽으로 보내보자. 그러면 이런 소리가 될 것이다.

7.3) 아~r~, 아~r~, 아~r~

> 즉, 1) 혀의 끝을 천천히 올리고 2) 편안하게 뒤쪽으로 굽히되 절대로 혀가 입안 어딘가에 닿지 않아야 한다. 즉, 혀의 위치는 혀가 혀의 끝이 입천장의 앞쪽에 위치할 때까지 굽어지지만 절대로 닿지 않고 허공에 떠 있는 상태가 되어야 한다. 이때 중요한 것은 충분히 시간적 여유를 가지고 모음을 다 발음한 후 [r]을 발음하는 것이다.

이제 듣고 따라해 보자. 혀가 충분히 뒤쪽으로 들릴 만큼 아주 천천히 시간을 두고 읽어보자.

7.4) ca~~~r, a~~~re, fa~~~r, ba~~~r, pa~~~r

7.5) He is in a ***bar***.

7.6) ***Are*** they in a ***car***?

참고로 영국영어에서는 모음 뒤 음절말음의 [r]이 자음으로 발음되지 않고 선행하는 모음의 연속으로 발음되어 모음이 길어지는 결과를 낳는다.

7.7) 선행모음이 길어지는 영국식 [r] 발음

car, mart, spark, shark, heart, part

이런 이유로 영국영어에서 [r]이 있는 모음과 장모음인 단어의 발음차이는 없어서 예를 들면 'fort'와 'fought', 'sort'와 'sought'는 영국영어에서 발음차이가 없는 동일한 발음이다.

7.8) 영국영어: fort Vs. fought, sort Vs. sought

7.9) 미국영어: fort Vs. fought, sort Vs. sought

이번엔 미국식 [r]발음을 Lobo의 How can I tell her? 노래에서 들어보자.

♬ Lobo의 How can I tell her about you?

But ***girl***, how can I tell ***her*** about you?

How can I tell ***her*** about you?

Girl, please tell me what to do.

Everything seems right ***whenever*** I'm with you.
So ***girl***, won't you tell me.
How to tell ***her*** about you?
How can I tell ***her*** I don't miss ***her***
whenever I'm away

영어권 국가의 식당에서는 우리나라와 달리 큰 샐러드라 할지라도 포크가 늘 한 개만 나오게 되는데 이는 개인접시에 덜어 먹지 않는 한 서로의 음식을 나누어 먹지 않는데 기인하는 것이다. 이러한 이유로 미국에서 연수를 시작하는 한국학생들은 항상 포크를 추가로 더 달라는 말을 하게 되는데 몇 번을 말해도 종업원이 잘 알아듣지 못하고 결국 포크를 들어 보여서야 알아듣는 것을 보고 이 단어가 한국인들에게 얼마나 어려운지 실감한 적이 참 많았다. 이런 현상을 드물지 않게 지켜보다 보니 충분히 납득이 가는 것이 학생들은 첫째 [f]발음이 잘 안 되거니와 제법 발음이 괜찮은 학생들의 경우에도 [r]발음을 할 때 '폴크'와 같이 모음을 충분한 시간 동안 발음하지 않고 모음 발음과 동시에 [r]발음을 하기 때문이다.

'fork'에서의 'or'을 발음하기 전에 먼저 [ɔ]라는 발음을 충분히 하되 [r]을 발음하기 위해 혀를 위로 들면서 [r]앞에 약간의 [ᵊ] '어'가 있다고 생각하면서 혀를 굽혀 연습해 보자.

7.10) o~ᵊ~r, o~ᵊ~r, o~ᵊ~r

이제 이와 같은 방법으로 천천히 혀를 움직이면서 여유를 가지고 따라해 보자.

7.11) fork: One more ***fork***.

이번엔 같은 방법으로 다음에 나오는 단어들을 잘 듣고 천천히 모음을 발음하면서 연습해보자.

7.12) [ɔ^{ə}r]: or, before, door, more, horse, roar, gore, fore, pork, bored

7.13) I need ***more forks***.

7.14) The ***horse gored***.

7.15) He was ***more or*** less ***bored***.

7.16) This year, ***more horses*** were ***imported***.

7.17) Use a ***fork*** to eat the ***pork***.

아래 스펙트로그램을 보면 [r] 조음시 F3가 하락하는 것이 잘 보인다.

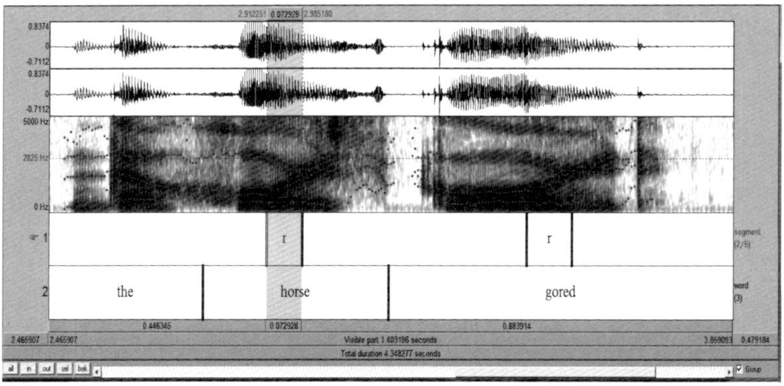

<The horse gored.(♬ 7-14)>

이제 -or-을 제외한 나머지 여러 모음과 그 뒤에 나오는 [r]의 연속

을 같이 연습해 보자.

7.18) a. [ar]: are, far, car, mark, heart, part, hard, card

b. They ***are far*** away.

c. The ***cards*** are in a ***bar***.

7.19) a. [ər]: sir, father, insert, herd, bird, first, work

b. I don't like ***the dirt***.

c. ***Her father*** got ***hurt***.

7.20) a. [ɛ^{ə}r]: air, their, wear, pear, stare, bear, stair

b. Don't ***wear their*** shirts.

c. ***Where*** are ***their bears***?

7.21) a. [i^{ə}r]: ear, appear, smear, near, beer, sheer

b. His ***peers*** didn't ***appear***.

c. He ***appears*** every ***year***.

7.22) a. [yu^{ə}r]: sure, pure, cure, secure

b. ***Sure***!

c. Make ***sure*** that he needs ***pure*** air and a rest ***cure***.

이제 문장 속에서 이런 모음과 [r]의 연속을 연습해 보자.

7.23) ***Where*** is the ***door***, ***Mark***?

7.24) ***Before*** you ***start working***, make ***sure*** the ***horse*** and the ***bear*** ***are*** safe.

7.25 ***Her father*** doesn't drink ***beer*** in ***November*** and ***December***.

7.26) ***Remember***, ***never insert*** a vowel ***after a word***.

7.27) I'm not ***sure whether*** the ***shark*** likes ***pork***.

다음 스펙트로그램에서 'door'과 'mark'에서의 [r] 발음 역시 미국 영어 모음 뒤 [r]의 발음의 특성을 잘 보여준다.

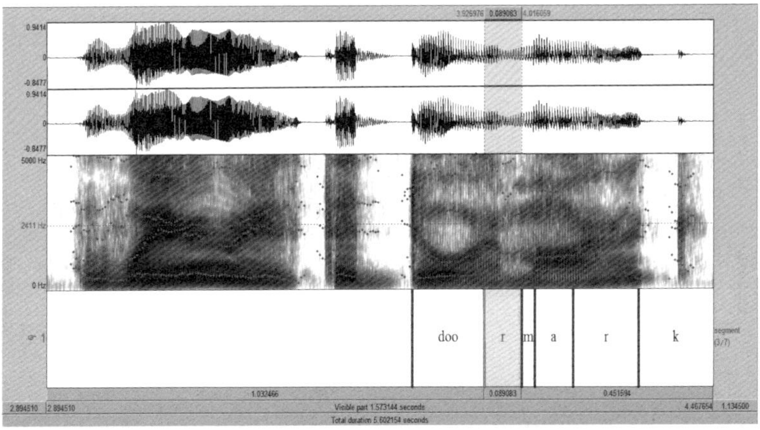

<Where is the door, Mark?(♬ 7-23)>

7.28) Tongue Twisters

a. Please ***pour*** five cups of tea ***for four poor*** men and me.

b. Do those folks ***poke*** a ***fork*** into the ***pork***?

c. ***Four more poor*** men ***moored*** the boats and removed ***their*** boots.

d. Betty bought some ***butter***, but the ***butter*** Betty bought was ***bitter***, so Betty bought some ***better butter***, and the ***better butter*** Betty bought was ***better*** than the ***bitter butter*** Betty bought before!

기억하기

영어의 [r]발음은 혀의 끝이 윗니의 치경 뒤쪽과 입천장사이에 들려진 상태에서 혀가 뒤쪽으로 굽혀질 때 나는 소리이다. 기억해야 할 것은 혀가 어디에도 닿으면 안 된다는 것과 빨리 발음하려고 서두르지 말라는 것이다. 천천히 혀를 위로 들어 올리면서 여러분의 귀가 [r]이 과연 어떤 소리인지 익숙해 질 때까지 천천히 발음하면서 익숙해지도록 연습해보자.

발음 팁

처음 이 발음을 연습할 때에는 충분한 시간적 여유를 가지고 천천히 발음하려고 하는 것이 중요하다. 모음을 발음한 후 천천히 혀를 위로 들어 올리는 시간을 충분히 가지고 반복하며 익숙해 질 때까지 연습해보자.

8. 모음 앞의 영어권설음 [r] 연습

요약

[r]이 음절두음으로 모음의 앞에 나타나는 경우 음절말음일 때의 발음과 동일하지만 입술이 원순화(lip rounding)하는 특징이 있다.

연습

8.1) ***R***ight!, ***R***ight!

8.2) ***w***eary: When you're ***weary***, I'll be with you.

이번 장에서는 모음 앞에서 음절두음으로 사용되는 [r]발음에 대해 알아보자. 물론 모음 앞의 [r]의 발음이 모음 뒤의 [r]과 크게 상이하지는 않다. 그러나 개인적인 차이는 있을 수 있지만 일반적으로 영어에서 모음 앞의 [r]은 입술이 둥글어지는 경향이 있다. 저자의 실수담이다. 짧은 겨울방학이 막 끝나고 개학하여 같이 수업을 듣던 한 미국인 친구와 여행 갔다 온 얘기를 하는 중이었다. 미국인 친구가 "빌렸다"(rent)라고 말했는데 "갔다"(went)라고 알아듣고 연이어 'rental car'를 겨울차(?)(winter car)로 알아들어 대화가 어색한 적이 있었다. [w]의 주요 특징이 입술이 둥글어진다는 것을 감안하면 그만큼 모음 앞의 [r]은 입술이 둥글어진다는 걸 의미한다.

Simon and Garfunkel의 Bridge over troubled water에서 'weary'의 1, 2음절 발음, 그리고 'dry'의 발음에 신경 써서 들어보자.

♬ Simon and Garfunkel의 Bridge over troubled water (00:20)

When you're ***weary***, feeling small

When tears are in your eyes

I'll ***dry*** them all

여기에서 처음에 나오는 'weary'라는 단어를 보면 단어 앞이 'w'로 시작하기 때문에 입술이 둥글어진다는 것을 알 수 있는데, 그 단어의 두 번째 음절에 나오는 [r]의 경우도 들어보면 마치 [w]로 시작하는 단어 첫음절과 비슷한 발음으로 들릴 것이다. 이는 음절 앞의 [r]이 얼마나 둥글어지는지를 잘 보여주는 것이다. 또한 마지막에 나오는 'dry'의 경우도 [d]를 발음하기 전부터 이미 뒤에 나오는 [r]의 영향으로 입술이 둥글게 발음되는 것을 확인할 수 있을 것이다. 입술이 둥글어지는 모음 앞의 [r]을 가진 노래를 한 곡 더 들어보자.

♬ Bob Segar and the Silver Bullet Band의 Against the wind (1:48)

There were oh so many ***roads***

I was living to ***run*** and ***running*** to live

Never ***worried*** about paying or even how much I owed

이제 다음과 같이 모음 앞의 [r]발음을 연습해 보자.

- **모음 앞의 [r]연습**

i) 먼저 아~하고 입을 벌린 상태에서

ii) 혀를 살짝 들어 치경 뒤쪽으로 허공에 올리고

iii) 혀를 굽힌 채로 그대로 두면서 입을 둥글게 하여 다음과 같이 연습한다.

iv) 아~r~우, 아~r~우, 아~r~우

8.3) 단어 앞이면서 모음의 앞: 아~r~우right, 아~r~우rain, 아~r~우

rose, road, red, rest, rich, run, rake, radio

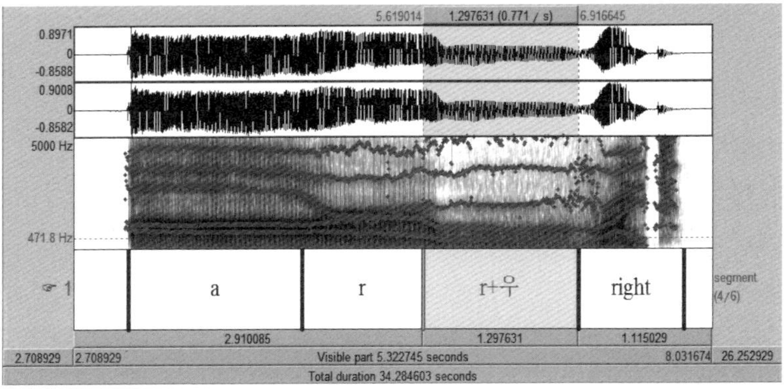

<아~r~우right(♬ 8-3)>

위 스펙트로그램을 보면 [r] 조음시 급격히 하강하는 F3와 '우' 발음시 낮아지는 F2가 잘 나타난다.

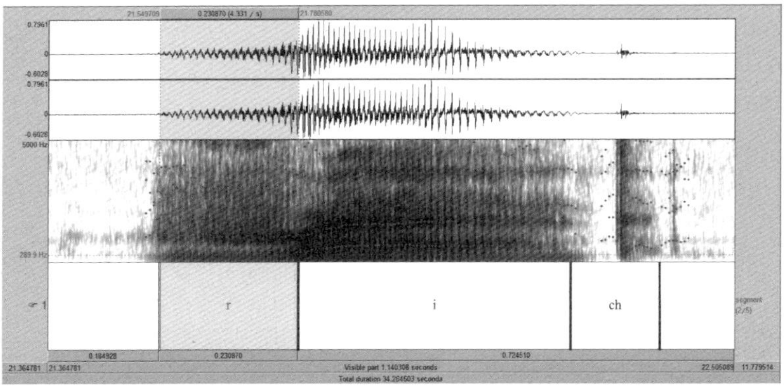

<'rich'의 스펙트로그램(♬ 8-3)>

8.4) 단어 중간이면서 모음의 앞: orange, around, sorry, very, story, hurry, berry, Larry

아래 8.5)에 나오는 단어의 경우 비록 자음 뒤에 나타나 있지만 모음의 앞에 나오는 [r]이다. 이 단어들을 발음할 때는 [r]의 앞에 나오는 자음 이전부터 입술이 둥글어져야 한다. 즉, 아래 단어의 경우 단어를 처음 시작할 때부터 입술을 둥글게 해서 발음하여야 한다. 한번 듣고 따라해 보자.

8.5) tree, train, great, bread, green, dry, dream

이제 문장 속에서 연습해 보자.

8.6) He is ***very rich***.

8.7) I'm ***sorry*** that it ***rains*** here.

8.8) ***Bring*** some ***bread***, ***oranges*** and ***berries***.

8.9) Use the ***rake*** on your ***right***.

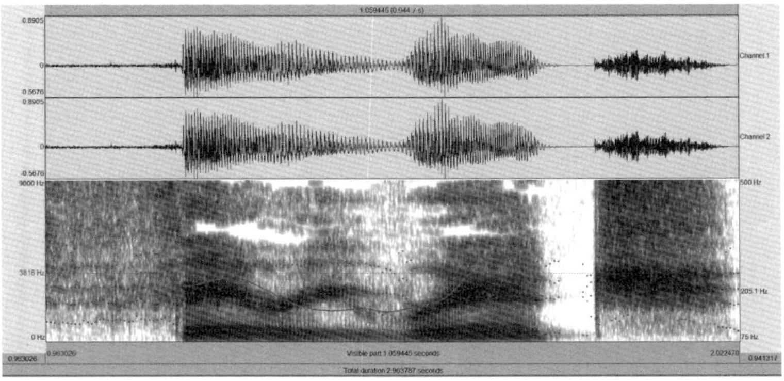

<'very rich'에서 F2와 F3가 모두 낮은 스펙트로그램(♬ 8-6)>

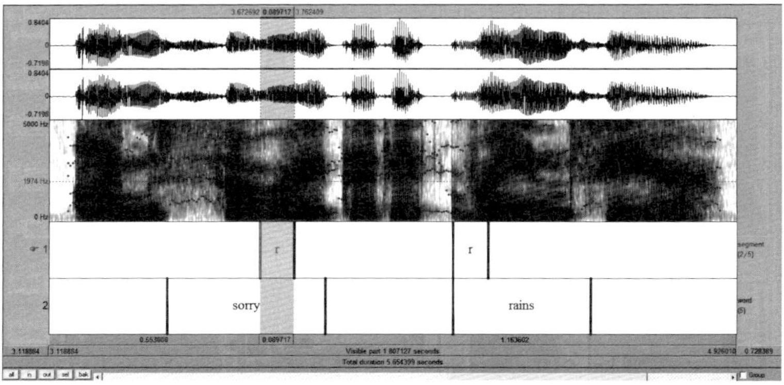

<I'm sorry that it rains here.(♬ 8-7)(입술이 둥글어지면서 낮은 F2)>

다음 단어와 문장을 읽으면서 [r]과 [l]발음의 차이점을 연습해 보자.

8.10) 모음 앞에 나오는 [r]과 [l]의 발음차이 연습

[r]	[l]	[r]	[l]
rip	lip	red	led
right	light	rate	late
row	low	correct	collect

8.11) He ***led*** the ***Red*** Devils.

8.12) We visited a ***palace*** in ***Paris***.

8.13) You were ***wrong***. The train was ***long***.

8.14) Can you ***collect*** the ***corrected*** papers?

8.15) Move the ***load*** down the ***road***.

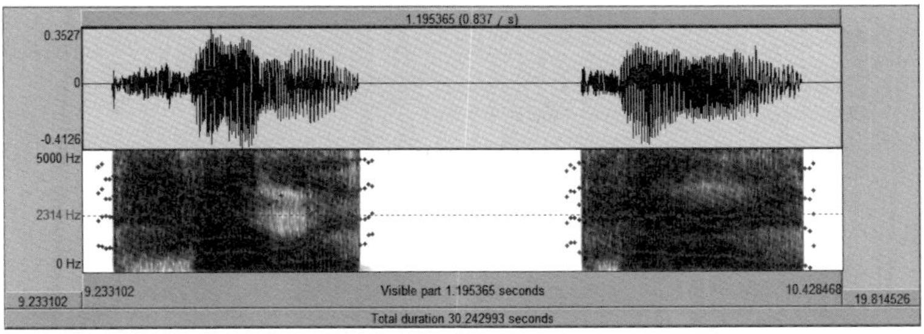

<'palace'와 'Paris'에서의 'pala'과 'pari'(♬ 8-12)>

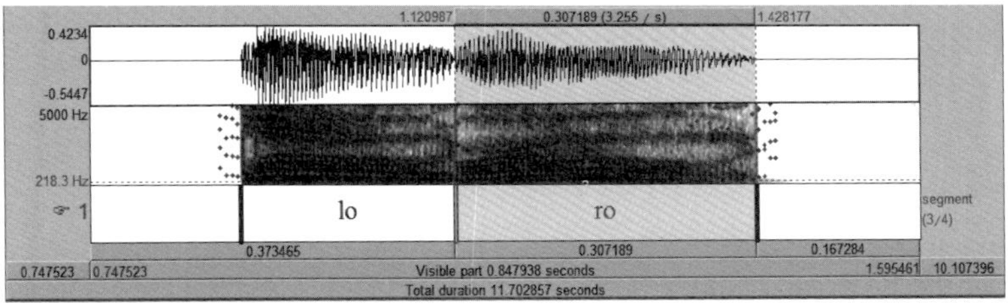

<'load'와 'road'에서의 'loa'와 'roa'(♬ 8-15)>

다음은 자음 뒤와 모음 앞에 나오는 [r]과 [l]의 경우이다. [r]앞에 나오는 자음 이전부터, 즉 다음 단어의 경우 단어를 시작하기 전부터 입술이 둥글어진다는 것을 기억하고 연습하도록 하자.

8.16) 자음 뒤와 모음 앞에 나오는 [r]과 [l]의 발음차이 연습

[r]	[l]	[r]	[l]
grass	glass	crew	clue
pray	play	present	pleasant
crime	clime	fright	flight

8.17) The ***crime*** rate ***climbed*** up.

8.18) Thank you for the ***pleasant present***.

8.19) The ***flight*** carried our ***fright***.

8.20) The ***crew*** had a ***clue***.

8.21) We ***prayed*** to ***play*** in the tournament.

8.22) Tongue Twisters

a. ***Rose wearing*** a ***red dress rented*** a ***room*** on ***Rose street***.

b. How can a ***clam cram*** in a ***clean cream*** can?

기억하기

음절이 [r]로 시작하는 경우, 혀를 굽히는 것과 동시에 입술이 둥글어 지는 것을 명심하여야 한다. 혀를 굽히고 입술을 내어 입을 충분히 둥글게 한 후 [r]발음을 하여야 한다.

발음 팁

음절이 [r]로 시작하는 경우, [r]앞에 [w]가 있다고 생각하고 발음하면 입술을 둥글게 하는데 도움이 된다.

9. 영어 권설음과 다양한 공명음의 연속 연습

요약

영어에서 [rn], [rl] 등의 연속이 나오는 경우 두 소리 모두를 발음한다는 생각이 중요하다. 또한 [r]과 [l]이 다른 음절에서 나타날 때에도 그 위치에 따른 유음의 특성을 살려 발음하여야 한다.

연습

9.1) popcorn: Would you like some ***popcorn***?

9.2) ruler: He is the ***ruler***.

9.3) World Cup, world: The soccer ***World Cup*** is the biggest sport event in the ***world***.

9.4) really: Oh, ***really***?

이번 장에서는 영어 [r]과 다양한 공명음의 연속을 연습해 보자. 먼저 영어의 [rn]의 경우이다. 이 발음이 어려운 이유는 모음 뒤의 권설음 [r]을 발음하기 위해서 혀를 들어 뒤로 굽혔다가 다시 모음 없이 곧바로 혀의 끝을 치경으로 빨리 옮겨야 하기 때문이다. 이 발음을 하기 위해 가장 주의 할 점은 여유를 가지고 천천히 모든 소리를 하나씩 있는 그대로 발음한다는 것이다. 정확한 [r]의 위치까지 혀를 완전히 올려 [r]발음을 한 후 혀를 치경에 꼭 붙이고 공기를 코로 내보내는 것이다.

이제 'corn'이라는 단어를 실제 연습해 보자. 모음을 하고 나서 혀의 끝을 치경으로 충분히 올리며 [r]발음을 해 보자. 'core~' [kɔᵊr], 그리고 이제 뒤에 [n] 발음을 연결해 보자. 충분히 혀를 위쪽으로 들어 [r] 발음을 하고 이후 혀의 끝을 위쪽으로 밀어 올려 혀가 치경에 닿으면 입 밖으로 나오는 공기를 완전히 막고 공기를 코로 보낸다.

9.5) co~~r, co~~r → co~~r~~n, co~~r~~n

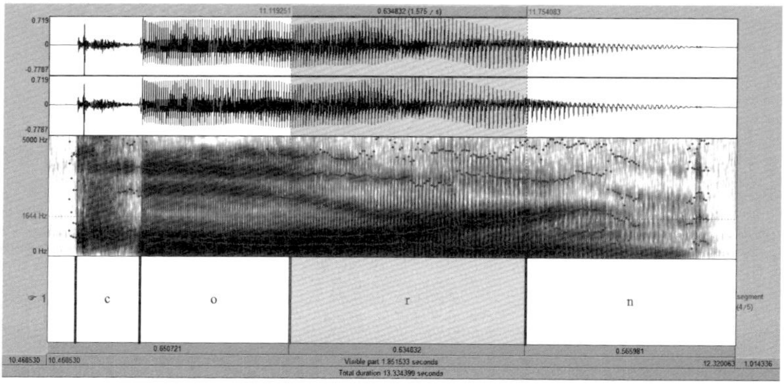

<'co~~r~~n'의 스펙트로그램(♬ 9-5)>

여기에서 중요한 것은 'core'발음을 한 이후 'corn'발음을 연습한 것과 같이 단어에 [r]이 있다는 생각을 하는 것이다. 미국 동북부 지역 일부 사투리를 들어보면 마치 우리가 읽는 것과 같이 [r]발음이 전혀 없이 발음하는 것을 들을 수 있는데, 우리는 최대한 [r]발음을 하며 미국식으로 연습해 보자.

다음은 'barn'이란 단어를 연습해 보자. 역시 명심할 점은 모음 [a]와 [r]발음을 각각 분리하여 두 번에 나누어 천천히 발음한다 생각하고 발음하는 것이다. 물론 충분히 혀를 위로 올려 [r]발음을 하여야 한다. 이후에 혀를 위와 약간 앞쪽으로 올려 치경에 혀를 붙이고 공기를 코로 보내면서 [n]소리를 낸다. 처음엔 [n]을 손으로 가리고 없다고 생각하고 'bar'만을 읽다가 [n]을 읽어보자.

9.6) ba~~r, ba~~r, ba~~r → ba~~r~~n, ba~~r~~n, ba~~r~~n.

9.7) cor~n, bor~n, hor~n, bar~n, ear~n, mor~ning, car~nation

다음 노래에서 [rn]의 발음을 들어보자.

♬ Steve Forbert의 I'm in Love with You

You're too much for me
I'm a ***worn***-out sail on the sidewalk sea
There's a light, there's a fire shining day and night
It came ***burning*** through.

이제 어느 정도 익숙해 졌으면 위의 단어를 읽을 때와 같은 방법으로 연습해보자.

9.8) I bought a ***corn***.

9.9) She was ***born*** in the ***morning***.

9.10) ***Corns*** are in the ***barn***.

9.11) His devotion ***earned carnations*** from Jane.

9.12) ***Born*** in a ***barn***.

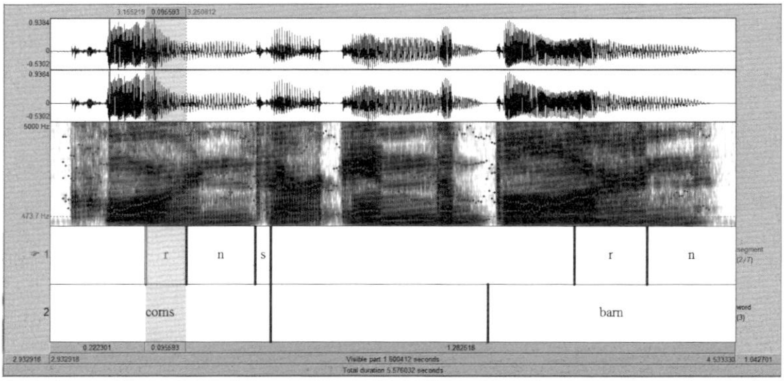

<Corns are in the barn.(♬ 9-10)>

이제 영어의 한 단어 안에서 모음 앞의 [r], 모음 뒤의 [r], 그리고 미국영어 [l]이 섞여져서 나오는 조금은 복잡한 단어들을 연습해 보자. 영어에서는 한 단어 안에서 [l]이나 [r]이 연속으로 나오지 않는 것이 일반적이어서 [r]이 나오면 그 다음 [l]이 나오고 [l]이 나오면 그 다음 [r]이 나오는 것이 보편적이다. 모음 앞의 [r], 모음 뒤의 [r], 그리고 [l]이 한 단어 안에서 나오는 경우를 연습해 보자. 먼저 다음 몇몇 단어를 예로 들어 [l]과 [r]의 특징을 살펴보자.

9.13) roller, ruler, library, rural, lurer

a. roller [rów.lər]: 입술이 둥글어지는 권설음 + 연구개화 설측음 + 입술이 둥글어지지 않는 권설음

b. ruler [rú.lər] : 입술이 둥글어지는 권설음 + 연구개화 설측음 + 입술이 둥글어지지 않는 권설음

c. library [láy.brə.rɪ]: 연구개화 설측음 + 입술이 둥글어지는 r + 입술이 둥글어지는 권설음

d. rural [rú.rəl]: 입술이 둥글어지는 권설음 + 입술이 둥글어지는 권설음 + 연구개화 설측음

e. reliable [rɪ.láy.ə.bl]: 입술이 둥글어지는 권설음 + 혀의 뒤가 조금만 올라가는 미국식 l + 연구개화 설측음

f. lurer [lú.rər]: 연구개화 설측음 + 입술이 둥글어지는 권설음 + 입술이 둥글어지지 않는 권설음

이제 다음 문장 속에서 듣고 연습해보자.

9.14) Is the ***roller reliable***?

9.15) The ***library*** is in a ***rural*** area.

9.16) ***Rural*** life was boring for the ***lurer***.

9.17) The ***ruler ruled*** over a ***rural*** area.

한 가지 주의 할 점은 음절말의 [r]의 발음이 뒤에 모음으로 시작하는 접미사가 오는 경우 그 발음이 달라질 수 있다는 것이다. 예를 들면, 한국어에서 '물'이라고 할 때의 'ㄹ'은 설측음이지만 주격조사 '~이'가 붙어 '물이'가 되면 '무리'로 읽히면서 'ㄹ'은 설탄음으로 발음되는 것과 같은 맥락이다. 이와 유사하게 영어에서도 'lure'에서의 [r]은 모음 뒤의 [r]로 입술이 둥글어지지 않지만 뒤에 접미사 '-er'이 오면 재음절화가 되면서 [lu.rer]로 발음되어 음절두음의 위치에서 입술이 둥글어 진다.

9.18) lure → lurer, near → nearer

9.19) He is ***near*** the fire. → He moved her chair ***nearer*** to the fire.

이제 [r]과 [l]이 한 단어 안에서 연속하는 경우의 발음을 어떻게 할 지 연습해 보자.

먼저 [r]과 [l]이 연속해서 나오는 단어의 발음에 있어서 가장 중요한 점은 [r]이 있다고 생각하는 것이다. 또한 [r]과 [n]을 발음했을 때와 마찬가지로 [r]발음을 충분히 다 하고 나서 혀를 앞으로 밀면서 치경에 붙이고 다음에 나오는 [l]발음을 하는 것이다.

우리가 흔히 '월드시리즈', '월드컵'이라고 말할 때 그 단어의 속에 [r]과 [l]이 붙어서 연속으로 나온다는 생각을 몇 번이나 해보았을까? 다음의 순서와 같이 먼저 이런 단어 속에 [r]이 있다는 생각을 하며 충분히 [r]발음을 하고 이후 [l]을 발음하도록 하자.

a) 먼저 단어의 'gi'부분 [gə]를 발음한다.
b) [gə]를 하고 나서 혀를 충분히 굽혀 위로 들어올리고 [r]을 발음하여 [gə-r]발음을 하자.
c) 설측음을 발음하기 위해 입천장 아래에 굽혀져 있는 혀의 끝을 앞쪽으로 쭉 옮겨서 치경에 닿게 한다.
d) 치경에 혀의 끝이 닿았다면 이제 [l]발음을 한다.

이 모든 과정이 자연스럽게 된다면 다음과 같이 연습해 보자.

9.20) gə~~ → gə~~r

이제 [r]을 충분히 하고 나서 [l]을 붙여 보자.

9.21) gə~~r → gə~~r~~l

이와 같이 [rl]이 연속해 나오는 경우, 꼭 [r]을 발음하는 것이 중요하다. 이제 'world'[wərld]라는 단어 하나를 더 연습해보자.

9.22) [wə]: wo~~

이제 아주 천천히 혀를 혀의 끝을 들어 올리면서 [r]발음 하자.

9.23) [wər]: wo~~r~~

다음은 [r]발음을 하고 나서 혀의 끝을 치경에 닿을 때까지 쭉 내려 [l]발음을 하자.

9.24) [wərl]: wo~~r~~l

여기까지 아무런 문제없이 모든 발음이 충분히 이루어졌다면 이제 마지막 [d]를 읽어보자. 참고로 'world'는 1음절 이다.

9.25) [wərld]: wo~~r~~l~~d

아래 스펙트로그램을 보면 F3가 급격히 낮아진 'world'에서의 [r]과 이와는 달리 F2가 낮아져 F2와 F3 사이에 큰 빈공간이 생긴 [l]이 잘 대비된다.

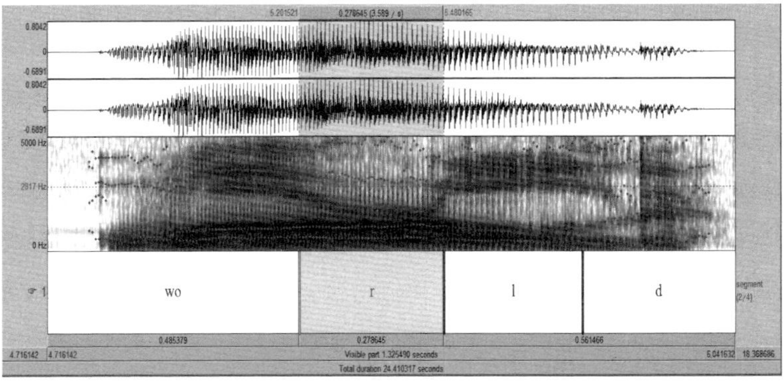

<'world'(♫ 9-25)>

이제 'girl'과 'world'가 들어간 노래를 두곡 들어보자.

♫ Billy Joel의 Uptown Girl

Uptown ***girl***
She's been living in her uptown ***world***
I bet she never had a back street guy
I bet her mama never told her why
I'm gonna try for an uptown ***girl***
She's been living in her white bread ***world***

♫ Jonny Horton의 All for the Love of a Girl

And it's all for the love of a dear little ***girl***,
All for the love that sets your heart in a ***whirl***.
I'm a man who'd give his life and the joy of this ***world***
All for the love of a ***girl***.

이제 좀 익숙해졌으면 위의 두 단어를 포함해서 [rl]을 가진 단어들을 연습해 보자.

9.26) girl, world, hurl, curl, curly, curling, darling, burl, furl, pearl

9.27) She is a ***girly girl***.

9.28) Who in the ***world*** can see such a lovely ***girl***?

9.29) I don't have naturally ***curly*** hair. I got my hair ***curled***.

9.30) The ***furled*** umbrella belongs to my ***girl*** friend.

9.31) She got angry and hurled the ***pearl*** necklace at me.

9.32) Every ***girl*** in this part of the ***world*** likes ***curly*** hair and ***pearls***.

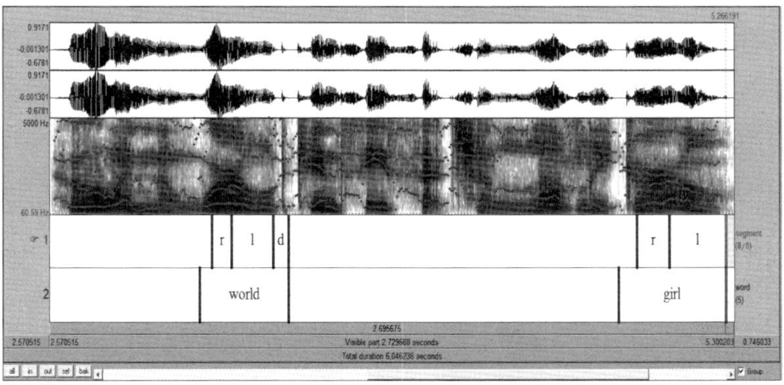

<Every girl in this part of the world likes curly hair and pearls.(♬ 9-32)>

마지막으로 영어단어 중에 가장 많이 사용되는 단어 중의 하나인 'really'의 발음에 대해 생각해 보자. 'really'를 올바르게 발음하기 위해서는 몇 가지 알아야 할 것이 있는데, 첫째, 1) really는 [rí.lɪ]와 같이 2음절어라는 것이다. 2음절어인 이 단어를 우리가 흔히 3음절이

라고 생각하는 이유는 설측음의 연구개화에 기인한다. 즉, 앞에서 보았듯이 연구개화 설측음은 혀의 앞과 뒤쪽이 동시에 올라가면서 나는 소리로 이런 영향으로 입의 앞쪽에서 소리가 나는 [i]가 [l]앞에 나오면 발음 후반부에 혀가 설측음의 발음을 위해 뒤쪽으로 이동하면서 연구개화가 적용된다. 둘째, 2) 철자에는 'l'이 두 개지만 발음은 1개만 해야 한다는 것이다. 이는 마치 'summer'이란 단어에 'm'이 두 개 있지만 '썸멀'이라고 'm'을 두 개 넣어 발음이 되는 것이 아니라 [sʌ.mər]과 같이 'm'이 하나만 발음되고 'collect'에도 [l]을 두 개 넣어 '컬렉트'라고 하지 않고 한개만 넣어 collect [kʰə.lɛkt]라고 읽는 것과 같은 이치이다. 셋째, 3) 모음 앞의 [r]은 입술을 원순화하여 발음하여야 한다. 넷째, 4) 의문문인 경우에도 [r]뒤 첫 모음에 강세를 주어야 한다는 것이다. 뒤로 강세를 옮기면 다른 모든 발음이 좋아도 알아듣기 힘든 발음이 된다. 마지막으로 5) 한 가지 더 주의할 점이 있다면 발음기호로는 [rí.lɪ]인 이 단어에서의 [l]을 주의하여 발음하지 않으면 한국인들은 흔히 모음 사이에서 설측음의 설탄음화가 일어난다는 사실이다.

이제 이 어려운 단어를 듣고 연습해보자.

9.33) really, really

9.34) In reality, he is a ***really really*** bad person.

9.35) You ***really*** have to practice a lot to say ***real*** English.

다음 노래 속에서 'really'가 어떻게 발음되는지 들어보자.

♬ Spice Girls의 Wannabe 0:04

Yo, I'll tell you what I want, what I ***really really*** want

So tell me what you want, what you ***really really*** want

I'll tell you what I want, what I ***really really*** want

So tell me what you want, what you ***really really*** want

I wanna, I wanna I wanna I wanna ***really really really*** wanna zigzig ha

♬ Christina Milian의 Dip It Low (00:18)

If he ***really*** wants you

If he *really* needs you

Really got to have you

Take your time and feel him out

When it's a good boy

I mean a ***really really*** good boy

"정말?"하고 맞장구 쳐줄 때, 흔히 쓰는 'Oh, really?'라는 표현과 "진짜 그렇구나"라고 말할 때의 'Oh really!', "꼭 그런 건 아냐"라고 말할 때의 'Not really'도 한번 연습해 보자.

9.36) Oh, ***really***?

9.37) Oh, ***really***!

9.38) Not ***really***

9.39) Tongue Twisters

a. Put the ***corns*** and ***carnations*** in a ***barn*** tomorrow ***morn-***

ing.

b. Reality says Willie's ***really really*** weary.

기억하기

[rn]의 발음은 충분히 [r]을 발음하고 난 후 [n]을 발음하여야 한다. 또한 [r]과 [l]이 한 단어 안에서 연속해서 나올 때에도 가장 중요한 점은 [r]발음이 있다고 생각하고 실제 [r]발음을 하는 것이다. 'really'는 세 개의 음절을 가진 단어가 아니라 두 개의 음절을 가진 단어로 후행하는 연구개화 설측음의 영향으로 모음이 발음 도중에 짧게 뒤로 이동하는 것에 불과하다.

발음 팁

[rn], [rl] 등의 발음이 연속해 나오는 경우 후행하는 [n], [l] 등의 자음을 의식하지 않고 우선 [r]발음만을 하는 것이 도움이 된다. 뒤에 자음이 없다고 생각하고 [r]을 충분히 발음하고 나서 그 다음 후행하는 자음의 발음을 하는 것이 중요하다. 'really'의 경우 단어에 사용되는 두 개의 모음은 [i]와 [ɪ]뿐이라는 것을 기억하자.

10. 영어모음 [ɛ]와 [æ] 연습

요약

현대 한국어에서의 '애'와 '에'는 동일한 발음이며 발음기호로는 [ɛ]이다. 영어에서 철자 'a'로 흔히 쓰여 지는 미국영어발음 [æ]는 [ɛ]보다 [a]를 발음할 때만큼 입을 (턱을) 아래로 많이 벌리고(내리고) 발음하여야 한다.

연습

10.1) 베드 Vs. bed, bed Vs. bad: It is ***bad*** to have a dirty ***bed***.

이 장에서는 흔히 철자 'e'로 쓰여 지는 발음 [ɛ]와 (아마 여러분께서 가지고 계신 영한사전에는 [e]라고 표기되어 있을 것이다) 철자 'a'로 쓰여 지는 발음 [æ]의 차이에 대해 연습해 보자. 한국어에서 '찌개'를 글로 쓸 때 '찌게'가 맞을까? 아님 '찌개'가 맞을까? 사실 쉬운 문제라고 생각하지만 포털사이트 Daum에 따르면 카페 게시 글을 검색해보니 '찌개'와 '찌게'의 비율이 61%와 39%로 나와 한국인 10명 중의 4명은 '찌게'로 잘못 쓴다고 지적하였다. 왜 이런 일이 생길까? 한국어에서 우리가 흔히 편하게 말할 때 1인칭인 나, 즉 '내'와 2인칭은 '네'를 어떻게 구분할까? 한국어에서 '개'(dog)와 '게'(crab)의 발음은 어떻게 다를까? [e]와 [ɛ], 그리고 [æ] 중에서 '개'는 어떤 모음 기호를 써야 맞을까?

현대 한국어에서는 '에'와 '애', 이 두 개의 모음을 구분하지 않고 모두 같은 모음으로 발음한다. 즉, 한국어의 [æ]와 [e]는 [ɛ]로 통합되어 발음된다. [æ]가 [ɛ]로 발음되면서 [e]도 혀가 좀 더 올라가서 간혹 [ɪ]로 발음 나는 것이다. 이런 이유로 2인칭을 흔히 "니"라고 읽게 되고 몇몇 방언에서는 옆으로 기는 게를 "끼"라고 발음하기도 한다.

그러면 영어에서 'bed'와 'bad'는 어떻게 다른 발음일까? 또한 '개'에서의 모음은 영어의 'bed'에서의 [e]와 가까울까, 'bad'에서의 [a]와 가까울까?

현대 한국어의 모음 '애'와 '에'는 영어에서 'bed', 'head'라고 말할 때의 [ɛ]와 같은 발음이다. 그래서 'bed', 'head'와 같은 단어를 읽을 때는 한국어의 '애' 혹은 '에'라고 생각하고 발음하면 된다. 물론 강세와 모음의 길이는 전혀 다르긴 하지만 영어에서 흔히 철자 'e'로 쓰이는 모음은 한국어 '에' 혹은 '애'와 같은 [ɛ]발음이라는 것을 기억하자. 그러면 일반적으로 철자 'a'로 쓰여 지며 발음기호로는 [æ]인 영어의 발음은 어떤 발음일까? 이 발음은 한국어에는 없는 발음이므로 주의하여 연습하여야 한다. 가장 중요한 것은 한국어 [ɛ]보다 혀를 더 내려서 발음해야 한다는 것인데 간단하게 턱을 내리면 혀가 내려오게 된다. 즉 쉽게 이해하려면 입을 더 크게 벌린다고 생각하고 발음하면 되는데 '아'라고 발음할 때만큼 입을 벌리고 그 상태에서 [æ]를 발음하여야 한다.

자, 편안하게 한국어 [ɛ]를 발음하다가 입을 더 크게 '아~'라고 할 때만큼 벌려서 소리를 내보자.

10.2) 애~([ɛ])~~ɛ~~æ~~, 애~([ɛ])~~ɛ~~æ~~

이번엔 '아~'라고 발음하다 입모양을 그대로 두고 혀만 앞으로 옮겨 [æ]라는 발음을 해 보자.

10.3) 아~([a])~~æ~~, 아~([a])~~æ~~

이와 같이, [ɛ]발음을 연습할 때는 마치 한국어라고 생각하고 편하게 발음하되 [æ]발음을 연습할 때는 최대한 턱을 많이 내려 [a]만큼 입을 많이 벌리고 또 옆으로도 조금 벌리려고 노력하면서 연습하여야 한다. 참고로 이 [æ]발음은 음절의 끝에는 나타나지 않는 발음이다.

Tsukada 등이 한국인을 대상으로 영어모음 인지 양상을 연구한

2005년 논문(A developmental study of English vowel production and perception by natine Korean adults and children, Journal of Phonetics 33, 263-290)에 따르면 이와 같이 입이 많이 벌어지는 영어 [æ]를 한국인 피실험자의 86%가 [a]로 잘못 알아들을 정도로 영어의 [æ]는 [a]만큼 입이 많이 벌어지는 소리다.

이번엔 'happy'에서의 [æ]발음과 'day'에서의 [e]발음을 들어 보자.

♬ Sister Act II에서의 Oh, happy day!

(Oh ***happy day***) I'm talking about that ***happy day***s (Oh ***happy day***) ha -

Come on and talk about that ***happy days*** (Oh happy day)

Oh Oh Oh ***happy day*** (Oh ***happy day***)

Talkin' about that ***happy days*** (Oh ***happy day***) ah yeah

Oh boy I'm talkin' about that ***happy day***

(Oh ***happy day***) oh yeah, Sing it sing it sing it (Oh ***happy day***) yeah yeah, Oh

Oh ***happy day***!

자, 그럼 다음 단어를 읽어보자.

10.4) 단어의 앞에서	단어의 중간에서
am	happy
ask	dam
and	have
after	pat

10.5) head/had bed/bad led/lad red/rad beck/back
dead/dad pen/pan pet/pat said/sad kept/capped
met/mat lend/land peck/pack send/sand ten/tan

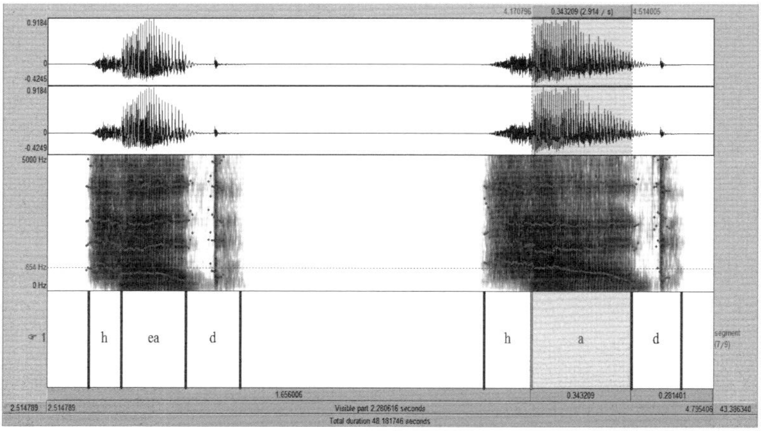

<'head'와 'had'에서의 F1, F2 비교(♬ 10-5)>

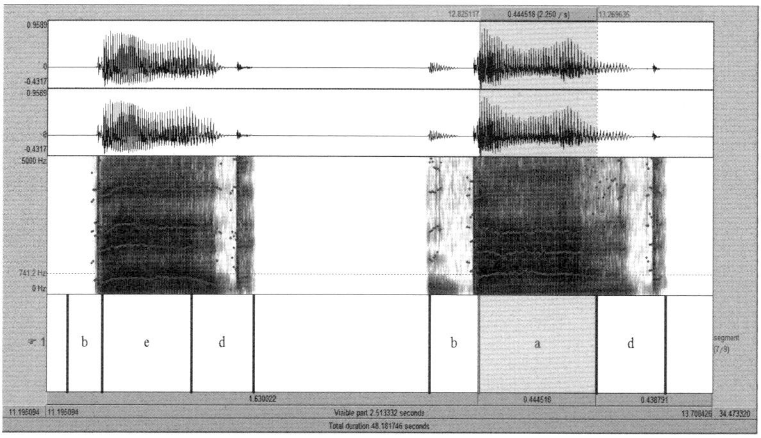

<'bed'와 'bad'에서의 F1, F2 비교(♬ 10-5)>

위 스펙트로그램에서 [ε]와 [æ]를 비교하면 [æ]에서 F1 값은 올라가고 F2 값은 내려가서 F1과 F2의 간격이 더 좁아진 것을 알 수 있다. 이제 [æ]를 가진 단어가 들어간 문장을 연습해 보자.

10.6) ***Harry has*** been ***happy***.

10.7) Don't ***ask*** me. I ***can't***.

10.8) I ***have*** an ***apple***.

10.9) The ***fat man had*** a ***map***.

익숙해졌으면 10.6)과 같이 두 모음의 차이가 유일한 발음차이인 단어 쌍을 문장에 넣어 연습해 보자.

10.10) I ***said***, "I'm ***sad***".

10.11) The cow ***had*** a big ***head***.

10.12) Amazingly, the ***lad led*** the group.

10.13) Her ***dad*** is ***dead***.

아래 스펙트로그램에서 해당하는 단어의 F1과 F2 값의 간격을 비교해 보자.

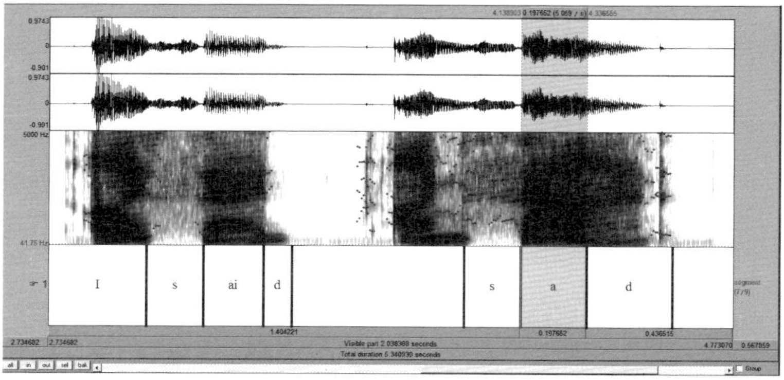

<I said, “I'm sad”.(♬ 10-10)>

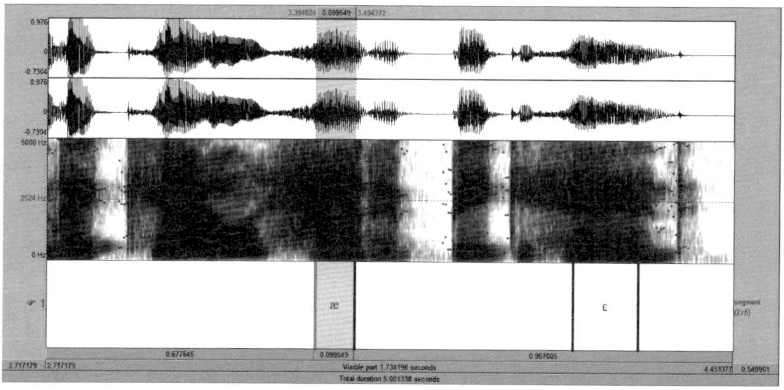

<The cow had a big head.(♬ 10-11)>

참고로 영국영어에서는 미국영어에서 [æ]로 발음 나는 많은 발음들이 [a]로 발음 난다. 다음 영국식 발음을 한번 들어보자.

10.14) [a]로 발음되는 영국식영어

can't, half, ask, pass, master, glass, dance, last

10.15) Tongue Twister

a. If you ***can't can*** any ***candy can***, how many ***candy cans*** ***can*** a ***candy canner can*** if he ***can can candy cans***?

b. ***Can*** you ***can*** a ***can*** in a ***can***?

기억하기

영어의 [æ]를 발음하기 위해서는 한국어 '에' 혹은 '애'의 발음인 [ɛ]보다 혀가 더 내려가야 하다. 그래서 [æ]발음을 연습할 때는 [a]발음을 할 때만큼 턱을 아래로 많이 내리고 입을 벌려 발음하여야 한다.

발음 팁

[æ]를 발음하기 전에 먼저 [a]라는 발음을 해 보자. 입이 벌어진 그 상태에서 입모양을 그대로 두고 혀만 앞으로 옮겨 [æ]발음을 하면 올바른 [æ]발음을 할 수 있다.

11. 영어모음 [ɔ], [o]와 [oʊ] 연습

요약

미국영어에서 철자 'o'는 흔히 [a]로 발음된다. 그러나 [a]로 발음되지 않는 경우 [ɔ]로 발음된다. 만약 [a]와 [ɔ]로도 발음되지 않는다면 이중모음 [oʊ]로 발음된다.

연습

11.1) lost: I got *lost*.

11.2) open: The restaurant ***opens*** at 11.

이번 장에서는 영어의 후설모음에 대해 알아보기로 하자. 미국 미시시피의 소년 톰 소여의 모험을 그린 Mark Twain의 '톰소여의 모험(The Adventures of Tom Sawyer)'에 나오는 소년의 이름은 '톰'이다. 그러면 영어로는 어떻게 쓸까? 물론 'Tom'이다. 그러면 이 소설을 생각하지 말고 영어의 이름 'Tom을' 읽어보자. 아마 '탐'이라고 읽지 않을까? '톰과 제리(Tom and Jerry)' 역시 '톰'과 '탐' 사이에서 혼돈스러울 것이다.

이런 현상은 익히 짐작하는 바와 같이 예전엔 영국영어가 요즘은 북미영어가 영어의 주류로 자리 잡으면서 생긴 현상이다. 우리가 최근에 그 소설, 혹은 만화영화를 받아들였다면 우리가 '탐 크루즈'라고 말하는 것처럼, 또 요즘 'not'를 영국식으로 "노ㅌ"라고 발음하지 않고 "낫"이라고 흔히 발음하는 것처럼 '탐소여의 모험', 그리고 '탐과 제리'로 불렸을 것이다. 그렇다면 과연 미국영어에서는 이와 같이 철자 'o'는 모두 [a]로 읽혀지는 걸까? 다음 단어들을 한번 읽어보자.

11.3) long, song, lost, boss

이런 단어들은 'Tom'에서의 경우와 같이 [a]로 발음되지 않으며 발음기호는 [ɔ]이다. 이 발음은 흔히 철자 '-o-', '-a-', '-aw-', '-au-', '-ow-'로 쓰이며 종종 길게 발음된다. 여기서 한 가지 주의할 점은

[oʊ]와 [ɔ]발음을 구분하여야 한다는 것이다. 예를 들면 'thought'의 모음은 [ɔ]이지만 'though'의 모음은 이중모음인 [oʊ]이다. 이러한 [ɔ]발음은 한국어의 '오'발음보다 입이 더 많이 벌어지는 소리이다. 즉, 한국어로 '오~'와 같이 '오~'를 길게 발음하다 턱을 아래로 내려 입을 많이 벌리면 나는 소리가 [ɔ]이다. 한번 듣고 따라해 보자.

11.4) 단어의 앞에서	단어의 중간에서	단어의 끝에서
offer	song	saw
all	long	law
also	fall	flaw

[ɔ]가 나타나는 철자

a: -o-: boss, dog, lost

b: -a-: fall, call, tall, salt

c. -aw-: raw, law, dawn

d. -au-: auto, cause

e. -ou-: bought, sought, fought

f. -augh-: caught, taught, caught

이제 문장 속에서 의도적으로 입을 많이 벌리면서 발음 [ɔ]를 연습해 보자.

11.5) I ***called*** the ***tall boss***.

11.6) He ***bought*** a ***dog***.

11.7) She ***lost all*** the ***balls***.

11.8) It was ***awful*** to hear that he ***taught*** my son.

영어로 논문을 쓰다보면 아래 위 점 두 개로 이루어진 '콜론' (colon, :)과 위에는 점이고 아래는 쉼표로 이루어진 '세미콜론' (semicolon, ;)을 적절히 사용해야 한다. 그러나 이런 단어를 당연히 미국영어에서는 'o'가 [a]로 소리 나므로 [ká.ln]이라고 발음하면 원어민은 알아듣지 못한다(저자의 실수담이다).

이와 같이 영어의 철자 'o'는 [a] 혹은 [ɔ]가 아닌 이중모음 [oʊ]로 발음되는 경우도 많다. 우리가 Oh!, '오'라고 발음하는 모음 역시 '오'가 아니라 [oʊ]이며, 'no'는 '노'가 아니고 [noʊ]이다. 물론, 소파는 소파가 아니라 [soʊ.fə]이며, 소다는 [soʊ.də], most는 [moʊst]로 발음해야 한다. 같이 한번 읽어보자.

11.9) Oh!, No!, sofa, soda, most

이와 같이 앞의 [o]는 길고 강하지만 뒤의 '우'는 아주 짧고도 약한 [oʊ]의 발음을 가진 단어와 철자는 다음과 같다. 앞의 [o]부분은 강세를 주어 강하고 길게 뒤의 [ʊ]부분은 짧고 약하게 읽으면서 한번 연습해 보자.

11.10)	*단어의 앞에서*	*단어의 중간에서*	*단어의 끝에서*
	open	boat	go
	over	goal	so
	old	nose	ago

[oʊ]가 나타나는 철자

a. -o-: over, open, no

b. -oa-: boat, coat, coast, throat

c. -ow-: know, throw, slow, yellow

d. -ou-: though, dough, shoulder

철자 '-ou-'의 경우 'thought'와 같이 [ɔ]로 발음되는 경우와 [oʊ]로 발음되는 두 가지의 경우가 있으니 특히 주의하여야 한다. 일반적으로 과거형에 쓰이는 '-ou-'는 [ɔ]로 발음되며 그렇지 않은 경우는 [oʊ]로 발음된다.

[ɔ] 혹은 [oʊ]로 발음되는 철자 -ou-

a. [ɔ]로 발음되는 철자 -ou-: bought, sought, fought, ought

b. [oʊ]로 발음되는 철자 -ou-: though, dough, shoulder

문장 속에서 이중모음 [oʊ]를 연습해 보자.

11.11) ***So***? ***Go***!

11.12) I ***know*** it.

11.13) I just ***told*** him '***Hello***'.

11.14) The ***yellow boat*** was on the ***coast***.

11.15) ***No***! ***Open*** the ***window slow***.

11.16) I ***know*** his ***phone*** is ***old***.

이제 다음 Bon Jovi의 곡에서 'so'와 'cold'의 발음을 들어 보자.

♬ Bon Jovi의 Wanted Dead or Alive 1:00 ~ 1:07

Another place where the faces are ***so cold***

11.17) Tongue Twister

If you ***notice*** this ***notice***, you will ***notice*** that this ***notice*** is not worth ***noticing***.

기억하기

미국영어에서 철자 'o'는 [a]로 소리 나는 경향이 있어서 'Tom'은 '탐'으로 'not'은 '낫'으로 읽혀지지만 흔히 장모음이라고 생각하는 발음은 [a]로 소리 나지 않고 [ɔ] 혹은 [ɔ:]로 발음되는 경우가 많다. 특히, 많은 단어의 발음이 실제로 [oʊ]이며 이 경우 이중모음의 특성에 충실하게 발음하여야 한다.

발음 팁

철자 'o'가 [a]로 발음되지 않고 [ɔ]로 발음되는 경우는 '-o-', '-a-' 외에 두 개의 철자로 이루어진 소리인 '-aw-', '-ou-', '-au-' 등이 있다. [ɔ]의 발음을 위해서는 턱을 많이 내리고 입을 벌리며 발음하며 [oʊ]는 앞은 강하고 뒤는 짧고 약하게 발음한다.

12. 영어의 이중모음 연습

요약

영어의 이중모음은 하나의 모음으로 발음되는 도중에 그 성질이 변화한다. 이중모음은 앞 부분은 강하고 길게 뒷 부분의 모음은 짧고 약하게 발음된다.

연습

12.1) I Vs. 아이

12.2) Bye!

이번 장에서는 앞 장에서의 [oʊ]와 같이 두 개의 모음이 하나의 모음구실을 하는 이중모음에 대해 알아보기로 하자. 알파벳의 첫 글자, 'A' 그리고 9번째 글자, 'I'를 어떻게 읽을까? '에이'와 '아이'라고 발음하면 이는 2음절로 잘못 발음한 것이다. 알파벳 'A'의 발음인 [eɪ], 'I'의 발음인 [aɪ]와 같은 이런 모음은 두 개의 모음이 아니라 한 개의 모음으로 조음도중에 모음의 성질이 변화하는 모음이며 이러한 모음을 이중모음이라 한다.

이중모음을 발음할 때의 가장 명심해야 할 점은 앞부분은 강하고 길지만 뒤에 이를 따르는 부분은 약하고 짧게 발음한다는 것이다. 즉 앞의 모음은 강하고 길게 읽혀져야 하지만 뒤의 모음은 그 정확한 모음이 나오지 않을 정도로 짧다.

예를 들어 [aɪ]와 같은 이중 모음의 경우 [a]는 입을 가장 많이 벌려 내는 소리이고 뒤에 나오는 [ɪ]모음은 입을 가장 많이 닫고 내는 모음 중의 하나이다. 그래서 이중모음 [aɪ]의 경우, [a]를 발음하는 도중에 모음 [ɪ]를 발음하려면 입을 많이 닫아야 한다. 그런데 뒤의 [ɪ]가 워낙 약하고 짧게 발음되므로 [ɪ]가 발음되는 곳까지 입을 닫지 못하고 그 중간 어디쯤에서 만들어지는 모음인 [ɛ], 즉, [aɛ]와 같이 발음되는 경우도 매우 흔하다. 그러나 꼭 주의하여야 할 것은 그렇다고 해서 뒤의 모음을 읽지 않으면 안 된다는 것이다. 한 번 연습해 보자.

12.3) á~y, á~y, á~y

한국어의 '아이'와 영어의 'eye'의 발음을 비교해 보면 그 차이를 쉽게 알 수 있다. 한국어는 2음절로 '아'와 '이'가 비교적 동일한 시간이 걸려 발음되지만 영어 'eye'의 경우 1음절의 [aɪ]와 같은 이중모음으로 발음되므로 앞의 [a]부분이 더 강하고 길게 발음된다. 다음 단어를 읽으며 연습해보자.

12.4) *단어의 앞에서*	*단어의 중간에서*	*단어의 끝에서*
ice	fine	hi
eye	time	fly
item	child	my

다음은 이런 [aɪ]가 나타나는 철자이다.

[aɪ]가 나타나는 철자

a. -i-: I, fine, fire, rice

b. -y-: fly, sky, by, my

c. -ie-: lie, pie, tie, die

d. -igh-: high, sight, night, light

다음 문장을 잘 듣고 따라 읽어 보자.

12.5) ***Hi***!

12.6) ***Mike*** wanted to ***fly*** at ***night***.

12.7) She has both ***fire*** and ***ice*** in her heart.

12.8) ***I*** have ***time***.

12.9) ***Hi***, how was last ***night***?

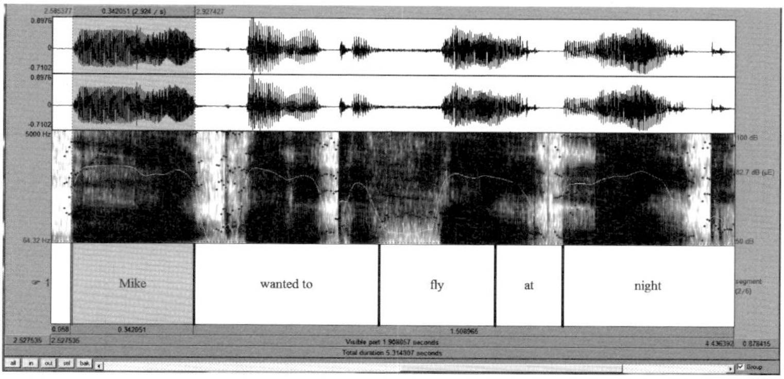

<Mike wanted to fly at night.(♬ 12-6)>

그 외의 이중모음은 다음과 같다. 먼저 [aw]이다. 발음하는 방법은 위의 [aɪ]와 동일하다.

12.10)	*단어의 앞에서*	*단어의 중간에서*	*단어의 끝에서*
	out	house	cow
	owl	town	now

이중모음 [aw]가 나타나는 철자와 그런 발음을 가진 단어와 문장이다. 듣고 연습해 보자.

[aw]가 나타나는 철자

a. -ou-: sour, cloud, out, hour

b. -ow-: cow, now, allow, how

12.11) ***How*** is the ***house***?

12.12) ***Count*** the ***owls***.

12.13) The ***cow*** is ***out*** of ***town*** now.

다음은 이중모음 [ɔɪ]이다. 발음방법은 동일하다.

12.14) *단어의 앞에서*	*단어의 중간에서*	*단어의 끝에서*
oil	coin	boy
oyster	noise	enjoy

이중모음 [ɔɪ]가 나타나는 철자와 그런 발음을 가진 단어와 문장이다. 듣고 연습해 보자.

[ɔɪ]가 나타나는 철자

a. -oi-: oil, join, avoid, noise

b. -oy: joy, toy, boy, enjoy

12.15) He ***avoided*** making ***noise***.

12.16) ***Boys*** like ***toys***.

12.17) I ***enjoy*** collecting ***coins***.

다음은 알파벳 'A'를 읽을 때와 같은 이중모음 [eɪ]이다. 듣고 따라해 보자.

12.18)	*단어의 앞에서*	*단어의 중간에서*	*단어의 끝에서*
	age	bait	day
	aim	baby	way

[eɪ]가 나타나는 철자

a. -a-: late, safe, hate

b. -ai-: raise, wait, fail

c. -ay: day, say, play

d. -eigh-: eight, weigh, neighbor

12.19) Don't be ***late***.

12.20) ***Babies*** can't eat ***cake***.

12.21) ***Eight*** boys ***played baseball***.

영어의 단어의 마지막에 철자 'e'가 나오면 'e'가 발음되기 보다는 일반적으로 선행하는 모음이 알파벳을 읽을 때와 같은 이중모음이라는 것을 표시하기 위한 표식으로 사용되는 경우가 흔히 있다. 예를 들면 다음과 같다.

1) 'i'뒤에 e가 나오면 'e'는 읽히지 않고 앞의 'i'는 [aɪ]로 발음
2) 'o'뒤에 e가 나오면 'e'는 읽히지 않고 앞의 'o'는 [oʊ]로 발음
3) 'a'뒤에 e가 나오면 'e'는 읽히지 않고 앞의 'a'는 [eɪ]로 발음

몇 가지 예를 보면 다음과 같다. 먼저 [aɪ]의 경우이다.

12.22) bit/bite sit/site lick/like

12.23) bit: I feel a little ***bit*** cold.

12.24) bite: I won't ***bite*** you.

12.25) sit: ***Sit*** down.

12.26) site: We're looking for a camp ***site***.

12.27) lick: Babies usually ***lick*** their fingers.

12.28) like: I don't ***like*** ants.

다음은 [oʊ]의 예이다.

12.29) cod/code nod/node rod/rode

12.30) cod: ***Cod*** is a name of a fish.

12.31) code: What's your zip ***code***?

12.32) nod: He ***nodded*** his head, saying, 'Yes'.

12.33) node: The tree bug was found under a ***node***.

12.34) rod: Spare the ***rod*** and spoil the child.

12.35) rode: She ***rode*** her bicycle.

철자 'a'가 [æ]가 아닌 [eɪ]로 발음되는 경우이다.

12.36) can/cane, fat/fate, back/bake

12.37) can: Why don't you recycle this ***can***?

12.38) cane: The old lady hit him with her ***cane***.

12.39) fat: Do you think I'm ***fat***?

12.40) fate: Even her love couldn't change his ***fate***.

12.41) back: I'll be right ***back***.

12.42) bake: He is going to ***bake*** a chocolate cake.

12.43) Tongue Twister

How much ***dough*** would Bob ***Dole dole*** if Bob ***Dole*** could ***dole dough***? Bob ***Dole*** would ***dole*** as much ***dough*** as Bob ***Dole*** could ***dole***, if Bob ***Dole*** could ***dole dough***.

기억하기

이중모음은 하나의 모음이 발음 도중 이동하는 소리로 앞의 소리는 강하고 길며 뒷소리는 짧고 약하다. 이로 인해 목표소리까지 발음나지 않는 경우도 흔하다. 중요한 사실은 모든 이중모음이 2개가 아닌 1개의 모음으로 1음절이란 것이다.

발음 팁

이중모음을 연습할 때 특히 도움이 되는 방법은 박수를 치거나 고개를 끄덕이는 방법이다. 즉, 박수를 한번은 강하고 한번은 약하게, 또는 고개를 내릴 때는 세게 내리고 올릴 때는 약하게 하면서 연습해보자. 단 중간에 발음을 멈추면 안 된다. 한 개의 모음이 발음도중 그 성질만 바뀌는 것이기 때문이다.

13. 모음의 음장

요약

영어에서 음절말의 유성자음은 무성음화하여 무성자음으로 발음된다. 그러나 원래 무성음인 경우, 무성음을 선행하는 모음은 단모음화가 적용되어 그 길이가 짧아진다. 결국, 음절말의 유성과 무성자음의 차이는 유·무성이 아니라 이를 선행하는 모음의 음장차이로 구분된다.

연습

13.1) I had a ***cap***. Vs. I had a ***cab***.

13.2) I ***had*** a ***hat***.

영어에서 모음의 길이를 결정하는 요인은 다음과 같이 매우 다양하다. Ladefoged(2006)를 중심으로 살펴보면 다음과 같다.

a) 긴장모음(tense vowel)과 이완모음(lax vowel)

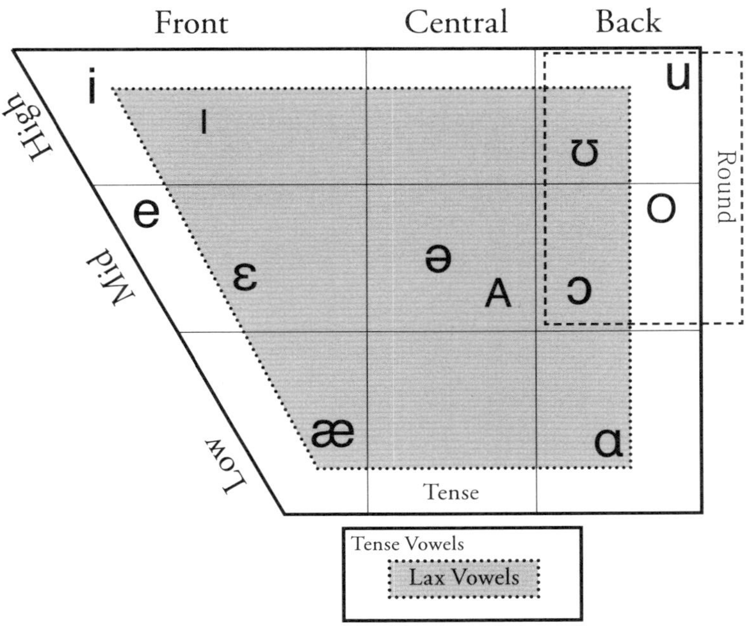

영어에서 이완모음은 폐음절(closed syllable)에서만 나타나는 모음이다. 영어의 폐음절이란 음절말음으로 자음을 가지는 음절을 지칭한다(예: pin). 모음삼각도의 위쪽과 바깥쪽에 나타나는 긴장모음은 환경과 상관없이 이완모음보다 더 길게 발음된다('seat'과 'sit', 'boot'과 'put'). Crystal and House(1988)에 따르면 긴장모음은 강세음절에서 약음절에 비해 1.5배 정도 길고 이완모음은 강세음절에서 2배 정도 길게 발음된다. 이와 같은 모음의 음장을 결정하는 요인은 다음과 같이 매우 다양하다.

b) 모음의 높이

턱을 내리고 입을 많이 벌려서 발음해야 하는 저모음이 고모음보다 더 길다.

c) 개음절(open syllable)과 폐음절(closed syllable)

음절말음을 가지지 않는 개음절(예: 'see')에서의 모음이 폐음절(예: 'sit')에서의 모음보다 더 길다.

d) 음절의 수

한 개의 음절로 구성된 단음절어 단어에서의 모음이 두 개의 음절로 구성된 단어의 모음보다 더 길고 3음절 이상에서의 모음이 가장 짧다.

e) 강세여부

강세받는 음절의 모음은 비강세음절의 모음보다 매우 더 길다.

f) 후행하는 자음의 조음방법

마찰음을 선행하는 모음이 폐쇄음을 선행하는 모음에 비해 더 길다.

g) 후행하는 자음의 유·무성

후행하는 (음절말음인) 자음이 무성인 경우 모음의 단모음화(Pre-fortis Clipping)가 일어나 유성자음을 선행하는 모음보다 60~80% 더 짧게 발화된다.

이러한 모음의 길이에 대해 Gimson(1980)은 다음과 같이 보고하였다.

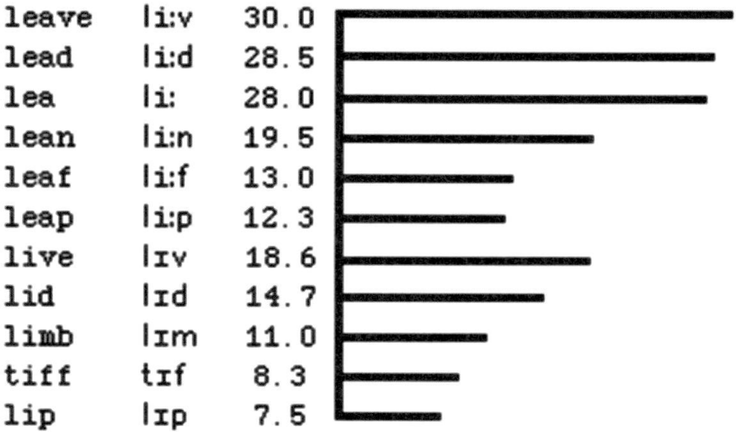

(Gimson, 1980: 98)

이제 장모음화의 경우를 중심으로 모음의 길이가 음소적인(phonemic) 경우를 살펴보기로 하자. 메이저리그의 유명한 야구구단 중에 'Chicago 컵스'가 있다. 이 구단의 이름 '컵스'는 '월드컵(World Cup)'이라고 말할 때와 같은 'cups'일까? 아니면 'cubs', 즉, 곰과 같은 동물의 '어린 새끼'를 의미할까? 이 두 단어 'cup'와 'cub'의 발음은 어떻게 틀릴까? 'cap'과 'cab'은 또 어떻게 다를까?

영어에서 음절말의 유성음은 무성음화하여 발음되는 경향이 있다. 즉, 'cub'과 'cab'에서의 음절말음 [b]는 무성음화하여 각각 [kʰʌp]과 [kʰæp]으로 흔히 발음된다. 그렇다면 'cub'과 'cab'은 원래 무성음을 가진 각각 'cup', 'cap'과 동일하게 발음될 것이다.

그러나 실제 이 단어들의 발음을 들어보면 분명히 차이가 있는데, 그 차이는 바로 자음이 아니라 그 앞에 나오는 모음의 길이 차이로 영어에서는 음절말에 유성자음이 오는 경우 유성음이 무성음으로 발음되더라도 이를 선행하는 모음은 무성음을 선행하는 모음보다 더 길게 발음된다.

즉 굳이 규칙의 순서를 따지자면 무성자음을 선행하는 모음의 단모음화(Prefortis Clipping)가 우선 적용되고 이후 유성자음이 무성자음으로 변하는 무성음화가 적용된다고 말할 수 있을 것이다. 모음의 음장에 따른 유·무성의 차이를 듣고 연습해 보자.

13.3) cup Vs. cub: Look at the ***cup***. Vs. Look at the ***cub***.

13.4) cap Vs. cab: He bought a ***cap***. Vs. He bought a ***cab***.

13.5) A bear ***cub*** is on the ***cup.***

13.6) The ***cab*** driver is wearing a ***cap***.

아래 그림은 'pick'과 'pig'에서 모음의 길이 차이이다.

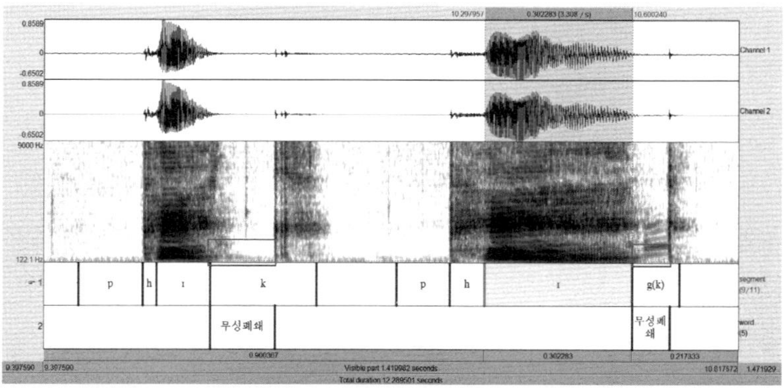

<'pick(좌)'과 'pig(우)'에서의 모음의 길이(♬ 13-7)>

위 스펙트로그램을 보면 'pig'에서의 [g]가 모음 이후에 자음의 폐쇄구간에서 성대가 떨리지 않아 무성으로 발음되었으며 이를 선행하는 모음은 'pick'에서의 모음보다 매우 더 길게 발음되었다. 다음은 'mat'와 'mad'의 경우이다.

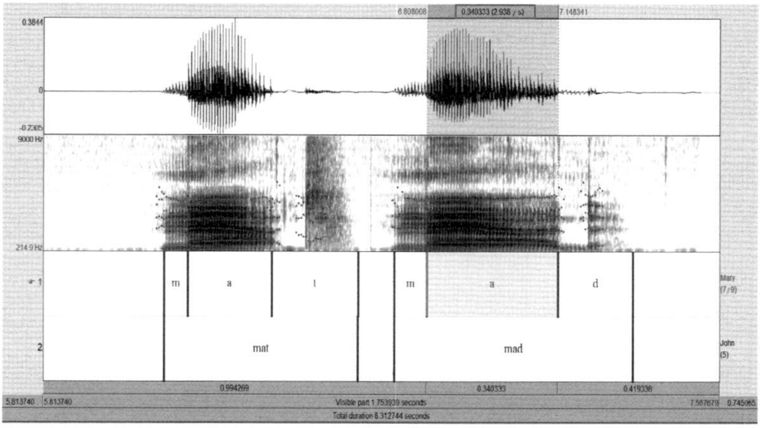

<'mat(좌)'와 유성으로 발음된 'mad(우)'>

그림에서 보는 바와 같이 모음의 길이는 'mad'에서 'mat'보다 더 길게 나타났다. 이와 유사한 예를 듣고 연습해 보자.

13.7) ta***p***/ta***b***, ha***t***/ha***d***, pic***k***/pi***g***

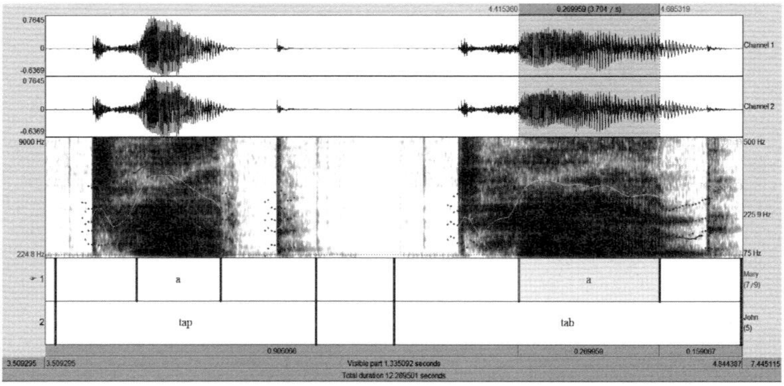

<'tap'과 'tab'(♬ 13-7)>

13.8) I'll pick up the ***tab***.

13.9) She ***tapped*** me on the shoulder.

13.10) I ***had*** a ***hat***.

13.11) I ***pick*** out a ***pig***.

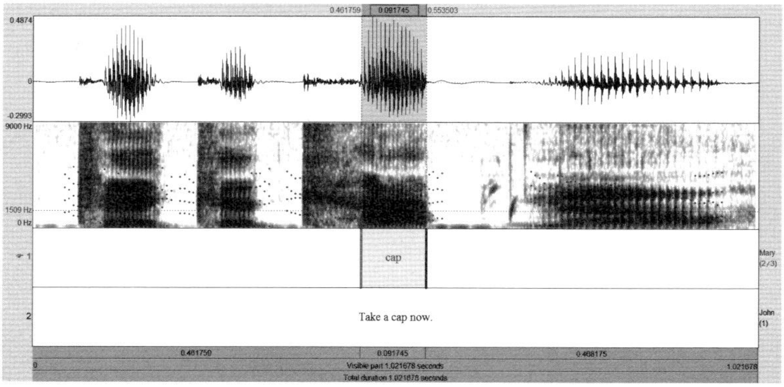

<Ladefoged(2006)의 'Take a cap now'에서의 'cap'>

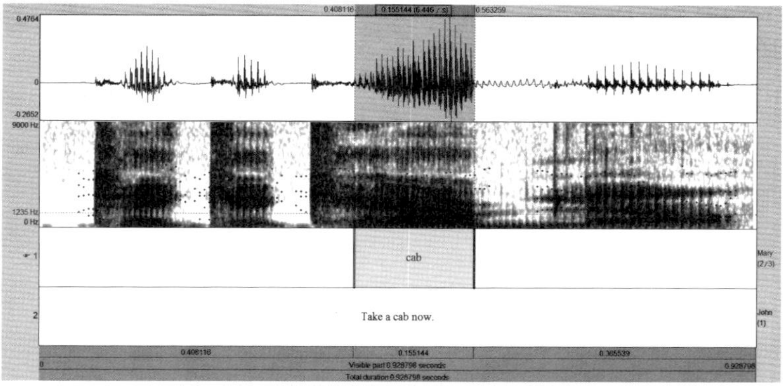

<Ladefoged(2006)의 'Take a cab now'에서의 'cab'>

미국영어의 모음사이에 나타나는 치경폐쇄음 [t, d]는 설탄음화 하는 비율이 매우 높다. 즉 'latter'과 'ladder', 'atom'과 'Adam'의 예에서 유성과 무성치경폐쇄음이 설탄음화 하는 경우 두 단어의 발음은 같다고 생각할 수 있다. 그러나 영어에서 유성음 앞의 모음은 길어지므로 'ladder'과 'Adam'에서의 [a]모음이 'latter'과 'atom'에서의 [a]모음보다 더 길어지게 되고 이러한 모음의 길이차이가 'latter'과 'ladder', 'atom'과 'Adam'의 유일한 발음차이가 된다. 또한 모음으로 시작하는 접미사(예: '-ing', '-er')가 올 때도 이런 현상은 동일하게 적용된다. 아래 발음의 차이를 들어보자.

13.12) latter/ladder, atom/Adam

13.13) betting/bedding, writer/rider

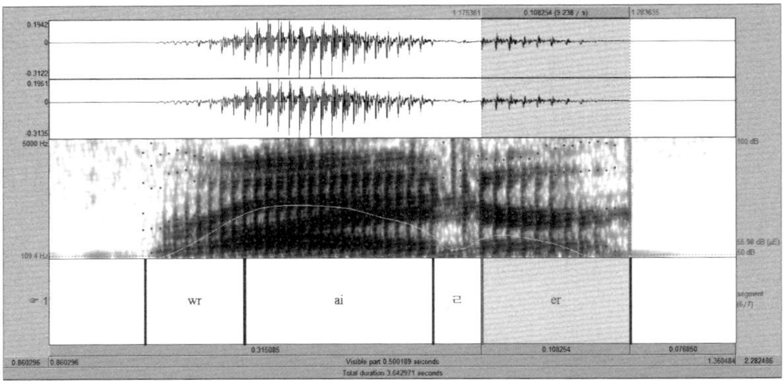

<‘writer’에서의 [t]발음(♬ 13-13)>

예를 들어, ‘led her’과 ‘let her’, ‘letter’ [r]의 발음을 비교해 보자. ‘let her’과 ‘letter’은 모두 단모음화가 적용된 후 설탄음화가 되어 짧은 모음과 설탄음의 연속으로 동일하게 발음되는 반면 ‘led her’은 설탄음화가 적용되더라도 단모음화가 일어나지 않아 모음이 더 길게 발음된다.

이러한 모음의 길이는 f/v, s/z, θ/ð, ʃ/ʒ, ʧ/ʤ로 끝나는 경우도 동일하게 적용된다. 예를 들면 ‘safe’와 ‘save’의 경우 유성음 앞의 모음이 더 길어서 ‘save’에서의 [éɪ]발음이 ‘safe’에서의 [éɪ] 발음보다 더 길게 발음된다. 다음 예를 듣고 따라해 보자.

13.14) safe/save, bus/buzz, breath/breathe, batch[bǽʧ]/badge[bǽʤ]

이제 문장 안에서 연습해보자.

13.15) I heard ***buzzing*** in the ***bus***.

13.16) I had to ***save*** money for a ***safe*** trip.

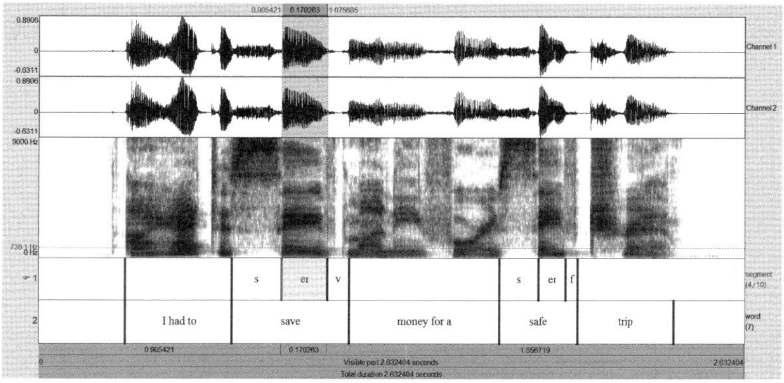

<I had to save money for a safe trip.(♬ 13-16)>

참고로 유성과 무성 치경폐쇄음이 변이가 일어나지 않고 치경폐쇄음으로 발화되는 경우 이를 선행하는 모음의 길이를 실제 미국인 발화 자료 모음인 코퍼스를 바탕으로 조사한 신승훈(2016c)의 분석 결과는 다음과 같다.

	항목	자음	선행모음	후행모음	비율	전체 단어
t	길이평균	50.85	51.62	29.85	172.93	304
	비율	16.74	16.99	9.83		100
d	길이평균	36.26	93.48	134.94	69.28	387
	비율	9.36	24.13	34.83		100

<신승훈(2016c)에서 유·무성 치경폐쇄음을 선행하는 모음의 길이>

조사 결과를 보면 [d]를 선행하는 모음의 길이가 평균 98.48ms.인데 반해 [t]를 선행하는 모음의 길이는 51.62ms.로 짧게 나타났다.

기억하기

음절말 자음이 가지는 많은 자질 중에서 유·무성만이 다른 최소대립쌍의 경우 음절말의 유성자음이 무성음화하면 원래 무성음으로 끝나는 단어와 동일한 발음이 될 것 같지만 선행하는 모음의 길이가 길어져서 자음의 유·무성의 차이가 아니라 모음의 길이차이로 구별이 된다.

발음 팁

폐쇄음, 마찰음과 같은 자음이 유성자음이면 앞의 모음을 항상 길게 발음하려고 노력하여야 한다. 또한 모든 비음과 유음은 유성음이므로 항상 선행하는 모음의 길이가 짧아지지 않도록 발음하여야 한다. 유성자음을 선행하는 모음의 길이에 익숙하지 않으면 영어발화를 인지할 시 어려움이 있으므로 이에 익숙하도록 하여야 한다.

제3장

영어음운론

음운론(Phonology)은 언어가 가진 언어보편성(universality)과 개별 언어가 가진 특수성의 관점에서 소리의 체계(Sound system)와 변이(Variation)에 대해 연구하는 학문이다. 다음은 대표적인 무성치경폐쇄음 /t/의 환경에 따른 다양한 변이양상이다.

이음	명칭	예	환경
a) [t^h]	aspirated	top, pretend	어두/강세모음 앞
b) [ṭ]	retroflexed	stray	권설음 앞
c) [ɾ]	flapped	city	모음사이
d) [t˺]	unreleased	kit	음절말
e) [ʔ]	glottal plosive	cotton, football	비강파열, 음절말
f) [t^l]	laterally released	bottle	설측음 앞
g) [t^n]	nasally released	button	비음 앞
h) **[t̪]**	dental	at the, eighth	치음 앞
i) [t]	plain	star	나머지

위에서 보는 바와 같이 영어의 음소(phoneme) /t/는 환경에 따라 여러 이음(allophone)으로 나타난다. 예를 들어 영어의 /t/는 모음사이에서 설탄음화가 적용되어 [ɾ]로 흔히 발화되는데 이는 모음사이에서 설탄음화가 적용되는 한국어의 /l/과는 소리체계에서 상이한 것이다.

다음은 한국어와 영어 소리체계의 일부를 비교한 것이다.

한국어: /l/ → [l] [ɾ](설탄음화, flapping)

영어: /l/ → [l]; /t/ → [ɾ] [t]...

한국어: /p/ /pʰ/ 영어: /p/

[p] [pʰ] [p] [pʰ](기식음화, aspiration)

3장에서는 이와 같이 환경에 따라 다른 이음으로 나타나는 영어분절음의 변이에 대해 알아보자.

14. 영어의 설탄음화: 어휘부

요약

모음과 모음사이에서 후행하는 모음의 강세가 없으면 미국영어의 치경폐쇄음 /t/와 /d/는 설탄음 [ɾ]으로 발음되며 이는 한국어 모음사이의 'ㄹ'과 동일한 발음이다. 또한 '-tle', '-dle' 등과 같이 음절말의 공명자음이 모음구실, 즉 성절화 자음(syllabic consonant)인 경우에도 설탄음화는 동일하게 적용된다.

연습

14.1) 쉬*리* / ci*t*y: I saw the movie ***쉬리*** in the ***city***.

14.2) middle, beetle: In the ***middle*** of 60's, the ***Beetles*** were the most popular band.

2장에서는 영어음성학의 기본 개념을 토대로 영어의 자음과 모음 등 개별 분절음을 어떻게 발음하는지에 대해 알아보았다. 3장에서는 다양한 영어음운변화와 영어음운론에 대해 알아보자. 먼저 이 장에서는 미국영어의 치경폐쇄음 /t/, /d/가 모음사이에서 우리가 흔히 생각하는 것과 같은 폐쇄음이 아니라 'ㄹ'로 소리 나는 현상을 중심으로 영어음운론에 대해 알아보기로 하자.

미국영어(American English, AE)와 영국영어(Received Pronunciation, RP)는 발음이라는 측면에서 비교해보면 상이한 점이 작지 않을 것이다. 흔히 미국영어가 영국영어에 비해 좀 덜 투박하다고 말하는 사람들이 많은데, 이런 느낌을 주는 많은 요소들 중의 하나는 미국영어에서 모음사이에 나오는 치경폐쇄음의 변이에 기인한다. 다음 두 발음의 예를 듣고 비교해보자.

14.3) 모음사이에 나오는 t (영국식): letter

14.4) 모음사이에 나오는 t (미국식): letter

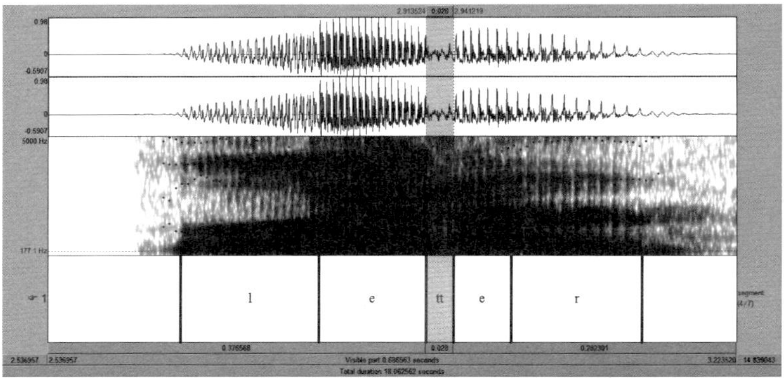

<'letter'의 스펙트로그램(♬ 14-4)>

영국영어와 달리 발음되는 미국영어에서의 위의 /t/는 어떤 소리일까?

미국영어에서 모음사이에 치경폐쇄음이 나타나고 이를 후행하는 모음이 강세를 받지 않으면 치경폐쇄음은 설탄음화 하여 [ɾ]으로 발음된다.

흥미로운 점은 한국어에서도 모음사이에 나타나는 /l/이 설탄음화 한다는 점이다. 즉, 영어의 모음사이에서 무성치경폐쇄음이 설탄음화 하게 되면 결과적으로 한국어 모음사이에서의 /l/과 동일한 발음이 된다는 것이다. 즉, 한국어에는 두 개의 /l/이 존재하는데, '라디오', '라면'과 같이 단어의 앞에 나오는 'ㄹ'는 [l]이지만 '나라', '다리'과 같이 모음사이에 'ㄹ'이 있는 경우 미국영어 'letter'에서의 'tt'와 동일한 소리로 발음된다. 이러한 이유로 영어에서 모음사이에 나오는 치경폐쇄음의 발음은 편하게 한국어 'ㄹ'이라고 생각하고 발음해도 무방할 것이다.

설탄음을 음향적으로 분석해보면 통상 20~30ms.의 매우 짧은 속도로 발화된다. 아래 그림은 한국어와 미국영어의 예이다.

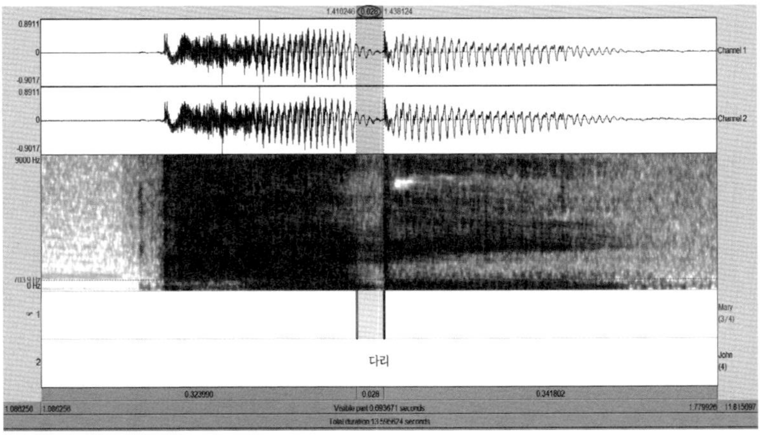

<한국어 '다리'에서의 설탄음(네이버 사전 녹음)>

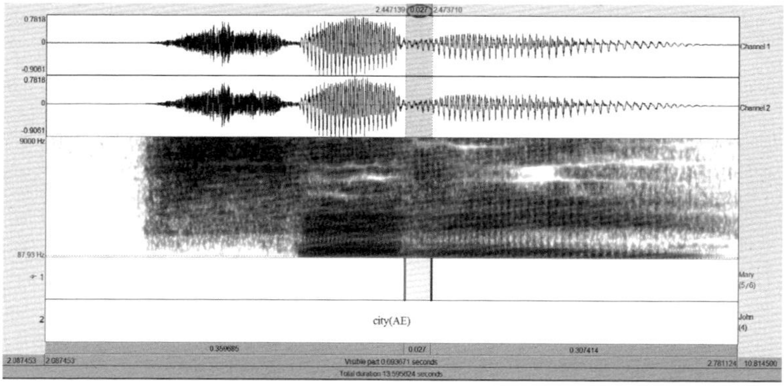

<미국영어 'city'에서의 설탄음>

이와 같은 두 언어에서의 설탄음을 영국영어에서의 무성치경폐쇄음 't'와 비교해보자. 아래 그림은 왼쪽부터 한국어 '다리'에서의 설탄음 'ㄹ', 미국영어 'city'에서의 설탄음 't', 영국영어 'city'에서의 무성치경폐쇄음이다.

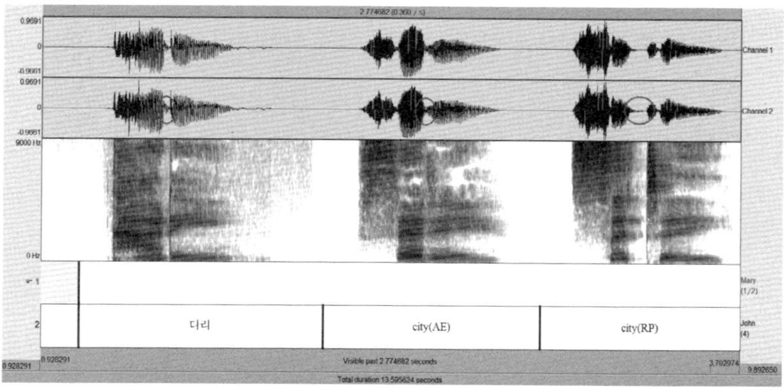

<'다리', 미국영어 'city', 영국영어 'city'(왼쪽부터)>

사실 미국영어에서 설탄음화는 매우 보편적으로 적용된다. Herd et al.(2010)의 연구에 따르면 유성치경폐쇄음의 경우 99%가 설탄음화하며 무성치경폐쇄음의 경우 76%가 설탄음화할 정도로 미국영어의 설탄음화는 매우 광범위하게 적용된다. 특히 무성보다는 유성치경폐쇄음이, 남성보다는 여성이, 빈도수가 높은 단어일수록 설탄음화가 더 자주 적용되는 경향이 있다.

한 가지 주의 할 점은 모든 음운현상에 대한 설명이 전적으로 발음을 기준으로 한 것이라는 점이다. 예를 들어, 'daddy'에서 [d]가 모음사이에 나오지 않은 것 같아 보이지만 발음기호로 보면 [dǽ.dɪ]와 같이 한 개의 [d]가 모음사이에 나타난 것을 알 수 있을 것이다. 마찬가지로 'letter'의 경우도 'tt'가 있어 [t]가 모음사이가 아닌 듯 하지만 실제 발음기호를 보면 [lé.tər]과 같이 [t]가 모음사이에 나타나 있다는 것을 알게 될 것이다.

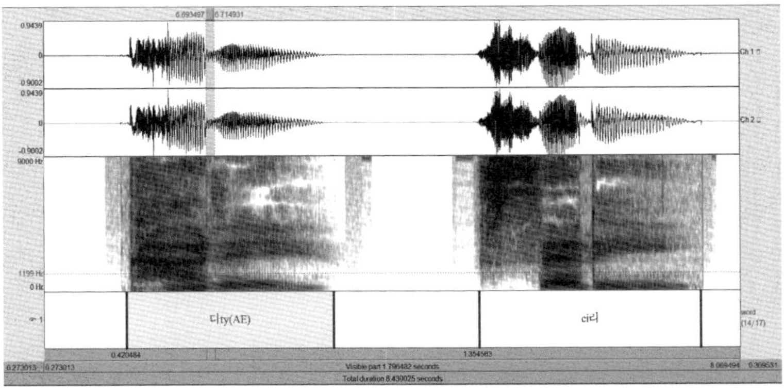

<한국어 '다리'와 미국영어와 'city'의 합성>

다음 노래에서 'pretty'란 단어의 설탄음을 들어 보자.

♬ Roy Orbison의 Pretty Woman (00:13)

Pretty woman, walkin' down the street, ***pretty*** woman

The kind I like to meet, ***pretty*** woman

I don't believe you, you're not the truth

No one could look as good as you. Mercy!

Pretty woman, Won't you pardon me? ***Pretty*** woman,

I couldn't help but see, ***pretty*** woman, that you look lovely as can be.

Are you lonely just like me? Wow!

Pretty woman, stop awhile.

Pretty woman, talk awhile

Pretty woman, give your smile to me.

Pretty woman, yeah, yeah, yeah

Pretty woman, look my way

Pretty woman, say you'll stay with me

이제 다음 단어에서의 설탄음을 듣고 연습해 보자.

14.5) compú***t***er, wá***t***er, cí***t***y, héa***t***er, swéa***t***er, átom, méter, Péter, pówder, méeting, éating

14.6) létter, bítter, bútter, bétter, cútter, prétty, kítty, mátter, kídding, dáddy, ládder

14.7) No ***kidding***.

14.8) She sent me a ***letter*** about the ***city***.

14.9) I bought a ***computer*** and a ***heater*** at the department store.

14.10) ***Betty*** wants ***better water*** in the ***city***.

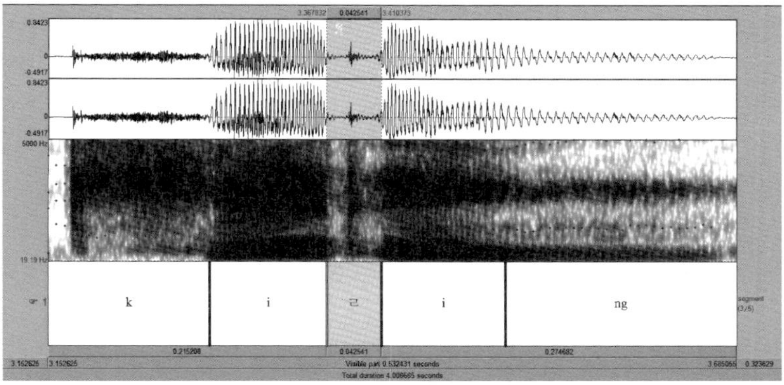

<'kidding'에서의 설탄음화(♬ 14-7)>

'지루박'이란 단어는 우리가 영어에서 유래했다고 생각하기 쉽지 않은 단어이다. 1930년대 중반까지 '술주정뱅이'를 의미하는 속어로 사용되다가 1930년대 후반부터 재즈 혹은 스윙음악에 맞춰 정신없이 춤추는 사람을 의미하는 말로 바뀌어 사용되기 시작한 이 단어 역시 설탄음화를 통해 발음된다. 실제 어떻게 발음되는지 한번 들어보자.

♬ Wham의 Wake Me Up Before You Go Go (00:01)

Jitterbug, Jitterbug, Jitterbug, Jitterbug

You put the boom boom into my heart

You sent my soul sky high

When your loving starts

A ***Jitterbug*** into my brain

이와 같이 설탄음이 권설음과 같이 사용되면 개별 분절음을 인지하기 쉽지 않다. 물론 영국영어에서는 모음 뒤의 권설음은 자음으로 읽지 않고 모음으로 발화되고 이로 인해 'fort'와 'fought', 'sort'와 'sought' 등의 발음은 동일하다.

비슷한 예인 'party'를 한국어에서 어떻게 발음하는 지 한 번 들어보자.

♬ DJ DOC의 미녀와 야수

오늘밤 너와나 단둘이서 ***party party***
행복을 예감하는 행복한 ***party***
사랑을 느끼면서 ***party party***
아침이 올 때까지

'파리'라고 읽는 이 발음이 한국어 노래에서 좋고 나쁨을 논한다는 것은 말도 되지 않을 뿐더러 큰 의미도 없을 것이다. 그러나 재미있는 것은 이런 식의 발음이 실제 영어회화라면 한 가지 큰 모순을 안고 있다는 점이다. 즉, 미국영어라면 'party'는 [r]발음을 충분히 하고 [t]는 설탄음으로 발음될 것이고 영국영어라면 [r]발음이 없이 그 앞에 나오는 모음 [a]가 더 길어지고 [t]는 치경폐쇄음으로 발음될 것이다. '파리'라는 발음은 [r]발음은 하지 않고 [t]는 설탄음으로 발음하였으니 영국영어와 미국영어가 적절히 반반 섞인 정말 국적 없는 이상한 발음으로 들릴 것이다. 한 번 비교해서 들어보자.

14.11) 미국식 발음 party Vs. 영국식 발음 party

이와 같이 권설음과 같이 나타나는 설탄음의 발음을 연습해보자.

14.12) pár***t***y, dír***t***y, mór***t***ify, thír***t***y, ór***d***er, bór***d***er, hár***d***er, múr***d***er,

14.13) I ***ordered*** some pizzas for a ***party***.

14.14) It got ***harder*** to ask him to sing '***Dirty*** Dancing'.

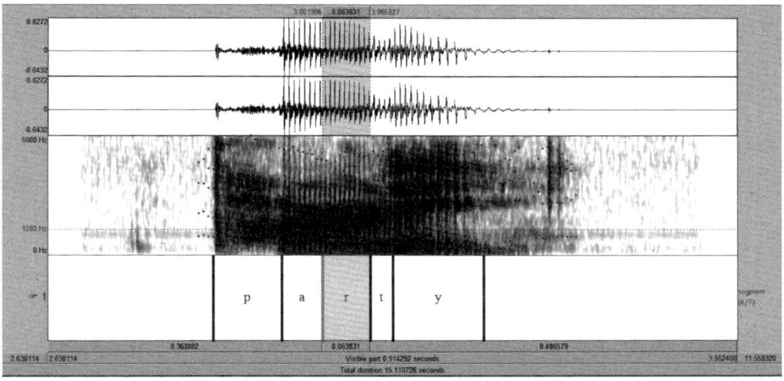

<미국식 발음 'party'의 스펙트로그램(♬ 14-12)>

위와 같은 단어의 발음이 어려운 이유는 모음 뒤의 [r] 발음을 위해 혀를 위로 들어 올렸다가 모음 없이 또 다시 혀를 위로 재빨리 올려 치경을 치고 빨리 내려와야 하는 빠른 시간 안에 일어나는 복잡한 과정도 있지만 한편으로는 우리가 권설음, 그리고 뒤에 나오는 설탄음 모두 한국어의 'ㄹ'로 생각하기 때문이기도 하다.

참고로 영어단어 'reality'의 발음에 대해 한번 생각해보자. 이 단어의 강세가 2음절에 있으니 ([ri.æ.lə.ti]) 이 단어에서의 [t] 역시 설탄음화한다. 문제는 이 단어에 한국인들이 생각하는 'ㄹ'과 비슷한 소리가 세 개나 나온다는 것이다. 처음 나오는 원순화된 권설음 [r], 중간에 나오는 연구개화 설측음, 마지막에 나오는 설탄음 모두 한국인들이 생각하기에는 'ㄹ'과 같은 소리이다. 정리하면 다음과 같다.

• Reality에 나오는 3개의 'ㄹ'과 비슷한 발음의 분석

	r	l	t
한국어와의 공통점	없음	혀가 치경에 붙고 공기가 혀의 옆으로 나옴	한국어 모음사이의 ㄹ와 동일한 발음
한국어와의 차이점	입술이 둥글어지는 근접음	혀의 앞쪽뿐만이 아니라 뒤쪽도 들려 연구개화됨	없음

미국영어의 설탄음화와 관련하여 또 하나 알아야 할 것은 설탄음화의 환경이 되는 '모음 사이'가 굳이 모음이 아니어도 된다는 점이다. 즉, 한국어와 달리 영어에서의 공명자음은 선행하는 모음이 없는 경우 음절말에서 음절을 구성하는 모음구실을 할 수 있는데 영어에는 [m, n, ŋ, l, r]과 같은 5개의 자음이 있다. 예를 들어 'little'의 경우 두 번째 음절에 모음이 없는 데 이때 두 번째 음절의 설측음이 성절화하여 모음구실을 하게 되는 것이다. 이러한 이유로 만약 영어단어가 '-ttel', '-tle', 또는 '-ddle', '-dle'로 끝나면 음절말의 설측음은 모음으로 간주할 수 있다. 이와 같이 '-(t)tle', '-(d)dle'로 끝나는 단어는 사실 발음되지 않는 모음 'e'가 있을 뿐 실제로 뒤에 모음이 나타나지 않는다. 그런데도 이런 환경에서 치경폐쇄음이 설측음화하는 이유는 설측음이 모음구실을 하기 때문이다. 먼저, 1음절에 강세를 주고 다음 단어와 문장을 연습해 보자.

14.15) little, middle, bottle, needle, kettle, beetle, rattle, settle, turtle

14.16) What a cute ***little*** girl!

14.17) Do you have a ***needle***?

14.18) It'll take some time to ***settle*** down.

14.19) Tongue Twister

a. ***Eddie edited it***. (한국어 네 개의 ㄹ로 발음해 보자)

b. A ***little beetle*** is in the ***middle*** of a ***water bottle***.

기억하기

미국영어에서 발음기호상으로 모음과 모음사이에 치경폐쇄음이 나오고 그 뒤 모음이 강세가 없으면 대부분 설탄음화하며 이는 모음사이에서 설탄음화 하는 한국어의 설측음의 경우와 매우 유사하다. 또한 '-(t)tle', '-(d)dle'로 끝나는 단어에서의 [t]와 [d]는 뒤에 모음이 없음에도 불구하고 후행하는 설측음이 모음구실을 하므로 설측음화가 가능하다.

발음 팁

설탄음과 성절화된 설측음을 동시에 발음하기가 쉽지 않다(예: little [lɪ́ɾl], middle [mɪ́ɾl]). 특히 미국영어의 설측음은 연구개화하므로 혀의 끝이 설탄음의 발음을 위해 빨리 치경을 치고 내려왔다가 다시 치경으로 올려서 공기를 옆으로 보내야 가능한 발음이다.

15. 영어의 설탄음화: 후어휘부

요약

단어와 단어 사이에서도 치경폐쇄음이 모음사이에 위치하면 후행하는 모음의 강세 여부와 상관없이 설탄음화가 적용된다. 이 때 후행하는 모음이 강세를 받아도 설탄음화가 적용될 수 있다.

연습

15.1) I *go to* school

15.2) Wh*at is* your name?

이번 장은 음운규칙이 단어 내에서 뿐만 아니라 단어사이에서도 적용되는 후어휘부규칙(post-lexical rule)으로서의 설탄음화에 대해 알아보자. 후어휘부규칙이란 형태적인 경계와 음운환경에 예외 없이 어떤 음운환경에서도 적용되는 규칙을 지칭하는 용어로 흔히 단어사이와 같이 어휘부의 범위를 넘어서도 적용되는 규칙을 말한다. 몇몇 후어휘부규칙과 그 대표적인 예를 들면 다음과 같다.

a. 구개음화(Palatalization): Would you→ wʊʤu

b. 조음장소동화(Place assimilation): that pen→ thap pen

c. 자음탈락(Deletion): most people→ mos people

d. 단자음화(Degemination): great tomb→ gray tomb

e. 기식음화(Aspiration): this potato→ thi spotato

이전 장에서 치경폐쇄음은 모음과 모음사이에서 뒤의 모음이 강세를 받지 않는다면 설탄음화 한다는 것을 보았다. 이제 모음과 모음사이에 위치하게 되는 치경폐쇄음이 단어사이에서 적용되는 경우에 대해 알아보자.

캐나다에서 가장 인기 있는 스포츠는 단연코 아이스하키이다. 캐나다에는 커피전문점 프랜차이즈로 유명한 'Tim Hortons'라는 커피숍 체인이 있다. 아이스하키 선수로 명성을 떨쳤다가 안타깝게도 교통사고로 유명을 달리한 선수의 이름을 따서 부인이 처음 시작한 이

체인점에 학생들과 같이 갔을 때의 이야기이다. 먼저 주문을 하고 자리에 돌아와 학생들을 기다리고 있는데 학생들이 한 명씩 돌아올 때마다 아주 재미있는 일이 벌어졌다. 어떤 학생은, 1회용 컵, 어떤 학생은 머그잔에 커피를 담아 오는 것이었다. 매장에서 마시고 가는 것이었으므로 당연히 머그잔에 커피가 담겨져 있어야 하는데 상당수의 학생들이 1회용 컵에 담긴 커피를 들고 들어오는 것을 보고 의아해 했었는데 알고 보니 학생들이 어느 햄버거가게, 아이스크림가게, 커피숍에 가도 흔히 접하는 다음 문장을 익히 알고 있으면서도 정작 들었을 때는 잘 알아듣지 못해 생긴 일이었다.

15.3) Here or ***t***o go?

물론 '여기서 드실 거에요? 아님 포장해서 나가실 건가요?'를 물어본 말이었는데 이런 말이 사실은 참 듣고도 이해하기가 어려운 것이 이 말을 하루에도 수백 번 하는 종업원은 아주 빨리 말하는데다가 원래 짧은 문장이어서 잠깐 하는 사이 휙~하고 지나가 버리기 때문이다. 한 가지 아직도 풀리지 않는 의문은 학생들이 이해하지 못했으면 분명 종업원이 다시 물어 보았을 텐데 어떻게 학생들이 'to go'라고 말하지 않았는데도 1회용 종이컵에 주었냐는 것이다. 아마 'Here or to go?'라고 말하면 거의 마지막의 'go'만 크게 들리게 되니 학생들이 그냥 'Yes'라고 대답하지 않았을까?? 추측할 뿐이다 (긴 줄을 의식하고 있는 종업원입장에서 일회용 종이컵과 머그잔 중 하나를 골라야하는 상황에서 어디서든 마실 수 있는 종이컵을 골랐을 것 같기도 하다.).

다음 문장에서의 설탄음을 듣고 따라 해보자.

15.4) The ***writers go to*** C***ity*** Hall.

'go to'를 미국영어 발음으로 읽을 때 [t]는 비록 한 단어 안에서 모음과 모음사이에 나타나진 않았지만 'go'라고 할 때의 모음 'o', 그리고 'to'라고 할 때의 모음 'o', 즉, 문장 안에서 두 개의 모음 사이에 나타나게 되고 이와 같이 모음과 모음사이에서 설탄음화한다.

'go to'에서 't'가 어떻게 발음되며 어떻게 들리는지 그 부분만 다시 한 번 더 듣고 연습해 보자.

15.5) go ***t***o, go ***t***o

이와 비슷한 몇 가지 경우를 살펴보자.

15.6) Wha***t*** are you doing?

15.7) I h***ad a*** computer.

15.8) ***Set up*** your computer!

15.9) Wh***at a*** game!

15.10) Hea***t it u***p.

15.11) Cu***t it o***ut!

15.12) G***et out o***f here.

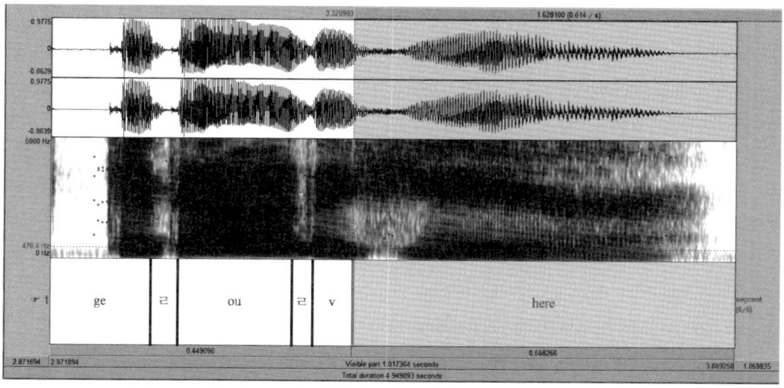

<'Get out of here.'에서의 설탄음화(♬ 15-12)>

영어에서 'What a ~!'라는 문형은 회화체에서 자주 쓰이는데, 그 이유는 'What a + 명사!'만으로 쉽게 감탄문을 만들 수 있기 때문이다. 예를 들어 'What a car!', 'What a movie!'와 같은 표현이 가능하다. 이와 같이 'What a'에서 [t]가 연음되어 설탄음화하고 또 설탄음화 하는 'out of'가 반복되는 노래 두 곡을 들어보자.

♬ Louis Amstrong의 What a Wonderful World (01:45)

And I think to myself, '***What a*** wonderful world'

Yeah, I think to myself, '***What a*** wonderful world'

♬ Air Supply의 Making Love out of Nothing at All (01:41)

Making love ***out of*** nothing at all

Out of nothing at all, out of nothing at all

Out of nothing at all, out of nothing at all

Out of nothing at all,

Making love ***out of*** nothing at all

흥미로운 점은 이와 같이 미국영어에서 높은 비율로 적용되는 설탄음화가 단어경계에서는 더욱 광범위하게 적용된다는 점이다(신승훈, 2019b)

> 즉, 단어 내에서의 설탄음화는 후행하는 모음이 강세를 받는 경우 절대 적용되지 않지만(예: preténd→*preɾénd). 단어의 경계에서는 다음과 같이 후행하는 모음이 강세를 받는 경우에도 흔히 설탄음화가 적용된다.

*단어경계에서 후행모음이 강세를 받는 경우의 설탄음화 적용 (Hualde, 2011)

ate apples→ a ɾápples

I don't know→ I ɾón't know.

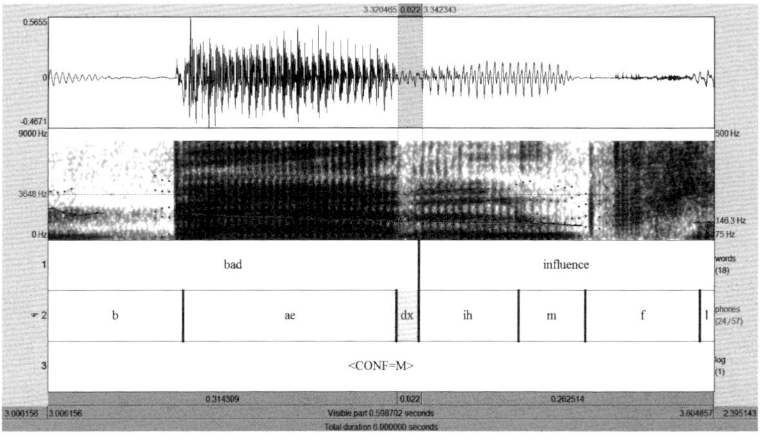

<벅아이 코퍼스 'bad influence'에서의 설탄음화>

이와 같이 단어의 경계에서 모음 사이에 나타나는 영어 치경폐쇄음의 변이양상을 코퍼스 자료를 기반으로 분석한 신승훈(2016c)의 결과는 다음과 같다.

	[t]	[d]
탈락	6(10.53%)	0
유성음화	5(8.78%)	0
성문음화	14(24.56%)	0
설탄음화	30(52.63%)	35(85.37%)
변이없음	2(3.51%)	6(14.63%)
계	57(100%)	41(100%)

<단어경계에서의 모음 간 영어 치경폐쇄음의 변이양상(신승훈, 2016c)>

위의 결과에서 나타나듯 설탄음화는 치경폐쇄음이 유성인 경우 더욱 광범위하게 적용되는데 이는 설탄음이 유성인 것에 기인한다. 무성치경폐쇄음의 경우 무성음인 성문음화 비율이 높게 나타나는데 성문음화에 관해서는 다음 장에서 다루기로 한다.

기억하기

문장 속에서 단어가 치경폐쇄음으로 끝나는 경우 후행하는 단어가 모음으로 시작한다면 후행모음의 강세와 상관없이 치경폐쇄음은 설탄음화한다.

발음 팁

문장의 연음에 대해 생각해보자. 우리가 '음악을 안다'라는 한국어 문장을 읽어보면 '으마그란다'와 같이 발음되는 것을 알 수 있을 것이다. 즉, 띄어쓰기와 상관없이 문장은 읽히게 되는데 후어휘부규칙인 설탄음화는 이와 같은 특성을 잘 보여준다. 무성치경폐쇄음이 모음사이에 위치한다면 형태 경계와 상관없이 설탄음화 한다.

16. 비강파열과 성문음화

요약
동일한 음절에서 폐쇄음과 비음이 연속되면 조음용이성의 원리에 따라 비강파열 혹은 성문음화가 흔히 적용된다.

연습
16.1) button: Press the ***button***.
16.2) eaten: Have you ever ***eaten*** any Korean food?

이번 장에서는 일반적으로 폐쇄 후 파열이 일어나는 [t]와는 달리 코로 공기가 터지는 폐쇄음의 비강파열과 폐쇄음이 성문음으로 대체되는 성문음화에 대해 알아보자. 한국어로 우리가 '버튼'이라고 말할 때의 [t^h]는 입으로 공기가 터지는 무기폐쇄음(파열음)이다. 이와 같은 폐쇄음이 영어에서는 뒤에 나오는 동일한 조음장소를 가진 비음의 영향으로 입을 통해 파열하지 않고 비강으로 파열하는 경우가 흔히 존재한다. 이번 장에서는 이와 같이 폐쇄음이 비강으로 파열하는 경우를 연습해 보자.

음절이 강세를 받지 않아 흔히 모음이 탈락하는 경우 하나의 음절 내에서 동일한 조음장소를 가진 폐쇄음과 비음(예: [pm], [bm], [tn], [dn], [kŋ], [gŋ])의 연속이 정상적으로 구강파열이 일어나기 위해서는 여러 복잡한 과정을 거쳐야 한다. [dn]의 예를 들어보자

1. 치경폐쇄음 [d]의 발음을 위해 혀를 치경으로 올려 공기를 막는다.

2. [d]를 파열하기 위해 치경에 있는 혀를 내려 공기를 터뜨린다.
3. 치경비음 [n]을 발음하기 위해 다시 혀를 치경으로 올려 공기를 막는다.
4. 연구개를 내려 공기를 코로 보낸다.

위와 같은 [dn]의 발음과정에서 혀를 내리는 2번을 생략하게 되면 다시 혀를 올리는 3번의 과정 역시 생략하게 되어 용이한 발음이 될 수 있다. 즉, 다음과 같이 1과 4번만으로 발음할 수 있게 된다.

1. 치경폐쇄음 [d]의 발음을 위해 혀를 치경으로 올려 공기를 막는다.
2. 연구개를 내려 공기를 코로 보낸다. 이때 막혀있던 공기가 코로 터진다.

이와 같은 현상은 조음장소가 동일한 경우에만 적용된다. 만약 양순음으로 동일한 조음장소를 가진 [bm]의 경우라면 위 1-4번까지의 과정이 "혀를 치경으로 올려"와 "혀를 내려" 대신 각각 "입을 닫고"와 "입을 열고"로 바뀔 것이다.

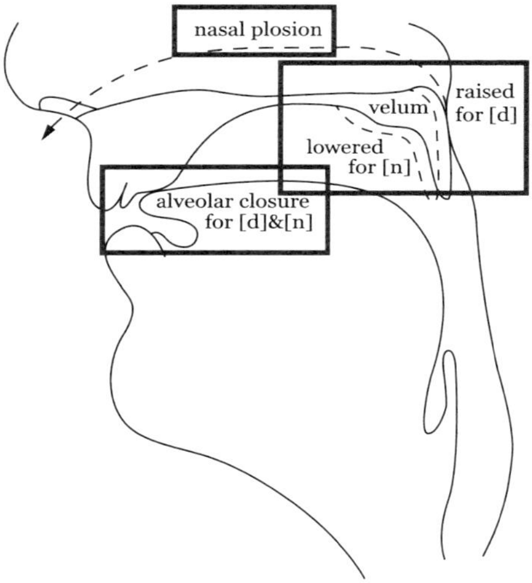

<'hidden'에서의 비강파열(Ladefoged, 2006)>

예를 들어, 'button'이라는 단어를 발음하고자 한다면 먼저 혀를 치경으로 올려 공기를 막아야 한다. 그리고 그 상태를 유지하고 있으면 공기가 입 밖으로 나가지 못하므로 구강에서 압력이 높아질 것이다. 이 때 연구개를 내려 공기를 비강으로 보내면 높아진 압력에 의해 공기가 비강으로 파열하게 될 것이다. 이와 같이 코로 공기를 내보내야만 소리가 나는 비음이 동일한 조음장소를 가진 폐쇄음을 후행하면 보다 용이하게 발음하기 위해서 폐쇄음이 코로 터지면서 발음된다. 다음 구강파열과 비강파열을 잘 듣고 비교해보자.

16.3) 구강파열: tn, tn, tn

16.4) 비강파열: tn, tn, tn

16.5) button, button, button [bʌ.tn]

다음 노래에서 나오는 'forgotten'에서의 치경폐쇄음이 구강으로 파열하는지, 비강으로 파열하는지 들어보자.

♬ REO Speedwagon의 Can't Fight This Feeling

I've ***forgotten*** what I started fightin' for
It's time to bring this shipin' to the shore
and throw away the oars forever
'Cause I can't fight this feeling anymore
I've ***forgotten*** what I started fightin' for

다음을 비강파열로 연습해보자.

16.6) cotton, kitten, bitten, eaten, fatten, rotten, forgotten

16.7) This shirt is made of ***cotton***.

16.8) They ***fatten*** their pigs.

16.9) The fish was ***eaten*** by a ***kitten***.

16.10) I've ***forgotten*** to bring the milk ***carton***.

16.11) ***Martin*** has ***gotten buttons***, ***mittens*** and a ***kitten***.

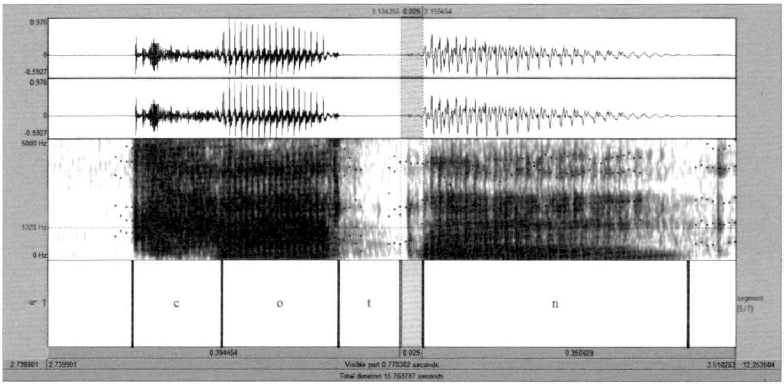

<‘cotton’(♬ 16-6)>

위에서 비강파열이 일어나기 위해서는 발음장소가 동일해야 한다고 하였다. 그러나 동일한 조음장소가 아닌 경우에도 조음장소동화가 적용되어 결국 동일한 조음장소를 공유하게 되면 비강파열이 가능하다. 다음의 예를 들어보자.

16.12) bacon [béy**kŋ**]

위의 예는 치경비음이 먼저 연구개비음으로 동화되고 나서 동일한 조음장소를 가진 [kŋ]이 비강파열 하는 경우인데 이와 같은 몇 가지 예를 듣고 연습해 보자.

16.13) Open my door. → Opm my door
(Ope**n** my door. → Ope**m** my door → O**pm** my door)

16.14) seven men → sebm men
(seve**n** men → sevem me**n** → sebem **men** → se**bm** men)

위에서 우리는 동일한 조음장소를 가진 폐쇄음과 비음의 연속이 비강파열 하는 경우를 보았다. 영어의 한 단어는 평균 7~8개 정도의 다양한 발음을 가진다고 한다. 비강파열의 경우도 예외가 아니어서 비강파열이 일어나는 많은 예의 경우 흔히 성문음화가 일어나기도 한다.

> 성문음화란 특정 환경에서 나타나는 무성폐쇄음이 성문폐쇄음 [ʔ]로 대체되거나 (glottaling 또는 full glottalization) 성문폐쇄음 [ʔ]이 삽입되는 음운현상(glottalization 또는 Preglottalization)을 총칭하는 말이다.

이 중 우리는 성문폐쇄음 대체의 경우를 살펴보고자 하는 데 이와 같은 성문음화는 영국영어와 미국영어 모두에서 매우 광범위하게 적용되는 음운현상이다. 다음의 예를 보자.

환경	[t] 후행음	예	비고
어말	저해음	quite[kwaɪʔ] good	
	비음	quite[kwaɪʔ] now	
	유음	at[æʔ] last	
	모음	get [gɛʔ] up	설탄음화 가능
	휴지	Quite[kwaɪʔ]!	
어중	자음	football[fʊʔbɔl], witness[wɪʔnɪs]	
	유음	mattress[mæʔrɪs]	
	비음	button[bʌʔn]	비강파열 가능
	모음	later[lɛɪʔə], butter[bʌʔər]	설탄음화 가능

<미국영어에서 성문음화가 일어나는 환경(신승훈·윤규철, 2014)>

이와 같이 영어에서는 다양한 환경에서 성문음화가 적용되는데 폐쇄음이 성문음으로 대체되면 성문에서 공기의 흐름이 매우 짧게

막히는 것으로 폐쇄음을 대체하게 된다(C→[ʔ]).

예를 들어, 'hidden', 'bidden', 'sadden'과 같이 철자로 '-dden'으로 적혀 있지만 발음기호로는 [d(ə)n]인 단어의 끝음절은 어떻게 발음될 수 있을까? 첫 번째 가능성은 비강파열이다. 두 번째로 성문음화 역시 가능하다.

16.15) hidden, bidden, sadden

이와 더불어 설탄음화의 적용도 가능할 것이다.

16.16) hidden, bidden, sadden (한국어 'ㄹ'로 읽히는 'd'와 코로 소리 나는 'n')

이와 같이 다양한 음운현상의 적용이 가능한 치경폐쇄음과 치경비음 연속에 대해 신승훈(2014)의 미국영어 코퍼스 자료 분석을 통한 분석 결과를 살펴보면 다음과 같다.

[t]			[d]		
변이	개수(개)	비율(%)	변이	개수(개)	비율(%)
구강파열	4	2.22	구강파열	0	0
설탄음화	10	5.56	설탄음화	9	14.06
비강파열	11	6.11	비강파열	46	71.88
성문음화	129	71.67	성문음화	0	0
기타	26	14.44	기타	9	14.06
합계	180	100	합계	64	100

<치경비음을 선행하는 치경폐쇄음의 발화양상(신승훈, 2014)>

기억하기
비음 앞에 동일한 조음장소를 가진 폐쇄음이 나오면 편하게 발음하기 위해 일반적으로 비강파열 혹은 성문음화가 일어난다. 폐쇄음이 유성음인 경우 간혹 설탄음화도 가능하다. 이러한 현상은 조음용이성의 측면에서 동일한 조음장소를 가지는 경우 구강폐쇄(oral closoure)를 풀어 파열하는 과정을 없애면 다시 폐쇄할 필요가 없기 때문이다.

발음 팁
비강파열을 연습할 때는 폐쇄음을 발음한다고 생각하지 말고 구강을 폐쇄(혀를 치경 혹은 연구개에 올리거나 입을 닫아 공기를 막음)한 상태에서 막혔던 숨을 삼켜 코로 내보내기만 하면 된다. 즉, 폐쇄음을 발음하기 위해 구강에서의 파열을 없애는 것이 이 발음의 가장 핵심이다. 성문음으로 대체하고자 하는 경우 성대를 한 번 매우 짧게 닫았다 여는 것으로 치경폐쇄음을 대체할 수 있다.

17. 치경폐쇄음의 구개음화

요약
권설음을 선행하는 치경폐쇄음은 원순화되는 권설음의 특성으로 인해 원순화되며 조음장소도 권설음과 가까운 곳 구개쪽으로 이동한다.

연습
17.1) tree: Let's decorate this Christmas ***tree***.
17.2) strike: They are on a ***strike*** now.

영어에서 구개음화(palatalization)란 일반적으로 치경폐쇄음 혹은 치경마찰음 [t, d, s, z]이 구개에서 조음되는 전설모음 [i](또는 [y])를 선행할 때 각각 구개 쪽으로 조음장소가 이동하여 [tʃ, dʒ, ʃ, ʒ]로 발음되는 음운현상을 의미한다. 이러한 구개음화는 후행하는 모음의 조음장소 쪽으로 자음의 조음이 이동함으로써 조음하기 위한 노력을 줄이고자 하는 방법의 일환으로 매우 많은 언어에서 나타나는 언어 보편적 현상이다. 예를 들어 영어의 단어 내에서 접사가 붙는 경우 'action', 'expression', 'spacial', 'racial', 'essential', 'partial', 'suggestion([ʧ])', 'congestion([ʧ])' 등에서 [s]가 [ʃ] 혹은 [ʧ]로 발화되는 경우이다. 이는 [i]의 유·무에 따라 치경마찰음의 발음이 달라지는 영어 단어 'official[ʃl]'과 'offic[s]er'의 발음 비교에서 잘 드러난다.

다만 4장에서 언급한 바와 같이 단어 내 혹은 단어 경계에서 치경음이 [i]를 선행하는 경우 [s]의 구개음화는 영어에서 적용되지 않으므로 이에 주의하여야 한다.

a. 단어 내에서 구개음화의 비적용: sin *[ʃ]in, seem *[ʃ]eem
b. 단어 경계에서 구개음화의 비적용: miss*[ʃ] it, pass*[ʃ] it

흥미로운 점은 [s]가 단어 경계에서 [y]를 선행하는 경우 다음과 같이 구개음화가 선택적으로 적용될 수 있다는 점이다.

c. 단어 내에서: sens[s/ʃ]ual, consens[s/ʃ]ual
d. 단어 경계에서: miss[s/ʃ] you, got[ʧ] you, did[ʤ] you

이번 장에서는 치경폐쇄음이 후행하는 권설음의 영향으로 권설음의 특징을 가지게 되는 현상에 대해 알아보자.

모음을 선행하는 권설음의 특징은 입술의 원순화를 동반하는 것이다. 즉, 음절두음으로서의 권설음은 혀가 치경 혹은 구개앞 쪽으로 올라가면서 입술이 둥글어지는 특징을 가지고 있다(예: ‘red’, ‘rain’, ‘run’).

> 이와 같은 권설음 앞에 치경폐쇄음이 오면 치경폐쇄음은 후행하는 권설음의 영향으로 혀가 원래의 위치보다 조금 더 뒤쪽에서 발음되며 또한 입술도 원순화 한다.

한국어에서 구개에서 발음되는 모음인 ‘이’ 모음 앞에 치경에서 소리 나는 ‘ㄷ’ 또는 ‘ㅌ’가 나오면 구개로 혀가 가면서 발음되어 ‘맏이’ → ‘마지’, ‘해돋이’ → ‘해도지’, ‘같이 → 가치’와 같이 발음된다. 이러한 현상을 구개음화(Palatalization)라고 한다. 이와 같은 현상은 영어에서도 ‘nation’, ‘vision’ 등 ‘ti’, ‘si’의 발음이 각각 [ʃ]와 [ʒ]로 발음되는 것과 같은 이치이다. 이와 유사하게 구개 바로 앞(retroflex)에서 발음되는 권설음 앞에 치경에서 발음되는 분절음이 오면 조금 뒤쪽에서 소리 나면서 구개에서 발음되는 ‘이’가 올 때의 발음과 같이 [ʧ] 혹은 [ʤ]와 같은 소리로 발음된다.

이와 같이 혀가 치경보다 조금 더 뒤로 가면서 치경폐쇄음을 발음하기 이전부터 입술이 둥글어지는 소리를 들어보자.

17.3) try, dry

이런 단어를 들어보면 단어의 시작부터 입술이 둥글어져서 발음되게 되는데 이러한 현상은 우리가 다음에 나오는 소리를 미리 짐작하고 늘 다음에 나오는 소리를 준비하면서 발화하기 때문이다. 즉, 이와 같은 발음을 하기 위해서는 치경폐쇄음을 준비하기 전에 미리 입술을 둥글게 하는 것이 중요하다. 즉, ‘tr-’, ‘dr-’과 같은 소리가 있다면 [t]와 [d] 이전부터 입술을 둥글게 하고 혀를 조금 뒤로 옮겨서 발음하여야 한다. 이러한 이유로 우리가 '크리스마스트리', '트라이', '트로트(trot)', '스트라이크'라고 한국어에서 말하지만 영어로 [tr], [dr]을 읽을 때는 'ㅌ', 'ㄷ'가 아니라 'training'을 '추리닝(?)'이라고, 'trailer'를 '추레라'라고 이상하게 읽는 것처럼, 자연스럽게 [ʧ] 혹은 [ʤ]와 같이 발음하는 것이다. 우리가 '츠리닝'이 아니라 '추리닝'이라고 흔히 말하는 이유는 입술을 둥글게 하여 발음해야 하는 경우 입술이 둥글어지는 '우'를 넣어 읽기 때문이다. 한번 듣고 단어와 그 단어가 들어간 문장을 한번 연습해 보자.

17.4) 입술이 둥글어지고 원래의 소리보다 혀가 조금 더 뒤로 가서 소리 나는 [t]

tree, train, try, trade, traffic, trick, trot, truck, trip

17.5) I'll give you a ***tree***.

17.6) ***Try*** it on.

17.7) Can you ***drive*** this ***truck***?

17.8) Let's move this ***tree*** by ***truck***.

17.9) ***Try*** to take the earliest ***train***.

다음은 [s]와 [r]사이에 나와서 위와 같이 발음되는 [t]이다.

17.10) strong, strike, straight, strange, strawberry, stray, strap

17.11) She likes ***strawberries***.

17.12) They'll go on a ***strike*** soon.

17.13) I saw a ***stray*** cat on the ***street***.

17.14) It is *strange* that he has ***straight*** hair.

이제 이와 같은 단어가 들어간 노래 두 곡을 같이 들어보자.

♬ Pat Benatar의 Treat Me Right (00:42)

Treat me right - ***Treat*** me right

Treat me right - ***Treat*** me right

Treat me right - ***Treat*** me right

♬ Spandau Ballet의 True (02:25)

Oh I want the ***truth*** to be said

Huh huh huh hu-uh huh

I know this much is ***true***

Huh huh huh hu-uh huh

I know this much is ***true***

다음은 [dr]의 경우이다. 듣고 연습해 보자.

17.15) draft, drain, draw, dream, dress, drill, drink, drive

17.16) The air was very ***dry***.

17.17) Let's ***draw***!

17.18) My ***dream*** is to be a ***drummer***.

17.19) Don't ***drink*** and ***drive***!

17.20) Tongue Twister

Try to ***strike strong*** the ***dried tree*** on the ***street***.

기억하기

'tr-', 'str-' 혹은 'dr-'을 발음할 경우 단어의 시작 이전부터 입을 둥글게 하며 혀는 원래 위치보다 조금 뒤쪽으로 옮겨서 [t] 혹은 [d]를 마치 [ʧ] 혹은 [ʤ]를 발음할 때의 위치에서 발음하게 된다.

발음 팁

우리가 '구(ku)'라고 할 때와 '기(ki)'라고 할 때의 한국어 발음을 비교해 보면 '구'라고 발음할 때 [k]를 발음하기 전부터 이미 입술이 둥글어진다. 'dr-', 'tr-'등이 나올 때도 마찬가지 이다. 모음 앞의 [r]이 원순화되고 혀가 뒤쪽으로 이동하는 것을 [t] 혹은 [d]를 발음하기 이전부터 준비하게 된다.

18. 치경폐쇄음 탈락과 인지

요약

[t]가 [n]과 강세 없는 모음 사이에 나오거나 [t, d]가 자음사이에 오면 영어에서 흔히 탈락하므로 탈락된 발음에 익숙해져야 해당 발음을 인지할 수 있다.

연습

18.1) gentlemen: 'Ladies and *gentlemen*!'

18.2) international: Both *Toronto* and *Atlanta* have an *international* airport.

18.3) *last concert*: This is her *last concert*.

이번 장에서는 치경폐쇄음의 탈락에 대해 알아보자.

언어를 발화할 때 가장 중요한 두 개의 원리는 화자의 입장에서 최소의 노력으로 편하게 발음하고자 하는 조음용이성의 원리(Ease of Articulation Principle)와 청자의 입장에서 소리가 뚜렷이 구분되어 편하게 듣고자 하는 청취용이성의 원리(Ease of Perception Principle)이다. 음성적 측면에서의 조음용이성을 음운론에서 가장 잘 구현할 수 있는 현상은 자음의 약화(consonantal weakening)이다. 약화란 분절음의 강도 순위(strength hierarchy)에서 자음이 한 단계 혹은 여러 단계 순위가 낮아져 그 강도가 약화되는 현상으로 통시적, 공시적으로 대부분의 언어에서 매우 흔히 나타나는 음운현상이다.

즉, 자음의 강도순위를 일반적으로 아래 (a)와 같다고 가정할 때 공명도를 높이고 조음을 용이하게 하기 위한 다양한 약화현상이 일어나는 데 그 일반적인 양상은 (b)와 같다.

a. 강도순위(e.g., Katamba, 1989):
겹자음>폐쇄음>설탄음>마찰음>비음>유음>반전음>모음

b. 자음약화의 예(신승훈 · 윤규철, 2014)

겹자음 폐쇄음 →	폐쇄음 →	(설탄음) →	(마찰음) →	(성문음) →	Ø
	↓	↓	↓	↓	↓
	단자음화	설탄음화	마찰음화	성문음화	탈락

이러한 약화현상은 영어에서도 다음 장에서 다루는 단자음화와 이미 언급한 설탄음화, 성문음화 등이 있다. 마찰음화의 경우 Chomsky와 Halle(1968)에 따르면 네 가지의 규칙으로 다양하게 형성되는 데 대표적인 예로 'corro(d)e+ive→corro(s)ive', 'par(t)+iality→par(ʃ)iality', 'residen(t)+y→ residen(s)y'의 경우와 같이 치경폐쇄

음이 치경마찰음으로 나타나는 경우이다.

이와 같은 영어의 자음약화 중 가장 극단적인 경우가 치경폐쇄음의 탈락이다. 이 장에서는 치경비음을 후행하는 무성치경폐쇄음 [t]와 자음사이의 치경폐쇄음 [t, d] 탈락에 대해 알아보기로 하자.

우리가 미국 영어의 'winter'의 발음을 들어 보면 간혹 'winner'와 매우 유사하다고 생각하게 된다. 이는 두 단어의 유일한 차이가 [t]의 존재유무에 따른 것이라는 고려하면 [t]가 탈락할 수 있음을 의미하는 것이다. 다음의 예에서 [t] 탈락을 들어보자.

18.4) win(t)er, twen(t)y

18.5) ***Winter*** break starts on the ***twenty***-first of December.

영어에서는 이와 같이 [t]가 [n]뒤에 나타날 때 [t]다음의 모음이 강세를 가지지 않는다면 흔히 발음되지 않는다. 즉, 'winter'의 경우 발음기호를 보면 [wín.tər]이고 [t]를 후행하는 모음이 강세를 가지지 않으므로 [t]가 탈락하고 재음절화(resyllabification)가 일어나 [wí.nər]과 같이 발음되어 'winner'과 동일한 발음으로 조음된다.

다음 단어와 문장을 듣고 따라해 보자.

18.6) counter, Toronto, plenty, internet, wanted, Atlanta, international, gentleman

18.7) I'm going to ***Toronto***.

18.8) I ***wanted*** to see you.

18.9) Where is the ***counter***?

이와 같은 무성치경폐쇄음의 탈락규칙은 수의적(optional)으로 적용되는 것이어서 탈락하지 않는다고 하여 좋지 않은 발음인 것은 전혀 아니다. 다음의 예에서 탈락과 탈락하지 않는 경우를 나누어 읽어보자.

18.10) There are ***plenty*** of ***internet centers*** in ***Toronto***. (탈락하지 않는 경우)

18.11) There are ***plen(t)y*** of ***in(t)ernet cen(t)ers*** in ***Toron(t)o***. (탈락하는 경우)

18.12) The ***dentist wanted*** to move to ***Atlanta*** this ***winter***. (탈락하지 않는 경우)

18.13) The ***den(t)ist wan(t)ed*** to move to ***Atlan(t)a*** this ***win(t)er***. (탈락하는 경우)

'wanted'라는 가사가 나오는 노래 두 곡에서 [t]가 어떻게 발화되는지 들어보자.

♬ Green Day의 I was there (00:40)

I look into the past

I ***wanted*** to make it last

I was there

♬ Bon Jovi의 Wanted Dead or Alive (1:19)

I'm ***wanted*** dead or alive,

Wanted dead or alive

미국 영어에서 [n]을 후행하는 [t]의 변이양상을 코퍼스의 자료를 중심으로 분석한 결과는 다음과 같다.

	개수(개)	비율(%)
t-탈락	148	80.43
n-탈락	0	0
설탄음화	3	1.63
변이없음	33	17.93
합계	184	100

<[n]을 후행하는 [t]의 탈락 양상(신승훈, 2015b)>

한 가지 주의할 점은 [t] 뒤에 강세받는 모음이 나오면 [t^h]로 발음해야 한다는 것이다. 즉, 'inténd'와 같이 비록 [n]뒤에 [t]가 나타나는 경우에도 후행하는 모음이 강세를 가지면 [t]는 탈락할 수 없고 아래와 같이 기식폐쇄음으로 발음하여야 한다.

18.14) inténd, contáin

치경폐쇄음의 탈락 중 영어에서 가장 흔히 나타나는 탈락은 자음과 자음사이에서의 치경폐쇄음 [t, d]탈락이다. 자음사이의 치경폐쇄음 탈락은 후어휘부규칙으로 단어 내, 단어 사이 등 어디에서나 예외없이 적용가능하며 이 역시 수의규칙으로 적용하지 않아도 좋다. 그러나 영어의 경우 탈락하는 경우가 대부분이어서 익숙해져야 인지가 가능할 것이다.

영어에서 단어가 자음과 치경폐쇄음의 연속으로 끝나고 다음 단어가 자음으로 시작한다면 치경폐쇄음은 매우 흔히 탈락한다. 문제는 영어에 'best', 'wild', 'most', 'west', 'want', 'collect', 'hold', 그리고 최상급 뒤에 붙는 '-est'등과 같이 두 개의 자음으로 끝나면서 마지막 자음이 치경폐쇄음인 단어가 매우 많이 존재하며 이런 단어들이 자주 사용된다는 것이다. 이러한 단어의 뒤에 자음으로 시작하는 어떠한 단어가 와도 어말의 치경폐쇄음은 흔히 탈락한다.

예를 들어 'last'뒤에 'summer'이 오는 경우를 생각해보자. 이 경우 'last'에서의 [t]는 그 앞에 나오는 자음 [s]와 뒤에 나오는 단어 'summer'에서의 첫소리 [s]사이, 즉 자음과 자음사이에 나오므로(s***t*** + s) 흔히 발음되지 않는다. 한번 들어보자.

18.15) las(t) summer

이 경우 [t]가 탈락하고 나면 [s]가 연속해서 나오게 되는데 거의 한 개의 좀 길게 발음되는 [s]와 같이 들릴 것이다 (자세한 내용은 다음 장 참고)

그러나 만약 'last'뒤에 'April'과 같은 모음으로 시작하는 단어가 나오면 [t]는 더 이상 자음과 자음사이가 아니므로 'las April'과 같이 발음될 수 없고 [t]가 재음절화 하여 'las tApril'과 같이 발음된다.

18.16) last April, last April

특히 이와 같이 자음사이의 치경폐쇄음이 발음되지 않는 현상은 부정어 'not'의 축약형(n't)이 나오고 그 뒤에 자음으로 시작하는 어떠한 단어가 나와도 [t]가 발음되지 않는 현상을 초래하다. 예를 들면, 'don't go', 'can't go'와 같은 경우 [t]는 흔히 발음되지 않을 것이다. 다만 'can't go'에서 [t]가 발음되지 않으면 긍정과 형태상 같아지는 데 이 경우 강세에 따른 모음의 발음으로 구분하게 된다.

자음사이 [t, d]를 가진 노래를 몇 곡 들어보자.

♬ Poco의 Sea of Heartbreak (00:28)

The lights in the harbor ***don't shine*** for me.
I'm like a ***lost ship*** lost on the sea
This sea of heartbreak ***lost love*** and loneliness

♬ Bryan Adams의 Please forgive me (00:24)

Still feels like our ***first night*** together
Feels like the ***first kiss***, it's gettin' better baby
No one can better this...
Still holdin' on, you're still the one
First time our eyes met, same feelin' I get

이제 몇 가지의 예를 같이 연습해 보자. 다음에 제시된 예문들 중 왼쪽에 나와 있는 것들과 오른쪽에 나와 있는 것들을 살펴보면 왼쪽의 것들은 치경폐쇄음이 자음 뒤와 단어의 끝에 나타나면서 그 다음에 나오는 자음으로 시작하는 단어와의 사이에 (즉 자음과 자음 사이에)위치하게 되고 그래서 발음되지 않는 경우이다. 반면 오른쪽의 예문은 동일한 단어로 시작함에도 불구하고 다음에 나오는 단어가 모음으로 시작하므로 치경폐쇄음이 탈락하지 않고 뒤에 나오는 단어의 모음과 같이 발음되어야 하는 경우이다.

자음사이의 [t]/[d]	자음+[t]/[d]+모음
mos(t) people	most onions
bes(t) dog	best orange
collec(t) stamps	collect it
wes(t) side	west end
wil(d) pitch	wild animals
blin(d) man	blind eye

이제 문장 안에서 연습해 보자.

18.17) The ***blind man*** lives at the ***west end*** of the street.

18.18) He made a ***wild pitch*** in the ***last game***.

18.19) ***Most people*** want to visit Florida to get the ***best oranges***.

18.20) I think ***wild boars*** are the most famous ***wild animals*** in Korea.

18.21) I ***want Jane*** to ***want me***.

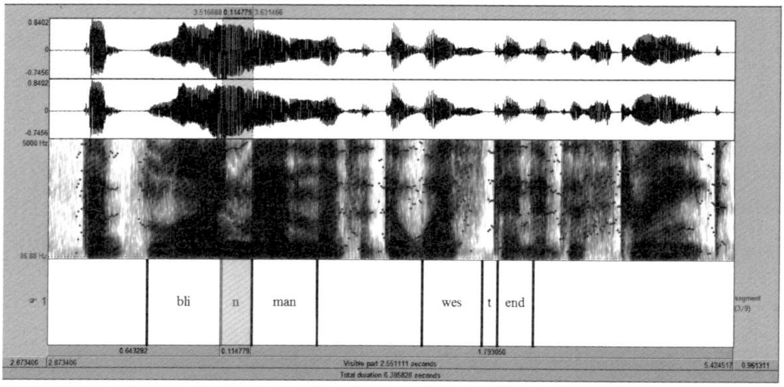

<The blind wan lives at the west end of the street.(♬ 18-17)>

이와 관련해 또 하나 고려할 것은 과거형으로 붙는 치경폐쇄음의 탈락이다. 즉, 치경폐쇄음으로 끝나는 단어를 제외한 모든 동사의 과거형에는 [t] 혹은 [d]가 첨가된다. 이 경우 동사가 자음으로 끝나고 다음 단어가 자음으로 시작한다면 과거형 굴절접미사 [t] 혹은 [d]는 자음사이에 위치하게 되고 그래서 흔히 읽히지 않는다는 것이다.

다음의 예에서 과거형을 나타내는 '-ed'는 발음하지 않아도 무방하며(즉, 현재형과 발음이 유사할 수 있으며) 천천히 읽는 경우 동사를 발음하고 나서 아주 짧은 시간만큼의 침묵이 있을 수 있다. 물론 이 장에서 '-ed'를 발음한다고 해서 틀린 발음은 절대 아니란 점도 한 번 더 강조한다.

18.22) Tom li***k****ed* **J**ane

18.23) Tom ki**ss***ed* **S**usie.

18.24) Tom lo**v***ed* **S**tacey.

참고로 벅아이 코퍼스의 자료를 바탕으로 단어의 경계에서 자음 사이에 나타난 치경폐쇄음의 탈락을 형태 유형으로 나누어 분석한 신승훈(2018a)의 연구결과는 다음과 같다.

유형	변이없음	탈락	성문음화	설탄음화	소계
어근	47 (42%)	64 (57.1%)	0	1 (0.9%)	112
규칙과거	36 (44.4%)	45 (55.6%)	0	0	81
불규칙과거	15 (53.6%)	8 (28.6%)	5 (17.9%)	0	28
최상급	5 (19.2%)	21 (80.8%)	0	0	26
파생접사	1 (14.3%)	5 (71.4%)	1 (14.3%)	0	7
계	104 (40.9%)	143 (56.3%)	6 (2.4%)	1 (0.4%)	254 (100%)

<단어 경계에서 자음 간 영어치경폐쇄음의 탈락 양상(신승훈, 2018a)>

이제 이탤릭체로 표기되지 않은 문장에서 [t]혹은 [d]가 발음되는지의 여부를 생각하면서 한번 읽어 보자.

18.25) Most people know that one of my best friends had the best cat and the best elephant until last August.

이번 장에서 언급한 탈락규칙은 수의적으로 적용된다고 하였다.

이 경우 본인은 탈락하지 않고 발화할 것이니 관련 내용을 몰라도 괜찮겠다고 생각할 수 있을 것이다. 그러나 이와 같은 발음에 익숙해져야 영어를 인지할 수 있으니 이에 대해 익숙해지는 것도 중요하다 할 것이다.

기억하기

영어 치경폐쇄음의 탈락은 모든 언어가 가지는 약화현상의 한 종류로 매우 흔히 나타나는 음운현상이다. 치경폐쇄음을 발음하여도 좋은 발음이나 탈락하는 현상에 익숙해져야 그런 발화를 분명 더 쉽게 알아들을 수 있을 것이다.

발음 팁

자음과 무성치경폐쇄음의 연속으로 단어가 끝나는 경우 다음 단어의 시작이 자음, 모음과 상관없이 첫 단어의 발음은 동일하다. 다만 후행하는 단어가 자음으로 시작하면 무성치경폐쇄음이 대부분 탈락하지만 모음으로 시작하면 재음절화를 거쳐 연음이 되면서 선행단어 어말의 무성치경폐쇄음이 후행단어의 음절두음으로 발화된다.

19. 단자음화

요약

단어 안에 철자 상으로 두 개의 동일한 자음이 있는 경우 항상 한 개만 발음된다. 단어와 단어사이에서 동일한 두 개의 자음이 있는 경우, 한 개의 자음은 발음되지 않지만 좀 더 정확하게 말하면 두 개의 소리가 합쳐져서 조금 더 긴 한 개의 소리로 발음된다.

연습

19.1) summer: I like ***summer*** most.

19.2) bad day: I had a ***bad day*** today.

19.3) Si*t d*own.

이번 장에서는 자음약화의 한 종류인 단자음화(degemination)에 대해 알아보자. 'summer'이란 단어의 발음을 사전에서 찾아보면 1음절이 [m]이 없는 [sʌ]이다. 이는 'Thomas' 토마스의 애칭 'Tommy'가 '톰미'가 아닌 '토미'이며 'tummy'가 '텀미'가 아니라 '터미'인 것과 같은 이치이다. 즉, 단어 안에서 이와 같은 동일한 두 개의 철자는 항상 한 개로 발음된다. 우리가 흔히 '콤마(,)'라고 하는 발음 역시 철자로는 'm'이 두 개여서 '콤마'라고 발음될 것 같지만 사실은 한 개의 [m]만이 발음되어야 한다.

이와 같은 현상을 음운론에서는 간혹 '양음절성(ambisyllabicity)'으로 설명하기도 하는데, 즉, 강세받는 음절은 음절말음이 있어야 하며 동일한 자음 중 첫 번째 자음은 양음절성에 따라 강세를 받는 첫 음절의 음절말음 구실을 한다는 것이다. 또한 기식의 경우에도 'happy'의 두 번째 음절이 비기식화하는 이유는 양음절성에 의한 것이라는 설명이다. 그러나 이와 같은 설명은 'appéar'과 같이 강세가 두 번째 음절에 오는 경우의 동일자음을 설명하기는 어렵다는 문제를 안고 있다.

철자 상 두 개라도 한 개만 읽히는 [m]을 듣고 연습해 보자.

19.4) summer, hammer, Emma, Tommy, dummy, mummer, comma,

mammal

19.5) A ***dummy*** is called 마네킹 in Korean.

19.6) ***Mammals*** don't lay eggs.

19.7) ***Tommy***, can I borrow your ***hammer***?

처음 미국에 가면 가장 낯설게 느껴지는 것 중의 하나가 지나가다 우연히 마주치는 잘 모르는 사람이 'Hi!', 'Hello!'라고 미소를 띄며 인사한다는 것이다. 전화를 받을 때도 'Hello?'를 사용하니 'Hello'라는 단어는 영어에서 꽤 자주 사용되는 듯하다. 정확한 발음을 들어보자.

19.8) Hello

한국인들이 이와 같은 발음을 하다 보면 흔히 설측음 한 개로 읽었는지, 혹은 두 개로 잘못 발음하였는지 혼돈스러울 때가 있다. 정확한 발음을 하기 위해서는 다음과 같이 연습하면 도움이 된다.

> 'hellow' [hɛ.low]와 같은 발음을 연습할 때는 강세받는 음절 'he'와 약한 음절 'low'의 두 단어를 발음한다고 생각하고 따로 발음한 다음 그 두 단어 사이의 공백을 점점 줄여 한 단어로 읽는 방법이다. 듣고 연습해 보자.
>
> hé.....low → hé....low → hé...low → hé..low → hé.low → hélow

'Halloween', 'collect', 'balloon'과 같은 단어도 이와 동일하다. 이와 같은 단어들을 연습해 보자.

19.9) collect, pollution, balloon, umbrella, Halloween, hilly

19.10) I have a ***yellow pillow***.

19.11) ***Hello***? Can I talk to Mr. ***Miller***?

19.12) ***Collect*** the ***balloons***.

19.13) ***Emma*** has ***collected balloons***, ***pillows*** and ***umbrellas*** from all over the world.

다음 스펙트로그램에서 'yellow'와 'pillow'에서의 설측음을 보면 한 개의 [l]로 발화되었음을 알 수 있다.

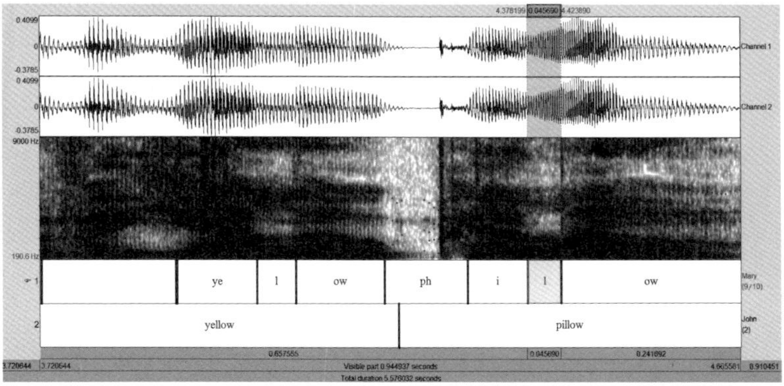

<I have a yellow pillow(♬ 19-10)>

또한 영어에서는 특히 '~llow'로 끝나는 단어가 많이 있는데, 이런 경우의 'll' 역시 꼭 한 개의 [l]로만 발음되어야 한다. 한번 읽어보자.

19.14) yellow, allow, follow, hollow

19.15) I like the old ***hollow*** tree.

19.16) Please ***allow*** me to ***follow*** you.

다음은 이와 같은 발음에 대한 한국인의 발화 실험 결과이다.

표 1. 영어 실험 음성 표본

위치	초성	중성	종성
설측음	light/lait/ live/lrv led/lɛd/ loom/lum/	belly/bɛli/ follow/folou/ village/vildʒ/ alive/əlaiv/	pool/pul/ fill/fil call/kɔl

표 3. 설측음 지속시간 비교분석 데이터

(단위 : ms)

	초성	초성연쇄자음	중성	종성연쇄자음	종성
원어민	153.7±18.3	64.3±25.5	84.9±7.9	39.9±6.6	103.2±6.3
영어학습자	42.6±29.6	85.5±18.0	100.7±36.3	72.4±21.8	160.7±48.8

<원어민과 한국인 영어 학습자의 설측음 발화 시간 비교(김종구 외, 2009)>

한국어를 사용하는 우리는 'play' '플레이', 'English' '잉글리쉬'와 같이 'l'이 한 개만 있어도 두 개를 넣는 경우가 있는데 이는 24장을 참고하기 바란다.

우리는 위에서 단어 내에서 동일한 두 개의 자음이 연속으로 나타나는 경우를 보았다. 만약 동일한 자음이 단어사이에서 나타나는 경우는 어떨까? 단어사이의 동일한 자음의 연속에 대한 발음에 대해서는 많은 논란이 존재한다. 예를 들어, 단어의 경계에서 'White tie'와 'great tomb'이 각각 'Why tie'와 'grey tomb'과 동일하게 발음된다는 주장(Kaye, 2005: 45)과 복합어의 'bus-stop'과 'weight-training'의 경우에서도 유사하게 적용(Giegerich, 1992: 288)되어 겹자음의 단자음화(Giegerich, 1992; Kaye, 2005)가 일어난다는 주장이 있다. 그러나 Kenyon(1977: 51)은 'I do'와 'I'd do', 'I owe none'과 'I own none', 'I'm Ike와 'I'm Mike', 'top up'과 'top pup'의 발음은 상이하다고 주장하였다. 또한 Kreidler(2004: 116) 역시 'home-made'에서의 두 개의 양순비음은 모두 발음된다고 하였으며 Gussman(2002: 26-7) 역시 'ten names'와 'tin knife'에서의 치경비음은 모두 발음된다고 주장하였다.

이러한 논란에 대해 아래의 예문으로 조사한 Shin and Hwang (2012)에 따르면 실제 영어에서는 단자음화가 일어나지만 아래 결과와 같이 파찰음을 제외하면 조음방법에 따라 그 길이는 1.4~1.7배 정도로 길어지는 것으로 조사되었다.

	단자음	겹자음
폐쇄음	tie pumas	type pumas
	bay boy	babe boy
	buy toys	bite toys
	may drink	made drink
	lie kiss	like kiss
	law green	log green
마찰음	be free	beef free
	dry vine	drive Vine
	rye seed	rice seed
	wry zoo	rise zoo
	tea thing	teeth thing
	sue this	soothe this
파찰음	ben chum	bench chum
	char jeep	charge jeep
설측음	see leaf	seal leaf
비음	tea milk	team milk
	Cuba nail	Cuban nail

	단자음	겹자음	비율
폐쇄음	123.28	185.91	1 : 1.7
마찰음	142.32	193.72	1 : 1.4
파찰음	106.14	210.54	1 : 2.2
설측음	112.49	190.30	1 : 1.7
비음	129.01	171.23	1 : 1.4

<원어민의 단어사이 단자음과 겹자음의 길이차이(Shin and Hwang, 2012)>

이와 같은 단자음화는 음운규칙의 적용을 통해서도 확인할 수 있다. 예를 들어, 'Sit down'의 경우 동일한 두 개의 소리(치경폐쇄음 [t], [d])의 연속이므로 단자음화가 적용된다면 남은 한 개의 치경폐쇄음은 모음사이에서 설탄음으로 발음될 수 있을 것이다. 그러나 탈락하지 않는다면 설탄음화는 적용되기 어려울 것이다. 결론적으로 보면 영어의 'Sit down'에서는 설탄음화가 적용되므로 영어의 단어사이에서 단자음화가 적용된다고 보아야 할 것이다. 규칙의 적용을 정리하면 다음과 같다.

Si***t d***own → Si ***d***own(단자음화) → Si ɾown (설탄음화)

다음 예문의 단자음화를 듣고 따라해 보자.

19.17) bús stop: Where is a ***bus stop***?

19.18) bad day: I had a ***bad day***.

19.19) with the: Something is wrong ***with the*** computer.

Daniel Powter의 'Bad Day'라는 노래에 나오는 'bad day'를 들어보자.

♬ Daniel Powter의 Bad Day (1:14)

You had a ***bad day***
The camera don't lie
You're coming back down and you really don't mind
You had a ***bad day***
You had a ***bad day***

이번에는 1개의 자음이 있을 때와 두 개의 자음이 있어 한 개와 같이 소리 나지만 조금 길게 느껴지는 차이를 다음 예에서 한번 듣고 따라해 보자.

19.20) 단어 사이에서 동일한 두 개의 자음이 나오는 경우와 뒤에 모음이 나오는 경우의 비교

ba***d d***ay	ba***d o***il
sin***ce September***	sin***ce A***ugust
qui***t t***alking	qui***t ea***ting

19.21) I had a ***bad day***, today because of the ***bad oil***.

19.22) They ***quit talking*** when their parents ***quit eating***.

이와 같은 단어 사이의 동일한 자음연속을 다른 경우의 발음과 비교해 보자.

19.23) 단어 사이에서 동일한 두 개의 자음이 나오는 경우와 다른 자음이 나오는 경우와의 비교

ba***d d***oors	ba***ck d***oors
qui***t t***alking	qui***ck t***alking
ma***de t***rouble	ma***ke t***rouble

19.24) The ***back doors*** of the building are ***bad doors***.

19.25) He ***quit talking*** since he has a problem with ***quick talking***.

이와 같이 두 개의 동일한 자음이 한 개의 소리로 발음되지만 조

금 길게 발음되는 규칙은 영어에서 흔히 적용된다. 그 대표적인 경우가 과거형을 나타내는 굴절접미사 '-ed'뒤에 나오는 단어가 치경폐쇄음 [t] 혹은 [d]로 시작한다거나 3인칭단수현재 '-(e)s' 뒤에 치경마찰음 [s] 혹은 [z]로 시작하는 단어가 나타나는 경우이다. 다음 주어진 각각의 문장의 발음이 어떻게 다른지 한번 비교해보자.

19.26)	I love David.	Vs.	I love***d D***avid.
	I like Tom.	Vs.	I like***d T***om
	I like soccer.	Vs.	She like***s s***occer.
	I love zebras.	Vs.	He love***s z***ebras.

일반적인 회화체에서 문장을 발화한다면 각각의 문장들은 아마 큰 차이가 없을 것이다. 굳이 차이를 두려고 천천히 말한다면 두 번째 문장의 이탤릭으로 표기된 자음들이 왼쪽 문장보다 조금 더 길다고 느껴질 수도 있을 것이다. 여기서 '길다'는 것의 의미는 치경폐쇄음의 경우 자음의 폐쇄 시간이 조금 더 길다는 것이고 치경마찰음의 경우 혀와 치경 사이로 공기가 나가면서 마찰하는 시간이 상대적으로 조금 더 길다는 것을 의미한다.

기억하기

단어 안에 철자 상으로 동일한 두 개의 자음이 나오는 경우 한 개의 자음만을 발음하여야 한다. 동일한 자음 두 개가 단어 사이에서 나올 때 그 중 한 개가 발음되지 않아 마치 한 개의 소리인 것처럼 발음되지만 실상은 이 두 개의 소리가 합쳐져서 조금 발음이 긴 한 개의 소리로 발음된다.

발음 팁
철자 상으로 두 개의 자음이 단어 안에 나올 때 첫음절에서의 자음은 단지 음운규칙성을 따르기 위한 것이므로 해당 자음을 음절말음으로 읽지 않아야 한다.

20. 무성성문마찰음 [h]의 탈락

요약
강세 받지 않는 음절에서의 음절두음 [h]는 흔히 탈락하며 이후 환경에 따라 설탄음화 등 다른 음운규칙이 적용될 수 있다.

연습
20.1) *Let him* go.
20.2) I *could have* done it.

이번 장에서는 강세 없는 음절에서의 [h]탈락에 대해 알아보자. 한국어에서도 '학교', '호빵'과 같은 단어를 읽을 때는 단어 앞의 [h]를 꼭 발음해야만 한다. 그러나 한국어에서도 '좋아서'는 '조하서'가 아니라 '조아서'라고 읽으며 'ㄴㅎ'받침이 있는 '많이'는 '만히'가 아니라 그냥 '마니', 'ㄹㅎ'받침이 있는 '잃어서'는 '일허서'가 아닌 '이러서'라고 읽게 된다. 이와 같은 현상으로 인해 한국어의 '환한 미소'를 읽어보면 두 번째 'ㅎ'이 탈락하고 첫 번째 음절의 'ㄴ'가 연음되면서 '화난 미소'와 유사하게 소리난다.

학생의 이름이 '소현'이라고 생각해보자. 우리가 흔히 부를 때는 실제 '소혀나'라고 부르기 보다 '소여나'라고 부르게 되지 않을까? '지혜'의 경우도 '지해야'보다는 '지애야'라고 부르는 것이 더 흔한 발음이라고 생각한다. 이와 같은 [h] 탈락이 가장 대표적인 언어는 불어인데 한국어와 영어의 경우에도 불어와 유사하게 [h]는 흔히 탈락하게 된다. 이와 같은 현상은 [h]의 음성특징에 기인한다. 즉, [h]는 단순한 공기 한 모금(a puff of air)이 기도를 통해 나오는 소리에 지나지 않는다. 그래서 우리가 달리기 등을 하고 나서 숨을 가쁘게 몰아쉬는 것을 굳이 말로 표현하자면 '헉헉헉', 웃을 때 입을 벌리고 공기를 내보내도 '하하', '허허', '호호'와 같이 'ㅎ', 즉 [h]를 발음하게 되는 것이다.

이와 같이, 발음을 위해서 아무런 준비도 필요 없고 입 안 어떤 것도 움직일 필요 없이 오직 여분의 공기가 조금 더 나오는 소리인 /h/의 특성으로 인해 /h/는 많은 언어에서 흔히 탈락하게 된다.

이와 같은 특성을 가진 [h]는 영어에서도 후행하는 모음이 강세를 받지 않는 경우 흔히 탈락한다. 그렇다면 영어의 'vehicle'은 어떻게 발음될까? 실제 일반적인 회화체 발음에서 'vehicle'에서 두 번째 음절 [hi]는 강세를 받지 않고 이로 인해 [h]는 탈락하여 [ví.ɪ.kl]과 같이 [h]없이 발음될 수 있다.

문장의 경우를 예로 들어보면 'Let her do it.'이라는 문장에서 'Let her'을 천천히 또박또박 읽어야 하는 경우가 아니라면 문장 속에서 대명사인 'her'은 강세를 받지 않게 되고 이 경우 'let her'에서 [h]가 발음이 되지 않는다. [h]가 탈락하면 'her'에서 'er'만 남게 되고 'let er' 이 경우에 선행하는 단어의 어말 무성치경폐쇄음 [t]는 모음사이에 나타나 설탄음화가 적용되어 [lé.ɾər]과 같이 발음된다. 즉, 마치 'letter'과 같은 발음이 된다.

위에서 언급한 예들을 [h]없이 읽어보자.

20.3) vé(***h***)icle, Let (***h***)er do it. Ge***t*** (***h***)im!

'Don't let him go'라는 노래에서 반복되는 'let him'이 어떻게 들리는지 들어보자.

♬ REO Speedwagon의 Don't Let Him Go (00:52)

But don't ***let him*** go
He just needs a chance to grow
Take it easy, take it slow
And don't ***let him*** go
Don't ***let him*** go

> 이와 같이 문장 속에서 [h]로 시작하는 단어들 중, 동사, 명사, 형용사, 부사, 부정어 등과 같이 문장 내에서 강세를 가지는 단어들을 제외한 단어가 [h]로 시작하고 [h]를 선행하는 자음이 치경폐쇄음인 경우 다음과 같이 [h]가 탈락하면서 설탄음화가 적용된다.
>
> (1) let him: 비강세음절에서의 [h]탈락 → (2) let im: 치경폐쇄음이 모음사이에 위치 → (3) le ɾim: 치경폐쇄음이 설탄음화 함

몇 가지 예를 더 살펴보자.

20.4) Who ***did he*** meet yesterday?

20.5) I ***met him*** last Friday.

조동사로 사용되는 'have' 역시 흔히 [h]가 흔히 탈락하는 단어이다. 일반적으로 'have'에서의 [h]는 문장 속에서 발음되지 않으면서 단어가 약화되어 마치 전치사 'of[əv]'처럼 소리난다. 또한 'have'가 'would', 'could', 'might', 'should' 등의 조동사를 후행할 때 [h]가 탈락하면 선행하는 조동사의 음절말음 [d] 혹은 [t]는 설탄음화 하여 다음과 같이 설탄음으로 발음된다.

wou(l)d have (l은 묵음) → woud ave (h탈락) → wou ɾave

이와 같은 [h]탈락과 연이은 설탄음화를 듣고 연습해보자.

20.6) I woul***d*** (***h***)ave[əv] done it.
I coul***d*** (***h***)ave[əv] done it.
I shoul***d*** (***h***)ave[əv] done it.
I migh***t*** (***h***)ave[əv] done it.

의문사 뒤에 나오는 조동사 'have'의 경우도 매우 약하게 발음된다. 예를 들어, 'Where have you been?'과 같은 'where have'의 경우도 'have'의 [h]가 탈락하고 나면 'of'와 비슷하게 발음된다. 한번 듣고 연습해 보자.

20.7) Where (h)ave you been?

재음절화(resyllabification)의 경우도 이와 유사하다. 예를 들어 1.10)의 예인 'He closed his eyes.'의 예를 들면 'his'의 [h]가 탈락한 후 'closed'의 [d]가 '(h)is'와 함께 발음되어 'close dis'와 같이 발음될 수 있을 것이다.

closed his → closed is (h탈락) → close dis(재음절화; 음절말음→음절두음)

미국영어의 의문사에서 [h]가 발음되지 않는 것 또한 흔히 볼 수 있는 현상이다. 아래 예를 들어보자.

20.8) ***Where*** are you going?

Why did you say so?

20.9) whale, white, whisper, whistle

What is the ***whale***'s name?

Why is he ***whispering***?

Where is the ***White*** House?

기억하기

[h]는 언어 보편적으로 발음되지 않는 경우가 흔하다. 이와 같이 [h]가 탈락하고 나서 후행하는 모음과 선행하는 자음이 연음되면서 다양한 발음규칙이 적용되는 경우가 있으니 [h]탈락과 이에 따른 음운규칙의 적용을 기억하자.

발음 팁

조동사 'have'의 경우, 일반적으로 강세를 받지 않는 이유로 인해 [h]가 탈락하면서 'of[əv]'와 같이 약화되는 경우가 많다. 또한 'him', 'her'과 같은 대명사의 경우도 [h]가 흔히 탈락하고 모음이 약화하면서 전혀 예상하지 못한 발음으로 들릴 수 있으니 이러한 발음에 익숙해지도록 하자.

21. 기식음화의 양상과 연습

요약

[s]를 후행하는 무성폐쇄음은 기식음으로 발화되지 않는다. 또한 모음과 강세 받지 않는 모음사이의 무성폐쇄음도 마찬가지이다. 모음 간 기식음화의 비적용은 접미사가 붙는 경우 흔히 나타나는 데 이 역시 기식음화는 적용되지 않는다. 자음을 후행하는 무성폐쇄음의 기식은 수의적으로 적용되는데 일반적으로 미국영어에서는 비기식음으로 발화되는 반면 영국영어에서는 기식과 비기식의 중간으로 발화된다.

연습

21.1) sky: Look at the ***sky***.

21.2) expect: I ***expect*** he is a ***spy***.

21.3) topic, rapid: The ***topic*** for discussion is ***rapid cooking***.

21.4) napkin, actor: The ***actor*** used paper ***napkins*** to protect her clothes.

기식(aspiration)은 폐쇄음의 파열 이후에 나타나는 무성순간을 지칭한다. 무성자음이 유성음인 모음을 선행할 때 자음의 발음을 위해 방해한 공기의 흐름이 해제되는 순간이 바로 모음의 시작이 되고 이 순간에 성대는 진동하여야 한다. 그러나 자음의 폐쇄 이후에도 공기가 방출되어 모음의 성대떨림이 지연되는 경우가 있는데 이를 기식음화라고 한다. 즉, 기식음화는 성대떨림이 여분의 공기로 인해 지연되는 현상을 말한다. 영어에서 기식음화가 일어나는 경우 성대는 통상 40-100ms.(0.04~0.1초) 늦게 떨리게 된다.

이를 유성자음 [aba], 무성자음 [apa], 기식음 [apʰa]로 구분하여 Ladefoged(1982)의 그림을 토대로 구체적으로 설명하면 다음과 같다. 먼저 아래의 (a)를 윗입술과 아랫입술이라고 하고 (b)를 성대, (c)를 성대의 떨림 유무라고 생각해보자.

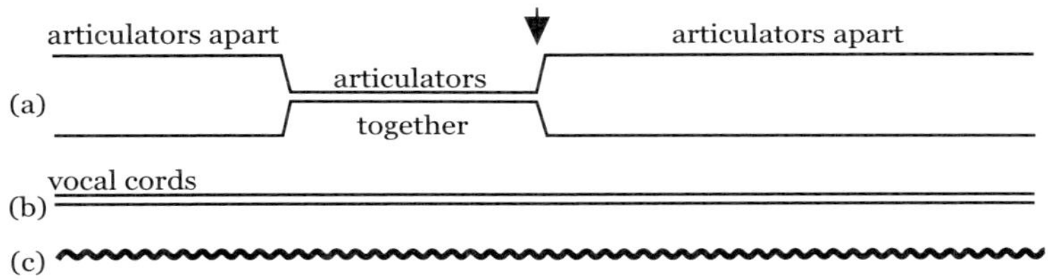

<[aba]의 발음 시 입술과 성대의 떨림>

위 그림은 [aba]의 경우이다. 위 그림의 가장 왼쪽 부분을 보면 모음 [a]를 발음할 때 윗입술과 아랫입술이 벌어져 있으며(a), 이때 성대는 붙어서(b) 진동하고 있음을 알 수 있다. 'articulators together'이라고 되어 있는 그림의 가운데 부분이 [b]인데 여기에서는 폐쇄음인 [b]를 발음하기 위해 윗입술과 아랫입술이 붙어 공기의 흐름을 막아 폐쇄가 일어나고 있다. 이 때 [b]는 유성음이므로 여전히 성대는 붙어서 진동하고 있음을 알 수 있다. 다음은 [apa]의 경우이다.

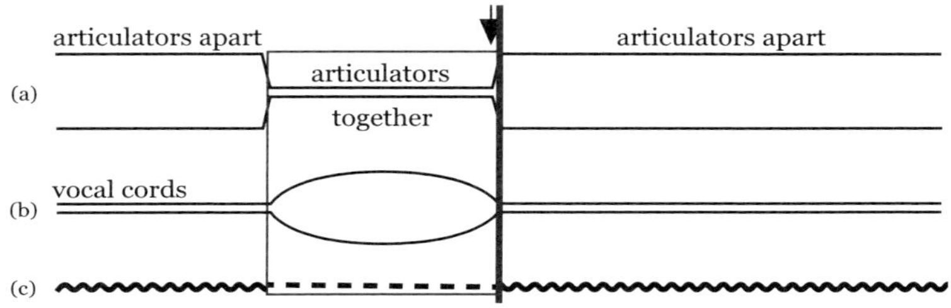

<[apa]의 발음 시 입술과 성대의 떨림>

[apa]의 경우에도 첫 모음 [a]를 위해 입이 열려 있고 성대는 붙어서 떨고 있다. 이후 무성폐쇄음인 [p]의 발음을 위해 입술을 다물었는데 이때 [p]가 무성음이므로 성대가 열려있고 따라서 성대는 떨지 않는다. 중요한 점은 마지막 모음의 발음을 위해 가운데 화살표 그림의 순간에 폐쇄를 풀고 입을 열었을 때(즉, 모음을 막 시작할 때) 곧바로 성대가 닫히면서 진동이 시작된다는 점이다. 즉 성대진동시간(Voice Onset Time, VOT)이 모음의 시작과 일치하게 된다. 무성자음이란 자음의 폐쇄기간 동안에 성대가 진동하지 않는 음이므로 위의 그림은 전형적인 무성자음이라고 할 수 있다.

이제 기식음을 보도록 하자. 아래는 기식음 [apʰa]의 경우이다.

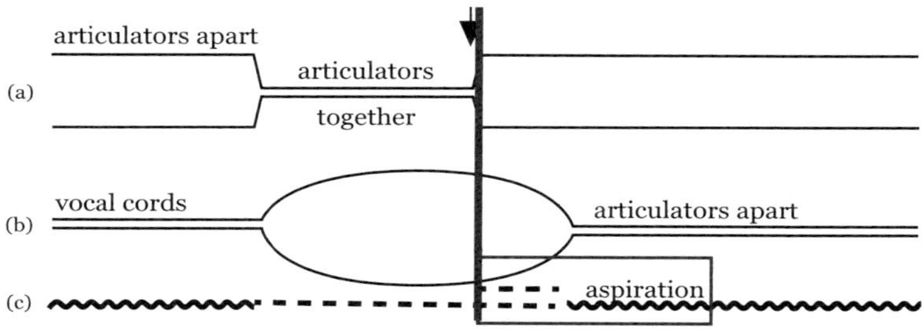

<[apʰa]의 발음 시 입술과 성대의 떨림>

기식음은 [C^h]라는 기호에서 알 수 있듯이 무성폐쇄음의 발음 이후에 여분의 공기 [h]를 동반하는 음이다. 위 그림을 보면 자음의 폐쇄를 끝내고 모음을 시작하는 화살표로 표기된 순간 모음은 유성이므로 당연히 성대가 떨려야 하지만 자음 이후에 나오는 잉여공기 [h]로 인해 폐쇄가 풀려 모음이 시작했음에도 불구하고 성대가 붙지 못하게 되고 따라서 성대의 진동도 일정기간 지연되게 된다. 이러한 지연현상을 기식음화라고 하고 이러한 시간이 영어의 경우 통상 40ms.를 넘으면 원어민들은 해당 자음을 기식음으로 인지하게 된다는 것이다.

한국어 역시 기식음을 가지고 있는데 한국어의 경우 영어와 달리 기식이 이음(allophone)이 아닌 음소(phoneme)이며 음소로 기식음을 가진 몇 안 되는 언어 중의 하나이다. 이는 한국어에서 '불', '달', '굴'이 기식음인 '풀([p^hal])', '탈([t^hal])', '쿨([k^hal])'과 최소대립쌍(minimal pair)인 것에서도 잘 드러난다.

영어의 기식은 다음과 같이 예측가능하다.

a. 기식음화가 의무적으로 적용되는 경우

가. 단어 앞: pin, top, cap

나. 강세모음 앞: repair, detain, occur

b. 기식음화가 적용될 수 없는 경우

가. [s]뒤: spy, star, sky, despair, expect, excuse

나. 모음과 모음사이에서 후행하는 모음이 강세를 가지지 않을 때

happy, pretty, ticket, shopper, keeping, meeting, baker

다. 모음+r과 모음사이에서

particle, orchestra, carpet, carping mortal, worker

c. 기식음화가 수의적으로 적용되는 경우

- 자음 뒤에서 후행하는 모음이 강세를 가지지 않는 경우

가. 폐쇄음과 마찰음 뒤: cockpit, actor, napkin,

나. 비음 뒤: campus, bumper, thinking

다. 설측음 뒤: helper, filter, alcohol

아래 그램을 보면 'sty'에서 [s]를 후행하는 [t]의 기식이 'tie'에서의 [t^h]와 비교하여 매우 짧은 것이 잘 나타난다.

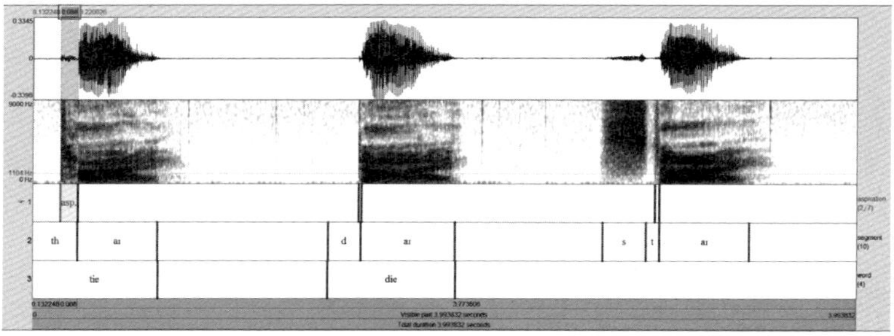

<Ladefoged(2005) 사운드 파일의 'tie', 'die', 'sty'의 스펙트로그램>

기식의 환경이 중복되는 경우 기식이 적용되지 않는 경우> 기식이 적용되는 경우> 수의적으로 적용되는 경우의 순으로 적용된다. 예를 들어, 'speed'의 경우 [p]가 강세모음을 선행하고 있음에도 불구하고 [s]를 후행하므로 [p^h]로 발음될 수 없고 [p]로만 발음되어야 한다. 이를 스펙트로그램으로 살펴보면 다음과 같다.

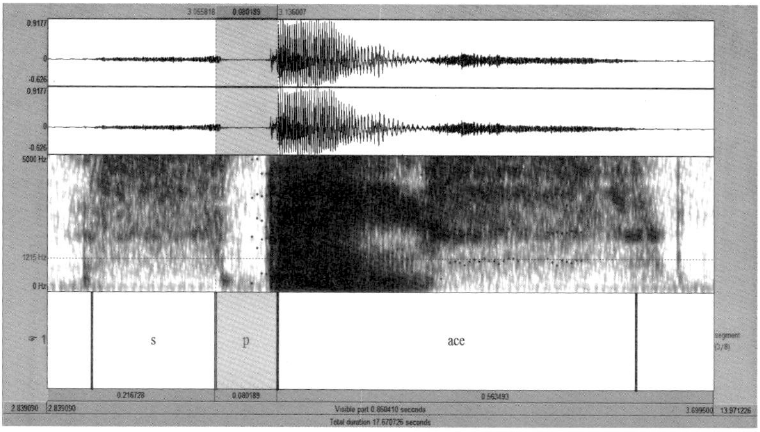

<'space'에서 [s]뒤에 나오는 [p]발음의 스펙트로그램(♬ 21-5)
([p]의 폐쇄구간+기식구간)>

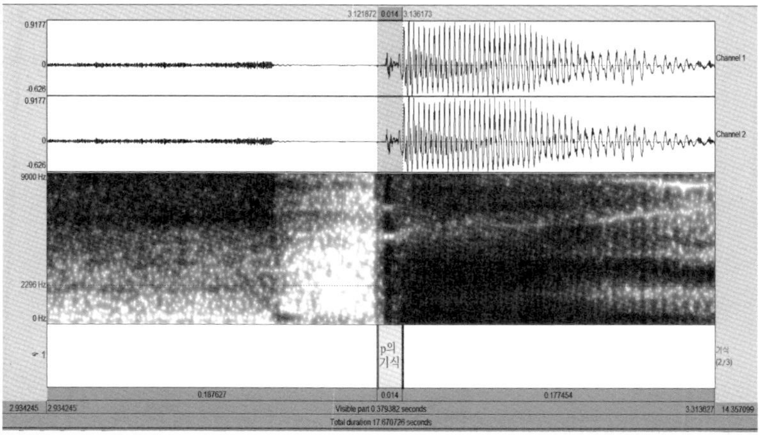

<'space'에서 [s]뒤에 나오는 [p]발음의 스펙트로그램(♬ 21-5)
([p]의 기식구간만 확대한 사진)>

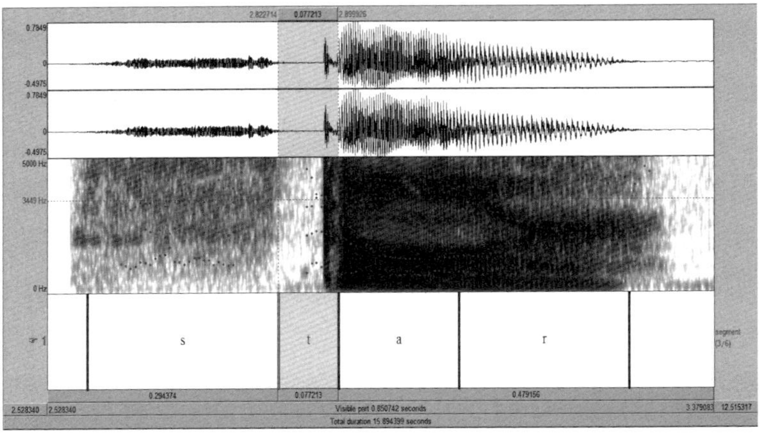

<'star'에서 [s]뒤에 나오는 [t]발음의 스펙트로그램(♬ 21-9)
([t]의 폐쇄구간+기식구간)>

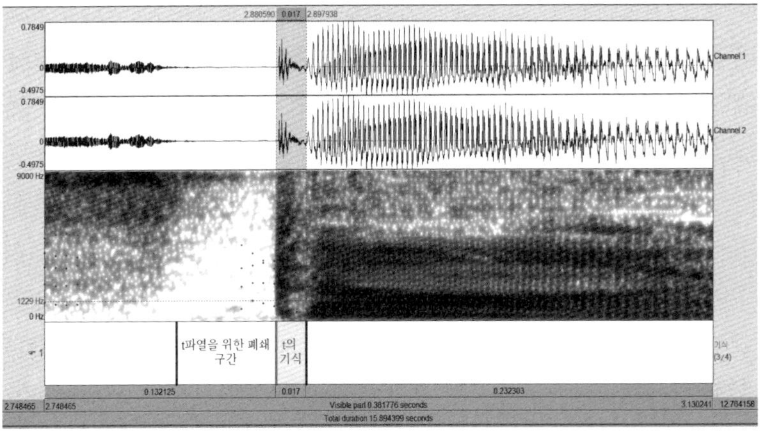

<'star'에서 [s]뒤에 나오는 [t]발음의 스펙트로그램(♬ 21-9)
([t]의 기식구간만 확대한 사진)>

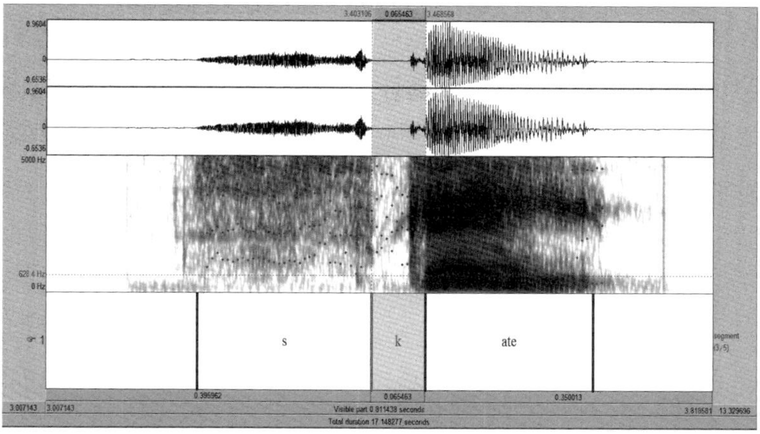

<'skate'에서 [s]뒤에 나오는 [k]발음의 스펙트로그램(♬ 21-13)
([k]의 폐쇄구간+기식구간)>

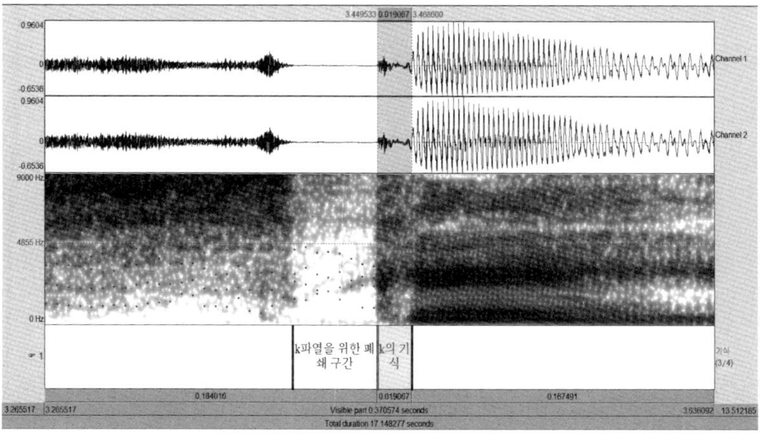

<'skate'에서 [s]뒤에 나오는 [k]발음의 스펙트로그램(♬ 21-13)
([k]의 기식구간만 확대한 사진)>

다음은 모음 사이에 나타나는 비기식 무성폐쇄음의 경우이다.

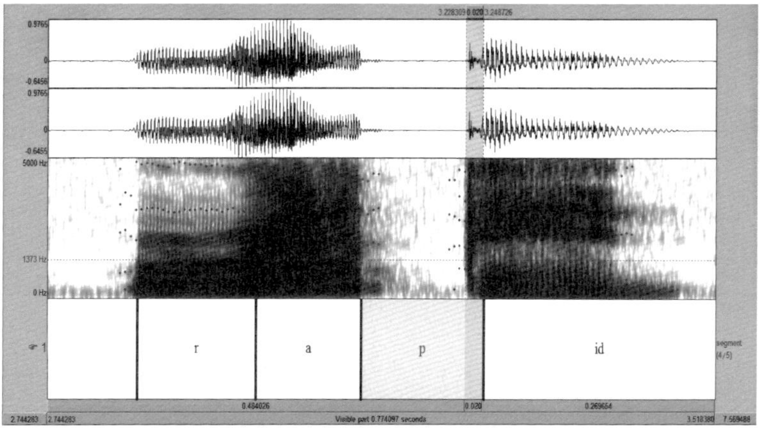

<'rapid'에서 [p]의 발음(♬ 21-26)>

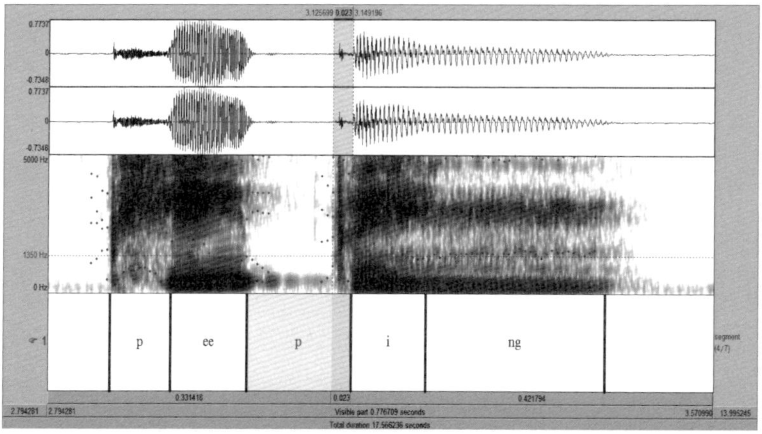

<'peeping'에서 [p]의 발음(♬ 21-35)>

첫 모음 뒤에 [r]이 나오는 경우(예: 'parking')에도 무성폐쇄음은 비기식음으로 구현된다.

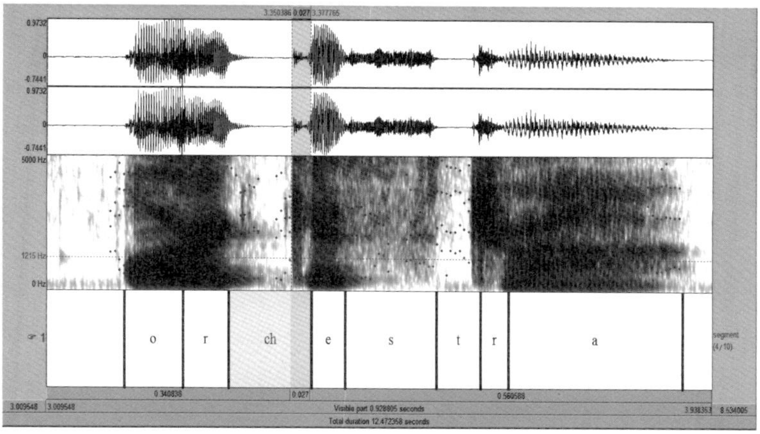

<'orchestra'에서 [k]의 발음(♬ 21-40)>

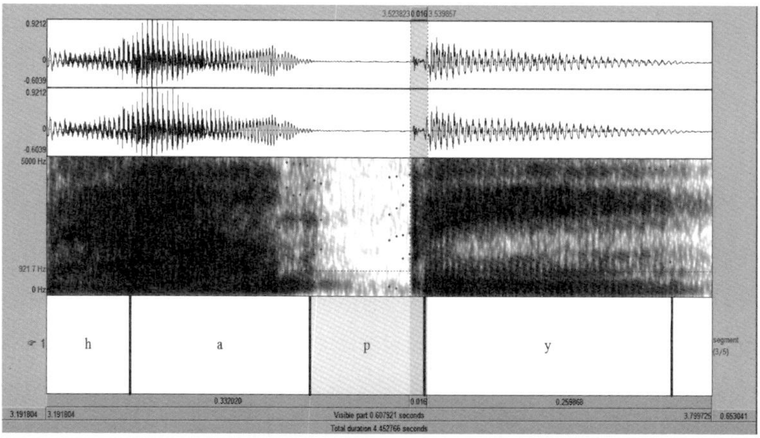

<'happy'에서 [p]의 발음(♬ 21-30)>

수의적으로 기식음화가 적용되는 자음 뒤의 무성폐쇄음의 경우 아래 연구결과에서 보는 바와 같이 미국영어에서는 기식음화가 적용되지 않아 [s] 혹은 모음사이와 유사하게 발음되지만 영국영어에서는 기식과 비기식의 중간 정도로 발음된다.

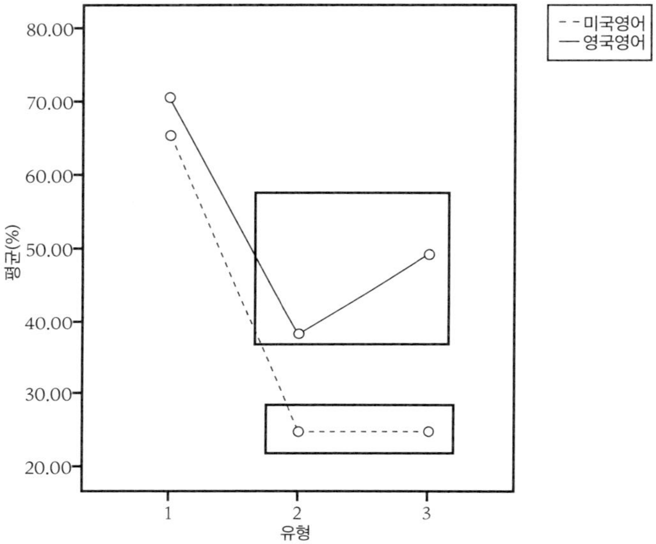

<신승훈·최수희(2013)에서 영·미 영어의 기식 차이>

영국영어 코퍼스 자료(British National Cprpus, BNC)를 통해 자음 뒤 무성폐쇄음 기식을 분석한 신승훈·이진희(2019)의 연구에서도 자음을 후행하는 경우 영국영어 무성폐쇄음의 기식 평균값은 40.38ms.로 미국영어와 달리 기식과 비기식의 경계에서 나타났다.

Church(1987), Jensen(1993)등 다수의 학자들은 기식음화가 후어휘부규칙으로 단어사이에서도 단어 내와 같이 적용된다고 주장하였다. 다음은 단어 사이에서 기식음화가 적용되지 않는 경우이다.

d. 단어사이에서 기식음화가 적용될 수 없는 경우

가. [s]뒤: this potato this tomato this computer

나. 모음과 모음사이에서 후행하는 모음이 강세를 가지지 않을 때

stop on keep in look at pick up

다. 모음+r의 연속과 모음사이에서

sharp in carp at work out fork in

그럼에도 불구하고 기식이 후어휘부규칙이 아니라고 주장하는 연구도 적지 않다. 예를 들어 Altenberg(2005)의 인지실험을 보면 영어원어민이 동일한 단어 내에서 [s]와 무성폐쇄음의 연속(예: ‘keep stalking’)과 단어와 단어사이에서(예: ‘keeps talking’) [s]와 무성폐쇄음연속을 구분하는 경우 96.7%(SD=3.4)의 매우 높은 인지 정확도를 보였는데 주로 단어 사이에서 적용되는 기식이 인지의 주요 단서가 되었다.

신승훈(2017)의 연구결과를 보면 기식음화가 후어휘부규칙인지에 대한 논란이 이해가 된다. 즉, 단어사이에서 무성양순폐쇄음이 후행하는 단어의 어두에 나타나는 동시에 강세음절에 나타나지만 동시에 [s]뒤에서 위치하여 기식규칙이 단어사이에서 충돌하는 경우에 [p]의 기식평균은 43.83ms.로 기식의 경계에 있으며 기식음화가 일어난 비율도 56.73%로 반 정도를 약간 상회하였을 뿐이다. 자세한 분석결과는 다음과 같다.

유형	s#p의 경우(39) (예: this person)	s#t의 경우(22) (예: this time)	s#k의 경우(43) (예: this culture)
기식 평균	36.67ms. (SD=15.39)	45.28ms. (SD=16.92)	49.58ms. (SD=18.56)
최소/최대값	10.26/68.9ms.	17.78/78.71ms.	13.12/89.56ms.
기식 음화	16개/39개 (41.03%)	13개/22개 (59.09%)	30개/43개 (69.77%)
전체	기식의 평균 43.83ms.(SD=17.88), 기식음화 59개/104개(56.73%)		

<신승훈(2017)에서 무성양순폐쇄음이 단어 앞 강세음절이면서
동시에 [s]뒤에 나오는 경우>

이제 이와 같은 영어기식음화를 연습해보자. 먼저 [s]를 후행하는 무성폐쇄음의 경우 [p], [t], [k]와 같이 기식음화하지 않는 기식음화의 규칙이다. 아래 Simon and Garfunkel의 'Sound of Silence'를 들으며 'street', 'stone', 'stab', 'split'의 발음을 들어보자.

♬ Simon and Garfunkel의 Sound of Silence (00:42)

Narrow ***streets*** of ***cobblestone***
'Neath the halo of a ***street*** lamp
I turned my collar to the cold and damp
When my eyes were ***stabbed*** by the flash of a neon light
That ***split*** the night

'sky'와 같이 [s]를 후행하는 [p, t, k]의 발음은 기식음화하지 않고 한국어의 'ㅂ, ㄷ, ㄱ'와 같이 발음된다. 이와 같은 발음은 한국어의 영향으로 'ㅃ, ㄸ, ㄲ'로 들릴 수도 있을 것이다. 다음 노래에서의 'step' 발음을 들어보면 더욱 그러할 것이다. 노래 두 곡을 들어보자.

♬ New Kids on the Block의 Step by Step (1:00)

Step by st***ep***, woo baby, you're always on my mind
Step by s***tep***, woo, girl, I really think it's just a matter of time
Step by s***tep***, woo baby, gonna get to you, girl
Step by s***tep***, woo baby, really want you in my world

♬ Stratovarius의 Forever (1:11)

I'm ***still*** there, everywhere
I'm the dust in the wind
I'm the ***star*** in the northern ***sky***.
I never ***stayed*** anywhere

각각 [s]를 후행하는 [p, t, k]의 발음을 연습해 보자.

21.5) space, speak, spoon, spy, sports, spin, spicy, spill
21.6) Don't ***spill*** the beans, please.
21.7) I dropped my ***spoon***.
21.8) Frankly ***speaking***, I don't like spicy food.

21.9) star, step, stage, stamp, stand, steal, style, start
21.10) Look at the ***stars***.
21.11) I couldn't ***stand*** it.

21.12) The ***student started*** to dance on the ***stage***.

21.13) skate, ski, skin, sky, school, square, squeeze, squad

21.14) He tried to ***squeeze*** in.

21.15) Her ***skin*** was very white.

21.16) He went ***skating*** after ***school***.

다음은 단어의 중간에 나오는 [s]와 무성폐쇄음의 경우이다.

21.17) inspire, display, piston, master, disturb, biscuit, disco, discuss

21.18) In America, a ***biscuit*** is a type of bread.

21.19) ***Despite*** our long ***discussion***, we failed to reach an agreement.

21.20) ***Mr. Kingston inspired*** us to study more.

한국가요 중 'Yesterday'란 곡을 들어보면 'yesterday'에서 [t]를 [t^h]로 기식음화하고 심지어 [d]도 [t^h]로 발음하는 것을 들을 수 있을 것이다. 이는 잘못된 발음이라기보다는 창법에서 기인한 것으로 성대의 떨림을 조금 늦게 함으로서 애절한 분위기를 주자는 데 기인할 것이다. 이는 아래 마지막 줄의 '달아'와 '가면'이 '타라'와 '카면'으로 발음되는 데서도 잘 확인할 수 있을 것이다. 이와 같이 음성학적으로 보면 'ㅂ'와 'ㅍ', 'ㄷ'와 'ㅌ', 'ㄱ'와 'ㅋ'의 차이는 성대를 조금 늦게 떠는 것이다.

♬ 박혜경의 Yesterday

Yesterday

그때는 어린 마음에 엄마 많이 미워했죠
사춘기 철없던 방황 때문에 눈물 참 많이 흘렸어
모두 끝날 것 같던 그 시절 어린 날로 추억을 타고
내 노래에 하얀 마차를 달아 그 곳에 가면

성대가 조금 늦게 떨린다는 것이 무엇을 의미하는지 SGWannbe의 많은 노래를 들어보면 잘 알 수 있다.

♬ SG Wannabe의 살다가

살아도 사는 ***게*** 아니래 너 없는 하늘에 창 없는 ***감***옥 같아***서***
웃어도 웃는 ***게*** 아니***게*** 초라해 보이고 우는 것 같아 보인***데***

이제 철자 'ex-'시작하여 발음상으로 [s]뒤에 나타나서 기식음화하지 않는 무성폐쇄음의 발음을 듣고 따라해 보자.

21.21) expend, expire, explain, extend, excuse, exclude, exclaim
21.22) ***Excuse*** me!
21.23) He ***expended*** his energy in ***excluding*** her.
21.24) I ***expected*** him to ***explain*** the ***expenses***.

이와 같은 기식음화는 최근 들어 많은 노래의 영어발음을 실제로 바꾸었다. 예를 들어 다음 두 곡을 들어보면 오래 전에 나온 첫 번째 노래에서는 외래어인 '립스틱(lipstick)'의 발음에서 [t]가 [t^h]로 잘못 발음되지만 최근 나온 노래에서의 '립스틱'에서의 [t]는 [t]로 발음됨을 알 수 있다.

♬ 임주리의 '립스틱 짙게 바르고' (00:33)

내일이면 잊으리 꼭 잊으리

립스틱 짙게 바르고

♬ 쥬얼리 - One More Time (01:15)

Baby come to me 견딜 수 없어 널 향한 Toxic

핑크빛 ***립스틱***처럼 스며든 내게 취해봐

이제 모음사이의 무성치경폐쇄음의 발음에 대해 연습해보기로 하자. 다음은 기식음 [t^h]와 비기식음 [p]를 가진 단어, 'topic'이다. 한 번 들어보자.

21.25) Today's ***Topics***

이와 같이 모음 사이에 치경폐쇄음이 나오는 경우 후행하는 모음이 강세를 가지지 않는다면 [s]뒤에 나오는 경우와 같이 비기식음으로 발화된다. 다음은 [p], [t], [k]가 모음사이에 나타나는 경우이다.

21.26) rapid, topic, paper, ticket, liquor

21.27) I need a ***ticket***.

21.28) This is made of ***paper***.

21.29) He went to a ***liquor*** store.

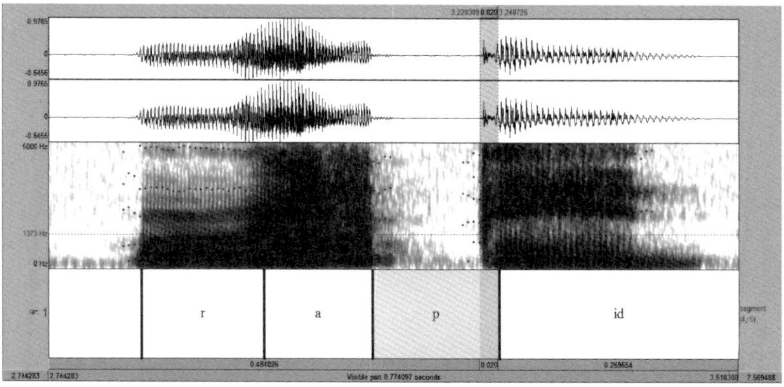

<'rapid'에서 [p]의 발음(♬ 21-26)>

우리는 영어의 단어 안에서 동일한 자음은 한 개만 발음된다고 배웠다. 이러한 이유로 동일한 단어 안에 겹자음이 있는 경우 비기식음으로 발음된다. 다음은 'happy'의 경우이다.

21.30) I'm ***happy***.

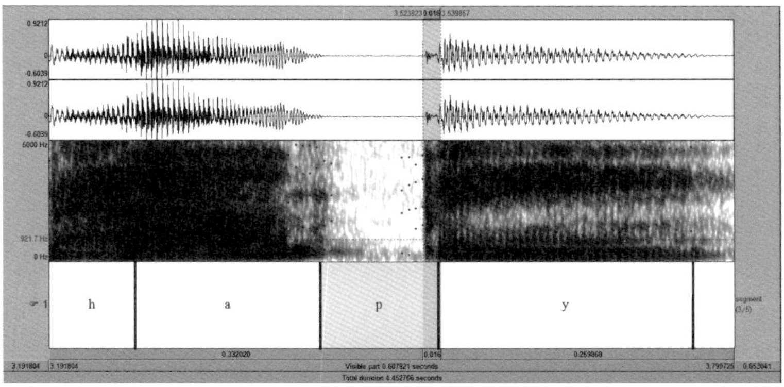

<'happy'에서 [p]의 발음(♬ 21-30)>

Bobby McFerrin의 'Don't worry, be happy'라는 노래와 Alexia의 'Happy'에 나오는 'happy'를 들어보자.

♬ Bobby McFerrin의 Don't Worry, Be ***Happy*** (2:40)

So don't worry, be ***happy***. Don't worry, be ***happy*** now.
Don't worry, be ***happy***. Don't worry, be ***happy***.
Don't worry, be ***happy***. Don't worry, be ***happy***.

♬ Alexia의 Happy(00:03)

Happy
It's so nice to be ***happy***
Everybody should be ***happy***
It's so nice to be ***happy***
Happy
It's so nice to be ***happy***
It's so nice to be ***happy***
It's so nice to be ***happy***

또 하나 주의할 점은 위의 'liquor'에서도 보았듯이 영어 음운현상의 적용은 늘 철자와 상관없이 발음을 기준으로 한다는 것이다. 예를 들면 'ck'와 같은 경우도 철자 상으로는 자음이 두 개지만 발음상으로는 [k]이므로 한 개의 자음으로 간주하여야 한다. 다음 단어를 연습해 보자.

21.31) hippo, cappuccino ([khæ.pu.ʧí.now]), hockey, socket, picky, jockey

21.32) Look at the ***hippo***.

21.33) He played ***hockey***.

21.34) Is he ***picky***?

또한 단어가 모음과 무성치경폐쇄음으로 끝나고 뒤에 모음으로 시작하는 접미사가 오는 경우(예: -ing, -er, -ed, -en, -y) 등 무성치경폐쇄음은 기식음화의 적용을 받지 않는다. 예를 들어 'cook'이라는 동사 뒤에 '-ing'를 붙이면 어말 [k]는 모음과 모음사이에 나오면서 [k^h]가 아니라 [k]로 발음된다. 또한 'bake'라는 동사에 '-er'을 붙이면 '베이커'가 아니라 [k]는 [k]로 발음된다.

21.35) peeping, keeping, mopping, shopping, making, taping, baker, cooker

21.36) Are you ***keeping*** the book?

21.37) He was ***looking*** at her.

21.38) No ***peeping***!

21.39) He is a ***baker***.

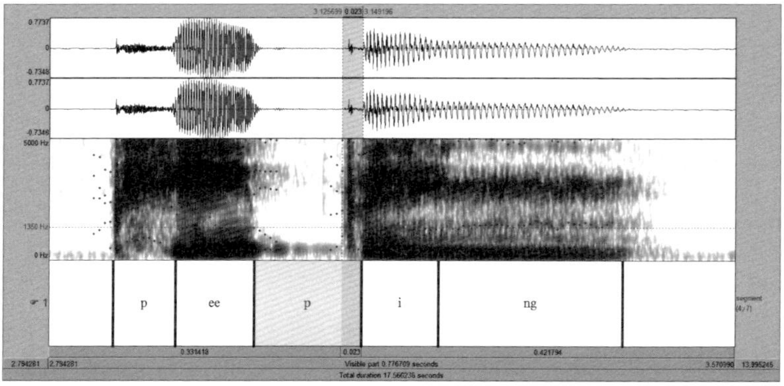

<‘peeping’에서 [p]의 발음(♬ 21-35)>

다음은 Alan Parson’s Project의 ‘Eye in the Sky’란 노래이다. 노래에 나오는 ‘looking’, ‘maker’에서의 [k]를 들어보자.

♬ Alan Parson’s Project의 Eye in the Sky (01:24)

I am the eye in the ***sky***
Looking at you
I can read your mind
I am the ***maker*** of rules
Dealing with fools
I can cheat you blind
And I don’t need to see any more
To know that I can read your mind (***looking*** at you)
I can read your mind (*looking* at you)
I can read your mind (***looking*** at you)

이와 비슷하게 기식음화가 적용되지 않아 비기식음으로 발음되는 무성폐쇄음의 경우는 다음과 같다.

1) 모음 뒤에 나오는 [r]은 자음으로 간주하지 않아서 모음과 [r], 그리고 모음이 나오는 경우
2) '-ple, -cle, -kle, -ckle'등과 같이 '-le'가 나오는 경우, 비록 그 뒤에 모음이 나오지 않더라도 뒤에 모음이 없으므로 [l]이 성절화(Syllabic [l])하여 모음구실을 하는 경우
3) 모음과 성절화된 [m, n, ŋ] 사이에 위치하는 하는 경우

다음 모음, 권설음 그리고 모음사이에 나오는 [k]의 발음을 들어보자.

21.18) parking: Is there a ***parking*** lot?

이와 같이 위의 3가지 경우에는 무성비기식폐쇄음으로 발음하여야 한다. 먼저 위 1)번의 예를 듣고 연습해보자.

21.40) orchestra, market, carpet, torpid, carpenter

21.41) They became ***torpid*** after taking a pill.

21.42) The ***orchestra*** is practicing in the ***parking*** lot.

21.43) The ***carpenter*** went to a ***market***.

위 2)번의 경우 '-ple, -cle, -kle, -ckle' 등에서의 무성폐쇄음은 기식음화하지 않는다고 하였다. 이는 위에서도 언급한 바와 같이 무성폐쇄음이 모음과 모음사이에 나오지는 않았지만 후행하는 설측음이 모

음구실을 하기 때문이다. 영어가 한국어와 다른 점 중의 하나는 이와 같이 모음뿐만이 아니라 자음도 모음구실을 하면서 하나의 음절을 구성할 수 있다는 것인데 이러한 영어의 자음에는 [l, r, m, n, ŋ]이 있다. 관련된 다음의 예들을 듣고 연습해보자.

21.44) apple: Go get some ***apples*** and ***apple*** cider.

21.45) popsicle, tackle, maple, people, nickel

21.46) Canada is famous for its ***maple*** syrup.

21.47) Love makes ***people*** blind.

21.48) Pennies, ***nickels***, dimes are coins in America.

21.49) I'll buy you a ***popsicle***.

이제 Ace of Base의 'Happy Nation'에서 'people'에서 뒤 음절 [pl]의 [p]가 어떻게 발음되는지 'happy'와 비교하며 들어보자.

♬ Ace of Base의 Happy Nation (01:00)

Happy nation living in a ***happy*** nation

Where the ***people understand***

Supertramp의 'The Logical Song'을 들으면 각운으로 'miracle', 'magical', 'logical', 'practical', 'clinical', 'cynical'등 여러 '-cal'을 가진 단어가 나온다. 듣고 연습해 보자.

♬ Supertramp의 The Logical Song (00:05)

When I was young, it seemed that life was so wonderful,

a ***miracle***, oh it was beautiful, ***magical***.

And all the birds in the trees, well they'd be singing so ***happily***,

oh, joyfully, oh, playfully watching me.

But then they send me away to teach me how to be sensible,

logical, oh, responsible, practical.

And they showed me a world where I could be so dependable,

clinical, oh, intellectual, ***cynical***.

21.50) miracle, magical, logical, practical, clinical, cynical

21.51) His survival was a ***miracle***.

21.52) The angel had ***magical*** powers.

21.53) The president is a ***practical*** man.

21.54) He was ***cynical*** at all times.

이제 모음이 없는 음절에서 모음 구실을 하는 공명자음과 모음사이에서 [p], [t], [k]가 기식하지 않는 경우에 대해 연습해 보자. 먼저 'open'이란 단어의 발음을 다음 노래에서 들어보자.

♬ Journey의 Open Arms (00:59)

So now I come to you with ***open*** arms

Nothing to hide

Believe what I say

So here I am with ***open*** arms

Hoping you see what your love means to me

Open arms

‘open’, ‘bacon’, ‘happen’과 같은 단어의 경우 마지막 음절이 마치 모음을 가지고 있는 것처럼 보이다. 실제로 마지막 소리 [n]앞에 강세만 넣지 않는다면 약하게 [ə]를 넣어 발음해도 좋은 발음이다. 그러나 일반적인 미국영어 구어체 발음에서 이런 경우에 나오는 영어의 가장 약한 모음 [ə]는 흔히 발음되지 않으며 후행하는 [n]이 모음 구실을 하게 된다. 이와 같이 철자 상으로는 모음이 있는 것 같지만 영어에서 공명자음이 오고 그 앞의 모음이 강세가 없는 경우 흔히 그 모음이 읽히지 않는 경우가 있는데, 이런 경우 [p], [t], [k]의 발음은 기식음화하지 않는다. 듣고 연습해 보자.

21.55) bacon, happen, open, token

21.56) ***Open*** the door!

21.57) What ***happened***?

21.58) I like ***bacon*** for breakfast.

21.59) I got a bus ***token***.

이제 수의적으로 적용되는 기식음화의 경우를 연습해 보자. 앞 장에서 언급된 바와 같이 영어의 무성폐쇄음이 자음을 후행하고 뒤에 나오는 모음이 강세를 받지 않는 경우 기식음화가 적용되어 [p^h, t^h, k^h]로 발음되어도 좋고 적용되지 않아도 된다. 다만 미국영어에서는 기식음화가 적용되지 않는 경우가 일반적이다. 다음은 비음 뒤에 나오는 무성폐쇄음의 경우이다. 두 가지의 경우를 모두 들어보자.

21.60) [n, m. ŋ]뒤의 [p], [t], [k]

bump^{h}er, bumper, grump^{h}y, grumpy, hunt^{h}er, hunter, anch^{h}or, anchor, bunk^{h}er, bunker, bank^{h}er, banker, monk^{h}ey, monkey

21.61) They ***anchored*** their boat. ([k])

21.62) A ***monkey*** is in a ***bunker***. ([k^h])

21.63) A ***monkey*** is in a ***bunker***. ([k])

21.64) The ***banker*** got ***grumpy*** because the traffic was ***bumper***-to-***bumper***. ([p^h], [k^h])

21.65) The ***banker*** got ***grumpy*** because the traffic was ***bumper***-to-***bumper***. ([p], [k])

다음은 설측음 뒤에 나오는 무성폐쇄음의 경우이다. 두 가지의 경우를 모두 들어보자.

21.66) help^{h}er, helper: I'll be your ***helper***. ([p])

21.67) filt^{h}er, filter: Use the ***filter***! ([t])

21.68) alc^{h}ohol, alcohol: I don't touch ***alcohol***. ([k])

21.69) The ***helper*** put some ***alcohol*** on the ***filter***. ([p^h], [t^h], [k^h])

21.70) The ***helper*** put some ***alcohol*** on the ***filter***. ([p], [t], [k])

이번엔 또 다른 무성폐쇄음 뒤에 나오는 무성폐쇄음의 경우이다. 두 가지의 경우를 모두 들어보자.

21.71) [p], [t], [k]뒤의 [p], [t], [k]

napk^{h}in, napkin, act^{h}or, actor, pract^{h}ice, practice, capt^{h}ive, captive, bap^{h}tist, baptist

21.72) For the ***actor***, theory and ***practice*** are different. ([t^h])

21.73) For the ***actor***, theory and ***practice*** are different. ([t])

21.74) The ***actor*** started ***practicing*** with a ***napkin***. ([p^h], [t^h], [k^h])

21.75) The ***actor*** started ***practicing*** with a ***napkin***. ([p], [t], [k])

이제 기식음화와 관련하여 영어의 [p, t, k]가 실제 한국어에서 사용되는 예를 살펴보자. '부산'과 '대구', '광주'를 영어로 쓸 때, 또는 여러분의 성이 '김', '박'일 때 이를 어떻게 써야할까? 'Pusan', 'Taegu', 'Kwangju'일까 아니면 'Busan', 'Daegu', 'Gwangju'일까? 'Kim', 'Park'일까? 아니면 'Gim', 'Bark'일까? 1999년 11월 16일에 개정되어 2000년 7월 4일부터 시행된 로마자 표기법에 따라 우리나라는 기존에 쓰던 표기 'Pusan', 'Taegu', 'Kwangju'를 현재는 'Busan', 'Daegu', 'Gwangju'로 로마표기를 변경하여 사용하고 있다. 단 로마자 표기법 제7항 '인명, 회사명, 단체명 등은 그 동안 써 온 표기를 쓸 수 있다.'는 규정에 따라 이전부터 'Pusan', 'Taegu'라고 회사명에 그 지명이 나타나있는 은행, 신문, 방송국 등은 아직도 'Pusan', 'Taegu'를 쓰고 있으며 'Kim'과 'Park'의 경우도 이와 유사한 경우이다. 결국 'Busan'에 있는 'Pusan National University' (PNU 부산대학교), 'Pusan Bank'(부산은행) 그리고 'Daegu'에 있는 'Taegu Broadcasting Company' (TBC 대구방송)가 되어버렸다. 그래서 한국에 주둔하는 미군들은 군사작전상의 이유로 우리가 로마자 표기를 바꾸었음에도 불구하고 바꾸지 않는다고 들었다. 이전까지는 'Pusan', 'Taegu', 'Kwangju'가 공식지명이었는데 왜 갑자기 'Busan', 'Daegu', 'Gwangju'로 바꾼 것이며 왜 이런 혼란이 일어났을까?

이를 이해하기 위해서는 제1장에서 본 영어음성학의 무성자음과 유성자음의 차이, 그리고 기식음화를 모두 이해하여야 한다. 즉, 실제 영어음성학에 따른 영어무성음과 유성음의 발음은 다음과 같다.

21.76) pa, ta, ka (무성음인 [p], [t], [k]의 발음),
21.77) ba, da, ga (유성음인 [b], [d], [g]의 발음)

구강이 폐쇄되고 있는 동안 성대가 진동하는지의 유무에 따른 발음의 차이를 들어보면 유·무성의 구분이 매우 명확하다. 문제는 이와 같은 본질적 소리가 음운론의 음운규칙의 적용에 따라 달라진다는 것이다. 이는 마치 우리가 단어 앞에 'ㄹ'이나 'ㄴ'이 나오면 '로인', '녀자' 하지 않고 '노인', '여자'라고 말하는 것처럼 이러한 '단어 앞의 무성 [p, t, k]발음은 '어두에서 기식음화 하여 [p^h, t^h, k^h]로 읽어야 한다'와 같은 기식음화 규칙의 적용을 받는다는 것이다. 즉, 음성학적으로 [p], [t], [k]가 각각 'ㅂ, ㄷ, ㄱ'니 당연히 '부산'을 'Pusan'으로 써야 하지만(음성학) 단어 앞의 [p, t, k]는 'ㅍ, ㅌ, ㅋ'로 바뀌 읽는 영어의 기식음화로 인해 'Pusan'이라고 적어두면 'P^husan'으로 즉, '푸산'으로 읽게 되는 것이고 할 수 없이 우리가 그들의 습관을 존중하여 비록 틀린 표기이지만 'Busan'으로 적어주게 되는 것이다. 틀린 표기 'Busan'은 정작 영어의 '어두에서 유성폐쇄음은 무성음화 한다'는 음운규칙으로 인해 오히려 [pu]로 발음되어 결국 틀린 표현이 오히려 더 올바른 발음으로 나타나게 되는 것이다.

21.78) Tongue Twister

If you ***understand***, say "***understand***". If you don't ***understand***, say "don't ***understand***". But if you ***understand*** and say "don't ***understand***". how do I ***understand*** that you ***understand***. U***nderstand***!?

기억하기

[s]뒤에 나오는 경우 이외에도 다양한 환경에서 비기식음이 나타난다.

1) 강세받는 모음과 모음사이에서 (예: rapid)
2) 두 개의 동일한 자음이 연속해 나와 한 개의 자음만이 발음될 때 (예: happy)
3) 단어의 끝이 [p], [t], [k]로 끝나고 모음으로 시작하는 접미사가 붙을 때 (예: maker)
4) 2)번의 경우와 3)번의 경우가 동시에 적용되는 경우도 1)번의 경우에 해당 (예: shopping)
5) 모음+r과 모음사이에 나오는 경우 (예: carpet)
6) -le앞에 나오는 경우 (예: apple)
7) -en, -on앞에 나오는 경우 (예: open)

다만 자음을 후행하는 경우에는 기식음화가 수의적으로 적용될 수 있다.

발음 팁

기식음화의 적용에서도 사실 가장 중요한 것은 강세이다. 강세가 옳지 않으면 기식음화의 적용도 어색해지므로 정확한 강세가 있어야 기식음화의 적용이 자연스러워진다.

22. 전이음 [y]의 탈락

요약

미국영어에서는 치경음 뒤에서 [y]가 탈락하며 영국영어에서는 탈락하지 않는다.

연습

22.1) Sue, tuna, supermarket: ***Sue*** bought ***tuna*** at a ***supermarket***.

22.2) assume: Don't ***assume*** too much!

이번 장에서는 전이음 [y]가 치경음 앞에서 탈락하는 양상에 대해 알아보자. 영어에서 치경음과 전이음 [y] 연속은 매우 흔히 나타나는 조합이다. 예를 들어 우리가 '슈퍼', '뉴스', '듀얼' 등 한국어에서도 흔히 사용하는 단어에 치경음과 [y]의 연속이 나타난다.

> 이러한 치경음과 전이음 [y]의 연속이 영어에서 사용될 때 미국영어에서는 [y]가 탈락하지만 영국영어에서는 전이음 [y]가 탈락하지 않는다. 예를 들어 'supermarket'의 경우 일반적인 미국발음과 영국발음으로 확연히 구분될 수 있는데, 영국에서는 우리가 생각하는 것처럼 [syu]로 발음되지만 미국영어에서는 [su], 즉 전이음이 탈락한다. 이러한 현상은 미국영어에서는 치경음 뒤에 나타나는 전이음 [y]를 발음하지 않는데 기인한다.

요즘 'GS슈퍼마켓'의 경우에도 'GS수퍼마켓'으로 표기하는 것을 보면 실생활에서도 미국영어를 매우 빠르게 받아들인다는 것을 잘 알 수 있다. 다음 단어를 미국영어로 [y]없이 읽어보자.

22.3) Sue(인명), sue, stupid, during, supermarket, suit, consume, zoo, tuna, tune, tube, dual, lucid, lure, costume

22.4) I was ***stupid***.

22.5) I'm afraid she'll ***sue*** me.

22.6) ***Superman*** always wears a ***blue suit***.

22.7) ***Sue*** went to a ***supermarket*** to buy ***tuna***.

22.8) ***During*** the ***ensuing*** year, the ***stupid*** boy was in trouble.

저자의 경우 미국대학원 재학 시, 수업시간 발표에서 'assume'이란 단어를 '[ə.syum]으로 발음해서 주변 학생들이 웃었는데 정작 본인은 학생들이 웃은 이유를 전혀 알지 못한 적이 있었다. 미국영어와 영국영어의 발음 중 어느 것이 더 낫다는 건 전혀 말도 안 되는 얘기이다. 본 장의 주제는 두 영어에는 차이가 존재한다는 것이고 그런 음운현상에 대해 알고자 하는 것에 지나지 않는다. 'due', 'news'와 같은 단어 역시 우리가 '듀', '뉴스'라는 한국 단어에 매우 익숙해져 있으므로 각각 [du], [nuz]와 같은 발음이 익숙하지 않을 수 있다. 'assume'과 'news'를 미국발음으로 듣고 연습해 보자.

22.9) assume, news

22.10) I assume the news is stupid.

미국영어에서는 영국영어와 달리 치경음 뒤에서 전이음 [y]가 발음되지 않는다고 하였다. 그렇다면 'shoes'의 발음은 어떨까? 'shoes'를 '수즈'와 같이 발음하면 매우 어색한데 이는 전이음을 선행하는 자음이 [s]가 아니라 [ʃ]이기 때문이다. 전이음을 선행하는 자음이 치경음이 아니라 후치경음인 경우 [y]는 탈락할 수 없어서 발음은 [ʃyuz]가 되어야 한다. 'shoot'과 같은 단어도 마찬가지이다. 이와 같이 치경음이 아닌 자음과 전이음 [y]의 연속을 [y]를 넣어 발음해 보자.

22.11) shoot, shoe, pure, cure, amuse, beauty, cube

22.12) ***Lurid news amuses*** some people.

22.13) The ***ensuing*** treatment ***cured*** her disease.

22.14) Sue might be ***super stupid*** but everyone likes her because of her ***beauty***.

마지막으로 미국영어에서도 치경음과 [y]의 연속에서 [y]가 발음되는 경우가 있는데 이는 치경음과 'u'의 연속이 나오고 'u'가 강세를 받지 않는 경우이다. 이러한 이유로 'válue, ténuous, vénue' 등과 같은 단어에서는 [y]가 탈락하지 않고 [yu]로 발음된다는 것도 알아두면 좋겠다.

요약

치경음과 전이음 [y] 연속의 발음 시 미국영어에서는 [y]가 탈락하지만 영국영어에서는 탈락하지 않는다. 그러나 치경음이 아닌 후치경음과 전이음 [y]의 경우 전이음은 미국영어에서도 탈락하지 않는다. 다만 미국영어의 치경음과 전이음 [y] 연속에서도 후행하는 모음이 강세 없는 [u]인 경우 전이음은 탈락하지 않는다.

발음 팁

한국인들은 [y]를 넣어 발음하는데 매우 익숙해 있다. 그러나 미국영어의 경우 구어체로 흔히 사용되는 'Super!' 등에서 보는 바와 같이 [y]탈락은 매우 흔하고 광범위하게 일어나는 현상이므로 스스로 이 발음에 익숙해지도록 자주 연습하고 들어보자.

제4장

모국어의 전이양상

외국어 혹은 제2언어를 습득하는 데 가장 큰 걸림돌은 의심의 여지없이 학습자의 모국어(L1, Mother tongue)이다. 모국어의 음성 및 음운체계는 다른 언어를 습득하는 데 있어 무의식적으로 전이되어 학습을 방해한다. 이를 모국어 전이(L1 Transfer) 혹은 모국어간섭(L1 Interference)이라고 한다. 이 장에서는 이와 같이 언어습득에 방해가 되는 모국어 전이의 실제 사례를 통해 모국어가 외국어를 학습하는 데 미치는 영향에 대해 살펴보기로 하자.

외국어 혹은 제2언어 학습자의 모국어 영향을 알아보기 위한 초창기의 많은 연구는 학습자가 이민할 당시의 연령(Age of Arrival, AOA)에 관한 것이다. 유명한 Flege (1995)의 연구결과에 따르면 아래 도표에서 나타나는 바와 같이 매우 어린 나이에 미국으로 이민을 간 경우에도 많은 이민자가 외국어 말투(Foreign accent)를 가지는 것으로 보고되었다.

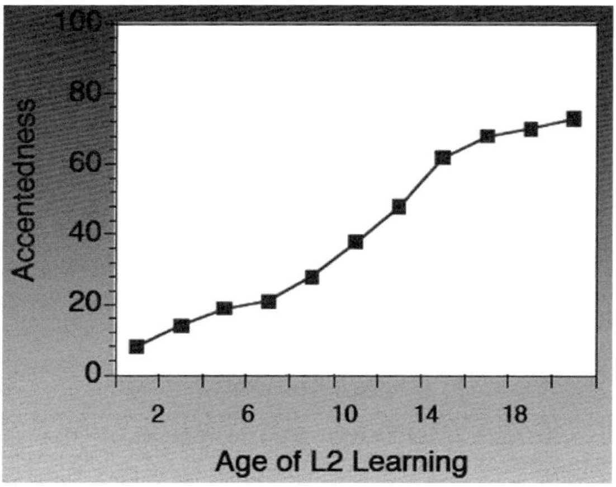

<Flege et al. 1995>

외국어습득과 관련 있는 가설 중의 하나가 결정적 시기 가설(The Critical Period Hypothesis; Lenneberg, 1967)이다. 이는 언어습득에는 결정적 시기가 있으며 이 시기 이전에 언어습득을 마쳐야 한다는 것이다. 통상 어린이가 3-4세에 모국어의 언어능력을 가진다고 가정하였을 때 결정적 시기는 유아기인 6세에서 늦어도 사춘기까지를 의미한다. 위 도표에서 3세 이전에 미국에 이민을 간 어린이가 외국어 말투를 가진다는 사실은 매우 놀라운 것이다.

90년대 후반에 Flege에 의해서 발표된 많은 논문들은 결정적 시기 가설이 맞지 않다는 것을 잘 보여준다. 즉, 미국에 이민을 온 240명의 이탈리아인과 240명의 한국인의 외국인 말투를 조사한 결과 사춘기의 나이에 급격히 외국어 말투가 증가하는 것이 아니라 연령에 따라 점진적이고 규칙적으로 증가한다는 것을 잘 보여준다.

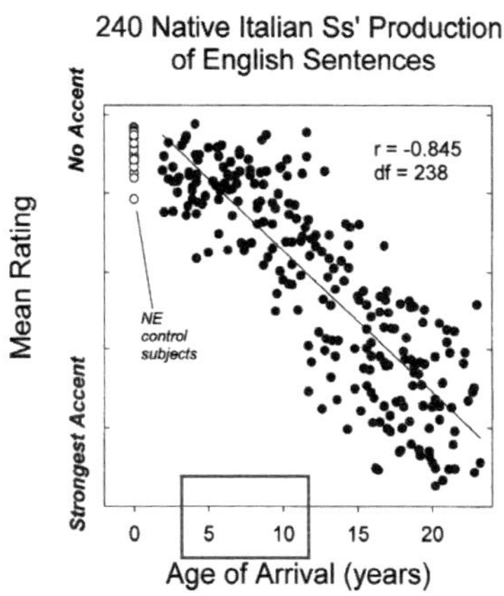

<Flege et al. 1995>

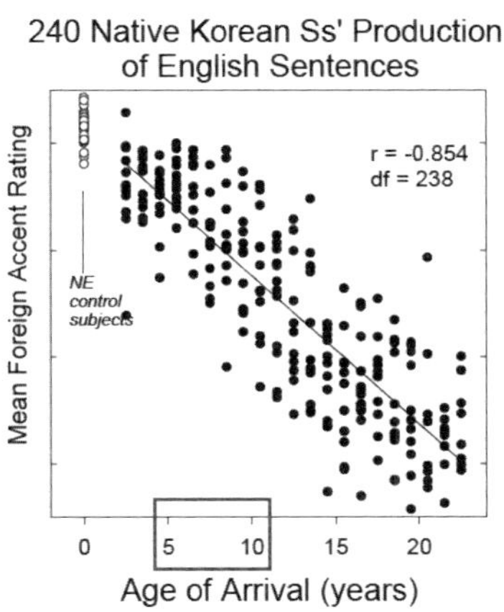

<Flege et al. 1999>

또한 각각 2세와 4세에 미국으로 이민을 간 경우에도 외국인 말투

없이 발화하는 비율은 20~30%에 지나지 않았다. 특히 어린나이에 이민을 가서 3.5년과 5.5년을 미국에서 거주한 이민자를 대상으로 1년 후에 향상도를 증가한 결과를 보아도 이미 모국어가 확립되고 나면 발화능력의 두드러진 향상을 보이지는 않아서 여전히 외국어 말투로 말한다고 보고하였다.

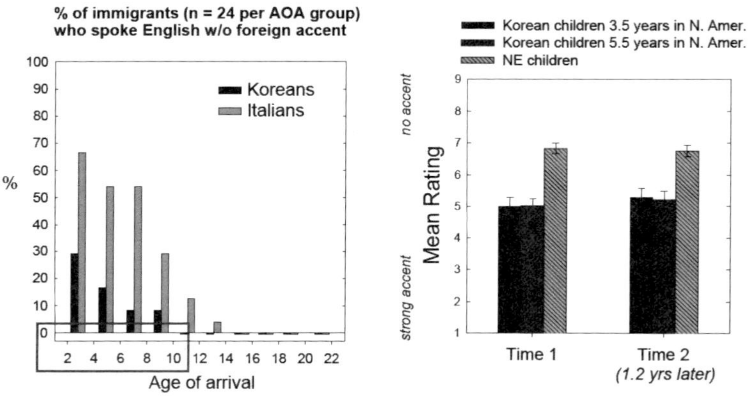

<Flege et al. (1995, 1999)>

아래 연구결과를 보면 한국인의 경우 3세가 넘어 미국에 이민을 가는 경우 거의 외국인 말투를 사용하였고 이런 비율은 7세가 지나면서 급격히 높아져 모국어인 한국어가 영어에 전이되어 사용되었다.

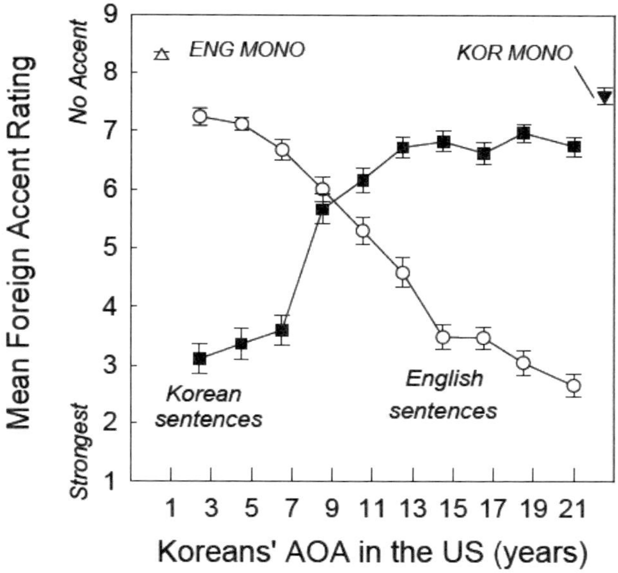

<Yeni-Komshianet al. (2000)>

이와 같은 연구결과는 대부분 모국어의 영향이 큰 모음의 발화와 인지를 대상으로 한 것이었다. 이제 모국어 전이가 쉽게 드러나는 자음의 음운현상 전이를 토대로 한국어의 모국어 전이 양상에 대해 살펴보기로 하자.

23. 조음방법동화 현상의 전이

요약

한국어는 음절의 경계에서 공명도의 상승을 허용하지 않아 다양한 형태의 조음방법동화가 일어난다. 예를 들어 [km] 연속의 경우 [ŋm]으로 나타난다. 특히 한국어는 [ln]과 [nl] 연속을 모두 허용하지 않고 설측음화가 일어나며 [tl]의 경우 역시 설측음화가 적용된다.

연습

23.1) development: Korea has had rapid economic ***development*** for the past 50 years.

23.2) hazelnut: I'd like ***hazelnut*** coffee, please.

23.3) outlook, outlet: The ***outlook*** for the factory ***outlet*** is bright.

라틴어(Latin), 고대 독어(Old High German), 고대 이태리어(Old Italian), 고대 색슨어(Old Saxon), 고대 영어(Old English), 아이슬란드어(Icelandic) 그리고 카자흐스탄어(Kazakh)등에 나타나는 현상 중의 하나로 특히 한국어가 가장 잘 보여주는 특징 중의 하나는 음절과 음절사이에서 공명도의 상승을 허용하지 않는 다는 것이다. 공명도(Sonority)란 소리의 크기정도를 나타내는 말로 열려있는 공간과 비례한다. 분절음의 공명도 순위는 다음과 같다.

폐쇄음<마찰음<비음<유음(설측음과 권설음)(l, r)<전이음<모음

1 2 3 4 5 6

예를 들어, 폐쇄음의 공명도가 1, 마찰음이 2... 모음이 6이라고 할 때, 한국어 음절의 경계에서 선행하는 음절말 자음이 폐쇄음(공명도 1)이고 후행하는 첫음절이 비음(공명도 3)이나 설측음(공명도 4)인 경우 1→3, 1→4와 같이 자음의 연속이 공명도 상승을 가지게 되는데 한국어는 이를 허용하지 않는다는 것이다. 이러한 이유로 음절의 경계에서 'pm, tm, km, pn, tn, kn, pl, tl, kl'이 나타나면 한국어에는 조음방법동화를 통해 공명도가 같도록 자음변이가 적용된다. 예를 들면 다음과 같다.

감리→감니([ml]→[m.n])
불능→불릉([ln]→[l.l])
법률→범뉼([pl]→[mn])
격리→경니[kl]→[ŋ.n])

이와 같은 음운변화는 영어에는 절대 적용되지 않지만 한번도 [ml], [ln], [pn] 등과 같은 공명도상승 자음군을 발음해 본 적이 없는 한국인 영어학습자의 경우 무의식적으로 이와 같은 음운현상을 영어에 적용하게 된다. 먼저 [km]의 경우를 예로 살펴보자.

미국이 테러와의 전쟁을 선포한 이래 미국대통령이 가장 많이 쓰는 단어 중의 하나가 'blackmail'이다. 이 단어는 원래 중세 프랑스 단어 'male'에서 유래한 '소작료(rent)'라는 뜻에 은화로 지불된 토지 임대료(white money)와는 달리 정상적이지 않은(black) 뒷돈이라는 의미가 추가된 단어인데 발음할 때 조심하지 않으면 'blackmail'이 'blaŋmail'로, 즉 [k]가 [ŋ]으로 발음되어 한국어의 음운현상이 전이되게 된다.

이와 같은 틀린 발음은 무의식적으로 적용된다는 데 큰 문제가 있다. 저자의 지인인 영문과의 한 교수님께서 미국대학을 방문하여 'Beckman'교수님을 찾으셨는데 'Beŋman'으로 발음하여 미국인들이 알아듣지 못한 해프닝은 전혀 낯설지 않은 이야기이다. 이와 같이 [km]의 연속을 가진 단어와 문장을 연습해보자.

23.4) blackmail, Beckman, checkmate, pickman

23.5) We will not be ***blackmailed*** by the terrorists.

23.6) Mr. ***Beckman*** didn't ***blackmail*** me.

23.7) ***Checkmate***, Dr. ***Beckman***.

또한 이와 같은 공명도 상승의 연속이 영어에서 단어와 단어사이에서 나타나는 경우에도 음운변이 없이 주어진 데로 발음하여야 한다. 즉, 'make me', 'take me' 등과 같이 문장 내에서 [k]와 [m]이 연속되어 나올 때에도 [k]를 [ŋ]으로 발음하지 않도록 주의하여야 한다.

다음 한국가요 'Love me Love me'에서의 'love me'와 Elvis Presley의 'Love me tender'에서의 'Love me'가 어떻게 다르게 발음되는지 들어보자.

♬ 이지혜의 Love me Love me

Love me Love me Love me Love me 이젠 나도 몰라

♬ Elvis Presley의 Love me tender

Love me tender ***Love me*** sweet

이와 같은 단어 사이에서 연속되는 공명도의 상승을 듣고 연습해 보자.

23.8) Don't ***make me*** sad.

23.9) He ***took me*** to a hospital.

23.10) ***Keep my*** wallet.

23.11) Don't ***blackmail*** me by saying that Dic***k m***ight kic***k m***e out.

[pm]의 경우 역시 우리가 무의식적으로 자주 잘못 발음하게 되는 자음연속이다. 예를 들면, '업무'를 '엄무'로 '입문'을 '임문'이라고 적는다고 해서 'development'에서의 [pm]을 [mm]으로 발음할 수는 없다. 이와 같은 경우 영어에서는 조음방법 동화는 일어나지 않지만 성문음화(p-->[ʔ])는 매우 흔히 적용되는 변이 중의 하나이다.

이전에 'hotmail'을 사용하던 사람들은 한국어에서 'hanmail'과 발음이 동일하여 '뜨거운' 메일이라고 늘 본인의 메일주소를 소개하던 기억이 난다. 이 역시 한국어가 공명도 연속인 [tm]을 허용하지 않는데 기인한다. 물론 영어에서는 [tm] 혹은 [ʔm]으로 발음된다.

이제 [nl], [tl]과 같이 설측음이 후행하는 경우의 자음연속에 대해 살펴보자. 한국어에서는 '논리', '산림', '혼란'을 각각 '놀리, '살림', '홀란'과 같이 설측음의 연속으로 읽는다. 그러나 [nl]의 경우에도 단어사이에서는 다음과 같이 비음의 연속으로 읽는다.

논리-->놀리([nl]→[l.l])

의견란-->의견난([nl]→[n.n])

이와 같이 한국어에서 형태의 경계에 따라 설측음화 혹은 비음화가 적용되는 규칙은 영어에서도 그대로 적용되어 'inline skate'을 '인나인', 혹은 '일라인', 이렇게 두 개의 표면형으로 나타나게 된다. 물론 영어의 경우 [nl]로 발음해야 한다. 다음 [nl]을 가진 두 단어를 [nl]의 연속으로 읽어보자.

23.12) i***nl***ine: ***Inline*** skating is popular in Korea.

23.13) Fi***nl***and: ***Finland*** is famous for its cellular phone maker, Nokia.

이와 관련해 또 하나 한국인들이 어려움을 겪는 단어는 'only'이다. 주의 깊게 발음하지 않으면 'only'는 '온니' 혹은 '올리'가 될 수 있기 때문이다. 또한 'o'는 이중모음 [oʊ]이다. 한번 듣고 따라해 보자.

23.14) o***nl***y: Sorry, but this is the ***only inline*** skate that I have.

이제 다음 노래에서 'only'가 어떻게 발음되는지 들어보자.

♬ The platters의 Only You (0:00)

Only you can make this world seem right
Only you can make the darkness bright
Only you, and you alone can thrill me like you do
And fill my heart with love for ***only*** you

특히 'suddenly'와 같이 단어에 '-ly'와 같은 접미사가 붙어 [nl]의 연속이 나오는 경우 의식하여 발음하지 않으면 *[nn]과 같이 한국어의 조음방법동화가 전이되니 주의하여야 한다.

다음 노래에서 'suddenly'의 [nl]발음을 들어보자.

♬ Avril Lavigne의 How does it feel? (00:07)

And I don't need much of anything
But ***suddenly suddenly***
I am small and the world is big
All around me is fast moving
Surrounded by so many things
Suddenly suddenly

'online'과 같이 두 개의 단어가 붙어 있는 경우도 '올라인' 또는 '온나인'으로 발음되지 않도록 하여야 한다. 다음 단어와 문장들을 주의 깊게 듣고 따라해 보자.

23.15) sudde***nl***y, o***nl***ine, u***nl***ike, u***nl***ucky, su***nl***ight, i***nl***and, ma***nl***ike
23.16) ***Sunlight*** is necessary for plants on earth.
23.17) There are many ***online*** shopping sites in Korea.
23.18) People in a remote ***inland*** region will not suffer from any pollution.
23.19) ***Suddenly***, the bright ***sunlight*** made me happy.

[nr]의 경우도 마찬가지이다. Ford회사의 창업자인 'Henry Ford'의 'Henry'와 같은 이름도 주의하지 않으면 '헨니' 혹은 '헬리'로 발음되기 십상이다.

이제 영어 [tl]의 경우를 살펴보자. 우리가 한글 자음을 읽을 때 '기역, 니은, 디귿, 리을'을 '디글 리을'로 읽게 된다. 즉, 한국어는 [tl]을 → [ll]로 변이시키는데 이러한 설측음화 역시 영어에서는 적용될 수 없다. 예를 들어 '아울렛'이라는 차용어는 영어 'outlet'으로 당연히 [tl]로 발음해야 하지만 주의하지 않으면 '아울렛'으로 잘못 발음하게 된다. 사실 'outlet'은 우리가 흔히 '콘센트'라고 말하는, 즉 집에서 가전제품의 'plug'를 꽂는 곳이란 의미로도 사용되는 흔히 쓰는 단어이다. 특히 기억나는 것은 Microsoft사가 제공하는 'outlook express'라는 메일 프로그램의 발음이다. 많은 사람들이 영어로 발음할 때에도 '아울룩'으로 전혀 거리낌 없이 발음하는 것을 들은 기억이 있다. 조음방법동화를 전이하지 않고 다음의 영어를 읽어보자. [t]를 성문폐쇄음으로 읽어도 무방하다.

23.20) ou***tl***et, ou***tl***ook, ho***tl***ine, ou***tl***ine, ou***tl***ive

23.21) There is a nice ***outlet*** mall in the city.

23.22) He ***outlined*** his plans to open an ***outlet*** store.

23.23) The ***outlook*** for setting up a military ***hotline*** between the two Koreas remains bleak.

이러한 현상과 관련하여 특히 한국인들이 주의해야 하는 경우는 '-t'로 끝나는 단어에 부사형 어미 '-ly'가 붙어 '-tl-'의 연속이 나오는 경우이다. 이런 '-tly'와 같은 경우 흔히 위의 경우처럼 [ll]로 읽거나 혹은 [tɨl.li] ('틀리')와 같이 [l]을 삽입하여 잘못 읽게 되는 경우가 있으니 주의하여야 한다.

23.24) direc***tl***y, hones***tl***y, abjec***tl***y, reluctan***tl***y

23.25) Write me ***directly***.

23.26) ***Honestly***, where did you get the money?

23.27) He told me that ***reluctantly***.

참고로 북미에서 매우 흔한 파티의 하나로 'Potluck Party'(또는 'potluck dinner/supper/lunch')가 있다. 일반적으로 집에서 하기도 하고 간혹 공원에서 하기도 하는 이 파티를 'potluck'이라고 부르는 이유는 자신이 먹을 것을 가지고 가야 한다는 것이다(원래 'potluck'의 의미 중의 하나는 자신이 먹고 남은 것(leftovers)을 같이 먹는다는 의미도 있다). 서로 가지고 온 것을 나눠 먹으면서 즐기는 파티인데 주로 여러 종류의 샐러드, 그리고 칠리소스가 들어간 여러 가지 종류의 요리들, 라자냐(Lasagna), 이런 저런 닭요리들, 미트 로프(Meatloaf) 등이 흔한 메뉴들이다. 이러한 'Potluck'파티에 관해서 얘기할 때면 주로 한국인들의 발음을 원어민이 잘 알아듣지 못하는 경우를 매우 흔하게 보았는데 이는 한국인들이 '포트락' 혹은 '팔락'과 같이 발음하기 때문이다. 듣고 한번 따라 읽어보자.

23.28) potluck: I'm looking forward to the ***potluck*** party.

마지막으로 [ln]의 경우를 보자. '달님', '말년', '논리', '혼란'을 읽으면 각각 '달림', '말련', '놀리', '홀란'과 같이 발음될 것이다. 커피숍에 가면 '헤즐럿'이라고 써져 있는 단어는 실제 철자로는 'hazelnut'이다. 즉, 'peanut', 'walnut', 'chestnut', 'pinenut', 'coconut', 'pistachio nut'과 같은 'nut'의 일종이다. 그런데 'nut'을 '럿'으로 읽는 것이다. 이와 같이 [ln]이 동시에 나타나는 것을 한국어 발음은 허용하지 않고 이러한 이유로 한국인들은 매우 자연스럽게 이와 같은 모국어의 음운규칙을 전이하게 된다. 견과류의 일종으로 [ln]이 음절사이에서 나타나는 단어 'hazelnut'과 'walnut'을 읽어보자.

23.29) haze***ln***ut, wa***ln***ut, fu***lln***ess, ma***ln***utrition

23.30) Would you like some more ***hazelnut*** coffee?

23.31) I like ***hazelnut*** oil better than ***walnut*** oil.

23.32) Her fiber diet gives her the feeling of ***fullness***, but it may cause ***malnutrition***.

기억하기

한국어는 음절사이에서 공명도가 상승하는 연속을 허용하지 않는 언어로 매우 유명하다. 이와 같은 이유로 폐쇄음과 비음 혹은 폐쇄음과 설탄음, 비음과 설측음의 연속 시 공명도를 동일하게 하기 위한 다양한 조음방법 동화가 적용되는데 영어에는 이러한 모국어의 음운규칙을 전이하지 않아야 한다.

발음 팁

한국어를 모국어로 사용하는 화자라면 위에서 언급한 다양한 공명도 상승 연속을 지금까지 한 번도 발음해보지 않았을 수도 있다. 이와 같은 모국어 전이는 의사소통이 어려움을 겪기 전까지는 본인의 발음이 틀렸다는 것을 전혀 의식하지 못한다는데 큰 문제가 있다. 무엇보다 내가 사용하는 모국어가 어떤 음운현상을 가지고 있는지 의식하고 이를 학습하고자 하는 언어에 전이하지 않도록 주의하여야 한다. 영어에는 영어와 관련된 소리규칙만을 적용해야 한다는 사실을 잊지 말자.

24. 한국어와 영어의 음소배열 차이

요약

한국어는 음절의 두음과 말음에 자음의 연속을 허용하지 않는 반면 영어는 음절의 두음으로 3개, 말음으로 4개의 자음이 연속해 올 수 있다. 이와 같은 이유로 한국인들이 복합음절두음 혹은 말음을 발음할 때 자음사이에 모음을 삽입하여(음절을 추가하여) 틀린 발음이 될 수 있으니 주의하여야 한다. 또한 영어의 음절두음이 'Cl-'인 경우 자음과 설측음사이에 모음을 넣으면 모음사이에서 설탄음화가 일어날 것이고 이를 막기 위해 한국인들은 설측음을 추가하게 되는데 한 개의 설측음만으로 발화하여야 한다.

연습

24.1) spray: Don't *spray* it.

24.2) table: An *apple* is under the *table*.

24.3) plus: One *plus* Ten is *eleven*.

24.4) friendly: The *English* teacher is very *friendly* to us.

음절(syllable)은 아래와 같이 모음을 선행하는 음절두음(onset)과 음절의 핵(Nucleus)인 모음, 그리고 모음을 후행하는 음절말음(coda)으로 구성된다.

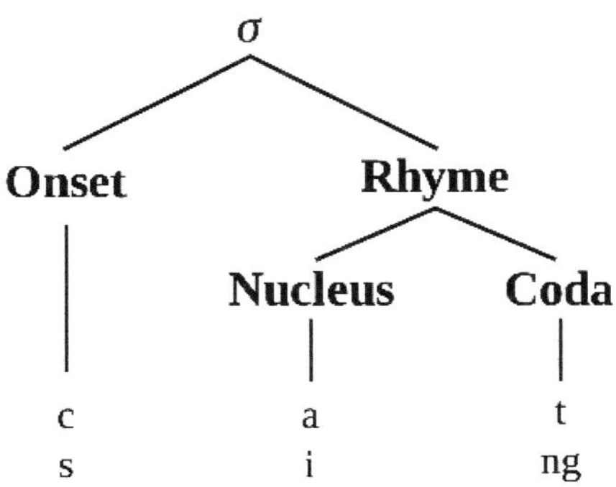

<'cat'과 'sing'의 음절구성>

이와 같은 음절의 각 위치에는 언어에 따라 나타날 수 있는 분절음의 수와 종류가 제한된다. 예를 들어, 한국어의 경우 음절말음에 나타날 수 있는 자음은 1개이며 그 종류도 매우 제한적이어서(Coda neutralization/simplification) '잎([iph])'과 '입([ip])'은 동일하게 발음되며 '맛([mas])', '맞([madʒ])', '맟([matʃ])', '맏([mat])', '맡([math])', '맣([mah])'의 발음 역시 동일하다. 영어 역시 음절두음으로 [ʒ] 혹은 [ŋ]가 나타날 수 없고 음절말음에 [h]가 나타날 수 없으며 음절말에 유성음이 오면 무성음화하는 경향이 있다.

한국어와 영어가 음절의 음소배열(Phonotactics)에서 특히 두드러지게 상이한 점은 음절두음과 음절말음에 나타날 수 있는 자음의 개수이다. 음절두음으로 1개의 자음만을 허용하는 한국어와 달리 영어의 경우 음절두음으로 2개 혹은 3개의 자음연속이 가능하다. 이 경우 음절두음은 공명도가 상승하는 경향이 있고 음절말음의 공명도는 하강하는 데 이를 공명순 배열원칙(Sonority Sequencing Generalization/Principle(Selkirk, 1984))이라고 한다.

예를 들어 공영도가 상승하는 'dr' 'pl'의 경우 음절두음으로는 나타날 수 있지만 음절말음으로는 나타날 수 없다. 단 이 경우 [s]는 예외이다.

다음은 2개 혹은 3개의 음절두음을 가진 영어의 예이다.

*2개의 자음이 음절두음으로 사용되는 경우

Cr: pray, bring, tray, cream, fry, thread

Cl: play, blow, clay, flee, slay

Cw: twin, dwindle, quit, swim, whistle

Cy: pure, shoes, cure,

sC: spy, sty, sky, smile, snow

*3개의 자음이 음절두음으로 사용되는 경우

sCr: spring, string, scream

sCl: splay, sclerosis

sCw: squint

sCy: spew, skew

음절말음의 경우도 마찬가지이다. 한국어의 경우 철저하게 1개의 자음만을 허용하는데 반해 영어의 경우 [h]를 제외한 모든 소리가 올 수 있으며 4개까지의 자음연속이 나타날 수 있다.

한국어: 닭([talk])-->닥([tak]), 삶([salm])-->삼([sam]), 밟다([palp])-->밥따([papt'a])

*2개의 자음이 음절말음으로 사용되는 경우

LC: verb, word, work, harm, curl, help, milk, film

NC: camp, hint, and, bench, bank, rinse

FS: lisp, list, risk

SF: lapse, fox

SS: apt, act

(L: 유음(l, r), C: 자음, N: 비음, F: 마찰음, S: 폐쇄음)

*3개의 자음이 음절말음으로 사용되는 경우

SsS: text, midst

NSS: prompt, distinct

NSs: glimpse, jinx

NsS: against, amongst

LSF: corpse, quartz

LLS: world

*4개의 자음이 음절말음으로 사용되는 경우

3개의 음절말음+굴절접미사

sixths[ksθs], texts[ksts], tempts[mpts], excerpts[rpts]

이와 같이 음소배열이 전혀 다른 영어를 한국인 학습자가 발화할 때 흔히 하는 실수는 복합음절두음 혹은 말음에 모음을 넣어 음절을 추가하는 것이다. 프랑스와 아무런 관련이 없는 냉동감자 'French fries'의 예를 들어보자. 'French'의 음절두음이 'fr'로 시작하고 음절말음이 'nch'이니 한국인들은 '프렌치'와 같이 [f]와 [r]사이에 모음을 넣어 1음절을 추가하고 한국어가 허용하지 않는 음절말음인 [ʧ] 뒤에 모음을 넣고 1음절을 추가하여 1음절인 단어 'French'를 3음절로 만드는 것이다. 'fries' 역시 1음절이지만 우리는 3음절로 만들어 읽는다. 1음절어로 읽히는 단어를 한 번 들어보자.

24.5) French fry - I'd like a large ***French fry***.

이와 같은 한국인의 잘못된 자음사이 모음삽입은 음절두음이 3

개일 때 가장 흔히 일어난다. 예를 들어 'strike' 혹은 'stress'와 같이 [str]의 3개의 자음으로 음절두음이 구성되는 경우 한국인은 '스트라이크', '스트레스'와 같이 모음을 삽입하게 되고 결국 1음절어를 5음절, 혹은 4음절로 잘못 말하게 된다. 다음 두 단어를 듣고 1음절로 발음해보자.

24.6) stress - I'm under ***stress***.

24.7) strike - They are on ***strike***.

이와 같이 연속된 자음이 단어 안에 나오는 1음절어, 특히 [s]로 시작하면서 3개의 자음연속을 가진 단어들을 듣고 연습해 보자. 'str'의 경우, [s]뒤에서 무성폐쇄음이 비기식화하며 [s]와 [r]사이에서 구개음화한다는 사실도 기억하자.

24.8) scramble, script, strange, street, strong, spread, spring

24.9) That's ***strange***.

24.10) I ***spread*** the towel.

24.11) ***Studying*** late at night ***stresses*** me.

24.12) ***Steve*** and his ***spouse*** have ***straight*** black hair.

24.13) It is ***strange*** that ***stewards*** are ***striking*** for more money.

또한 위에서 언급한 바와 같이 한국어는 음절말음에 대한 제약이 매우 많은 언어이므로 영어의 음절말음 뒤에 모음을 넣어 음절말음을 음절두음으로 바꾸지 않도록 주의하여야 한다. 예를 들어 한국어에 '맛'의 음절말음을 [s]로 읽지 않는 한국어의 특징은 영어의 'bus'

와 같은 단어에서도 그대로 적용되는데 이 경우 [s]라는 발음을 살리기 위해 어쩔 수 없이 [s]뒤에 모음을 넣어 [bə.sɨ]와 같이 2음절어로 잘못 발음하게 된다. 즉, 영어를 발음할 때 한국어에서 허용하지 않는 음절말음을 발음하려니 어쩔 수 없이 뒤에 '으'라는 모음을 넣고 음절말음을 음절두음으로 바꾸어 음절말음제약을 피하게 되는 것이다. 예를 들어 'church', 'bench'와 같은 경우 마지막에 모음 '이'를 삽입하지 않아야 하는데 간혹 모음삽입은 강세이동을 유발하여 더욱 이상한 발음이 된다. 다음 단어를 듣고 연습해보자.

24.14) dish, wash, large, bridge, village, watch, lunch, rich

24.15) Look at the ***bridge***.

24.16) ***Wash*** the ***dishes***!

24.17) You have to cross the ***bridge*** to go to the ***village***.

24.18) The ***rich*** man ate ***lunch*** at a ***large*** restaurant.

24.19) ***His beige*** car is in the ***garage***.

이번에는 음절말음이 2개인 경우를 연습해 보자.

24.20) guest, nest, past, ghost, most, cost, dust, must, just

24.21) I saw a ***ghost***.

24.22) The ***rest*** of the ***guests*** are from the ***East***.

24.23) ***Most*** people were poor in the ***past***.

24.24) The ***cost must*** be ***reduced***.

다음은 음절말음에 공명음과 폐쇄음 연속이 나오는 경우이다.

24.25) camp, lamp, lent, sent, land, send, think, pink, belt, salt, milk, help, golf, gold

24.26) I bought a ***lamp***.

24.27) I ***think*** she likes to play ***golf***.

24.28) ***Help*** me buy a ***pink belt***.

24.29) The ***monk*** didn't ***drink milk***.

영어는 공명음과 같은 자음이 성절화하여 모음을 대신해서 음절의 핵이 되는 경우가 흔히 있다. 이 경우 모음 없이 음절두음과 음절핵인 공명음으로 음절이 구성되는 데 대표적인 예가 '-Cm, -Cn, -Cŋ, -Cr, -Cl'이다. 한국어의 경우 자음이 성절화 하는 경우가 없으므로 한국인들은 영어의 음절두음과 성절화된 자음 사이에 모음을 잘못 삽입하는 경우가 생기는 데 '-Cl'을 중심으로 연습해 보자.

24.30) apple, people, able, cable, pickle, bicycle, hassle, castle, puzzle, drizzle

24.31) This is an ***apple***.

24.32) ***People*** with ***dimples*** like ***apples***.

24.33) She is ***able*** to ride a ***bicycle***.

24.34) It ***drizzled*** when we visited the ***castle***.

위에서 우리는 복합음절자음이 나타나는 경우 한국인들이 모국어의 음소배열에 맞추기 위해 모음을 삽입하여 음절의 수를 늘리는 잘못된 발음을 할 수 있다고 하였다. 이와 같은 모음의 삽입은 추가적인 음운현상 적용을 초래하게 되는데 이에 대해 간략히 알아보면 다음과 같다. 먼저, 영어의 [r]과 [l]의 최소대립쌍(minimal pair)인 'play'와 'pray'의 차이를 들어보자.

24.35) play Vs. pray, play Vs. pray

언급한 바와 같이 이 두 단어는 최소대립쌍으로 [r]과 [l]이외에는 전혀 차이가 없는 소리이다. 그런데 한국인들은 흔히 'play'를 발음할 때 [l]을 두 개 넣어 '플레이'라고 읽는 반면 'pray'는 [l]을 한 개 넣어 '프레이'라고 읽는 경향이 있는 듯하다. 이는 마치 우리가 'glass'를 읽으면 [l]이 한 개임에도 불구하고 '글래스'와 같이 두 개의 [ll]로 읽는 것과 유사하다. 심지어는 영어를 전공하는 학생들조차도 '영어'라는 단어, 즉 'English'를 발음할 때 '잉글리쉬'와 같이 두 개의 [ll]로 흔히 잘못 발음하게 된다. 물론 실제 영어단어는 단 하나의 설측음만이 있을 뿐이다. 잘못된 발음과 한 개의 설측음만을 가진 올바른 발음을 비교해보자.

24.36) 플레이/play, 플러스/plus, 클레이/clay, 블랙/black, 블락/block, 패밀리/family, 잉글리쉬/English, 글래스/glass, 글래드/glad, 글라이더/glider, 글로벌/global

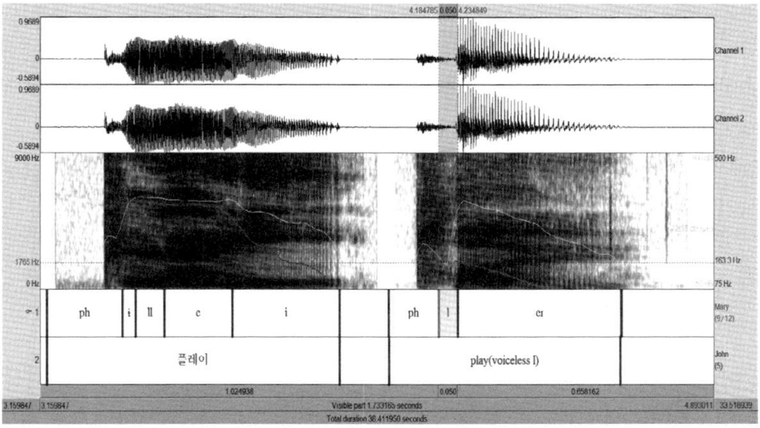

<'플레이'와 'play'(♬ 24-36)>

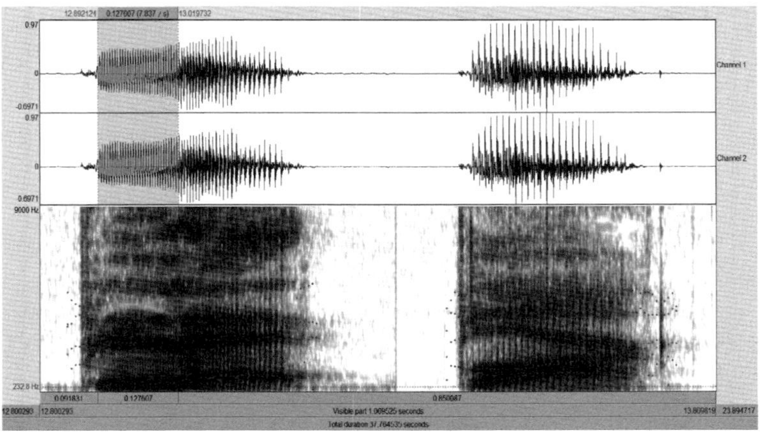

<한국어(좌)와 영어발음으로 읽은 'black'(♬ 24-36)>

위 스펙트로그램의 왼쪽 한국어 부분을 보면 2개의 설측음으로 매우 길게 발화되었다. 반면 오른쪽의 영어를 보면 설측음이 매우 짧게 발화되었다.

이러한 현상은 우리가 자음과 설측음연속을 발음하는 경우 아래 a)와 같이 한국어의 음소배열을 지키기 위해 중간에 모음을 삽입하게 되고 이때 모음사이의 설측음은 설탄음화 하여 이상한 발음이 되는데 이를 막기 위해, 즉 모음사이라는 환경을 만들지 않기 위해 b)와 같이 설측음을 추가하여 발음하는 데 기인하는 것이다.

a) play--> pɨlei(모음삽입)-->*pɨɾei(설탄음화): 영어의 설측음이 설탄음으로 발음됨

b) play--> pɨlei(모음삽입)-->pɨllei(설탄음화를 막기 위한 설측음 삽입)

모음과 설측음을 삽입하지 않고 다음 문장을 읽어 보자.

24.37) Let's ***play***.

24.38) He has ***black*** hair.

24.39) ***Emily*** is an ***English*** teacher.

24.40) ***Gloria*** was ***glad*** that she could take the ***English class***.

24.41) The ***English family*** bought a ***black clay glider*** and ***sunglasses***.

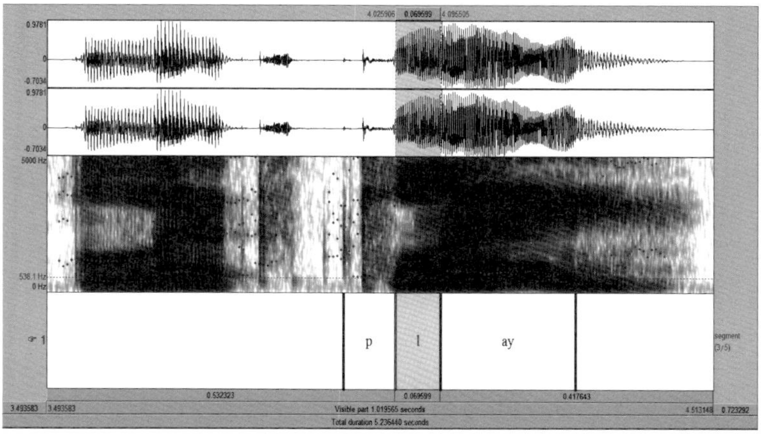

<Let's play.(♬ 24-37)>

이와 같이 모음삽입과 그에 따른 설탄음화를 방지하기 위한 설측음 삽입은 접미사 '-ly'가 붙을 때 매우 흔히 일어난다. 즉, 'day + ly'의 경우 우리는 흔히 '데일리'와 같이 두 개의 설측음으로 발음하게 되는데 이 역시 그렇게 하지 않으면 영어의 설측음을 설탄음으로 발음하게 되는데 따른 것이다. 이와 같은 예를 듣고 연습해보자.

24.42) friendly, tightly, weekly, brightly, frankly, kindly, widely, daily, happily

24.43) He was ***friendly***.

24.44) She answered ***brightly***.

24.45) They lived ***happily***.

24.46) We'd like to ***establish friendly*** business ***relations*** with the ***daily English*** newspaper.

24.47) Tongue Twisters

a. The ***class*** sees green grass through ***clean glasses***.

b. ***Double bubble*** gum, ***bubbles double***.

기억하기

한국어는 음절두음과 말음에 단 한 개만의 자음을 허용하며 모음만이 음절의 핵으로 나타날 수 있다. 반면 영어의 경우 음절두음으로 3개, 음절말음으로 4개까지의 자음이 올 수 있으니 영어의 복합음절자음을 발음할 때 모국어의 음소배열에 따라 모음을 삽입하지 않아야 한다. 또한 자음과 설측음의 연속이 음절두음에 나타나는 경우 모음을 삽입하면 설탄음화를 막기 위해 설측음이 삽입되므로 더욱 주의하여야 한다.

발음 팁

'sp-', 'st-', '-st', '-pt', 또는 모든 어말 무성자음과 과거형 [t] 의 연속(예: liked)과 같은 무성자음연속이 음절의 앞 혹은 뒤에 사용되는 경우 모음을 삽입하면 영어에는 없는 성대의 진동이 생기게 된다. 우선 무성자음의 연속을 성대의 진동 없이 자음만으로 발음하는 연습을 하면서 자음의 연속이 어떤 발음인지 느껴보자. 특히 무성폐쇄음과 설측음의 연속(예: 'play')을 발음하는 경우 폐쇄음의 기식을 많이 하고 이에 따라 설측음을 무성음으로 읽도록 연습하면 모음이 삽입되지 않을 것이고 더불어 설측음도 삽입되지 않을 것이다.

제5장

영어의 강세와 리듬

25. 영어강세의 특징과 활용

요약

의사소통의 측면에서 영어의 가장 중요한 특징은 강세 언어라는 것이며 강세는 강하고 길고 높아서 멀리서도 잘 들리는 특성을 가진다. 동일한 단어가 동사와 명사로 다르게 사용되는 경우 명사는 앞 음절에 강세를 가지고 동사는 뒤 음절에 강세를 가진다. 복합명사의 경우 한 개의 명사로 간주되어 앞부분에 1강세를 가져 명사구와 대조를 이룬다.

연습

25.1) péople, Cánada, ápples: ***People*** in ***Canada*** like ***apples***.

25.2) súspect(명사), suspéct(동사): He ***suspected*** that the ***suspect*** told a lie.

25.3) Whíte House(백악관) Vs. whíte hóuse (흰 집):

The ***White House*** is really a ***white house***.

지금까지 우리는 분절음(segment)의 특성과 환경에 따른 다양한 분절음의 변이양상을 보았다. 이 장에서는 초분절음(suprasegmentals)인 강세의 특징에 대해 살펴보기로 하자. 초분절음은 분절음의 경계를 넘는 음성적 특성을 말하며 강세(stress), 성조(tone), 피치액센트(pitch-accent), 길이(duration), 억양(intonation), 음보(foot) 등을 지칭한다.

음성음운의 측면에서 영어의 가장 중요한 특징 중의 하나는 영어가 강세박자언어(stress-timed language)라는 것이다. 특히 의사전달의 측면에서 강세는 그 어떤 영어의 특징보다 중요하다. 영어의 강세음절을 발화하기 위해서는 폐에서 나오는 공기의 양과 에너지가 더 늘어나야 하는데 이는 다음과 같이 크게 4가지의 특성으로 요약된다.

a) 길이의 측면에서 강세음절이 더 길다.
b) 강도의 측면에서 강세음절이 더 강하다.
c) 고저의 측면에서 강세음절이 더 높다.
d) 모음 질의 측면에서 강세음절의 모음이 약화되지 않고 모음의 원래 특성을 가진다.

이와 같은 특성을 가진 강세음절은 다른 음절에 비해 현저하게 두드러진다(extra prominent). 즉, 멀리서 들었을 때 다른 음절은 들리지 않아도 강세음절은 두드러지게 들리는 것을 의미한다.

다음은 'photography'의 스펙트로그램이다. 강세를 받는 2음절이 더 길고(137ms.), 강하고(아래 가는 선과 위의 파형), 더 높다(아래 굵은 선)는 것을 알 수 있다.

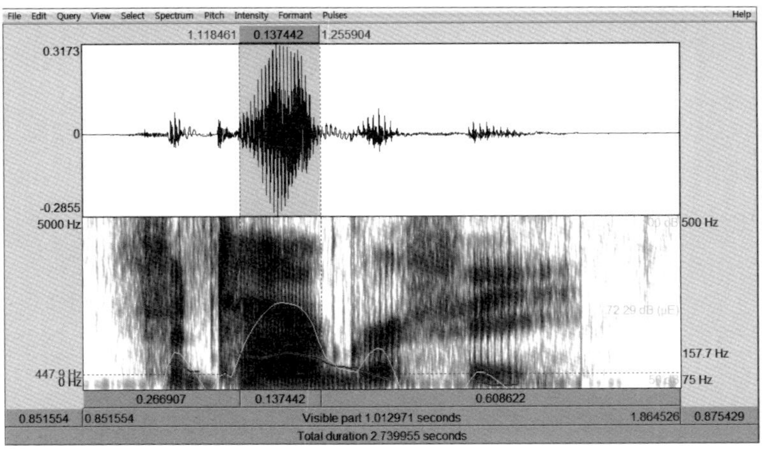

<Ladefoged(2006)에서의 'photography'의 예>

이러한 강세는 강세를 옮기는 라틴·희랍어 유래 접미사가 붙어

강세음절이 바뀌는 경우에도 유사하게 적용된다. 아래는 Ladefoged (2006) 음성파일의 'photograph', 'photography', 'photographic'의 경우이다.

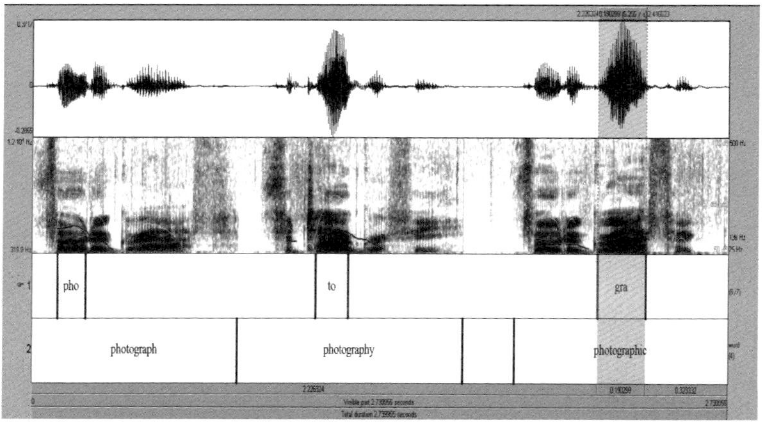

<Ladefoged (2006)에서의 'photógraph', 'photógraphy', 'photográphic'>

실제 저자가 캐나다의 한 대학교에 학생들과 한 학기동안 생활할 때의 일이다. 추운 겨울에 버스표만 파는 부스에서 학생들이 버스표를 못 사오는 경험을 하는 것을 여러번 보았다. 전문적으로 버스 'ticket'을 파는 곳이니 웬만한 발음이면 알아들어줄 것도 같은데 실제 의사전달이 되지 않았다. 여러분도 한 번 해보기 바란다.

25.4) ticket: One ***ticket***, please.

이 말을 영어권의 사람들이 못 알아듣는다고 생각할 수 있을까? 실제로 학생들과 같이 다양한 해외경험을 하면서 가장 많이 느낀 것은 학생들의 영어문법이나 어휘가 좋지 않다기보다는 발음이 안 되는 경우가 더 많다는 것이었다. 청취의 경우도 마찬가지였다. 중국어와 달리 대륙별로 다양한 종류의 영어가 있지만 영어를 모국어로 하는 사람 간에 의사소통에는 문제가 없는 이유는 상대적으로 짧은 역사 등 여러 이유 중에서도 모든 영어가 동일한 강세를 가지는 것이 큰 몫을 차지하지 않나 생각한다. 이는 성조언어인 중국어의 경우 성조를 달리 발화하는 방언을 사용하는 화자 간에 의사전달이 잘 되지 않는다는 사실에서도 잘 나타난다.

이러한 길고 크고 높은 영어의 강세를 습득하는데 있어 어려움을 겪는 학생들은 특히 경상도방언을 사용하는 학생들이다. 왜 그런지 혹 경상도 분이 주위에 있다면, 아니면 본인이 경상도 사람이라면 다음 문장을 한번 읽어보자.

25.5) *우리* 오늘 돼지*우리* 청소하자.

경상도 방언을 쓰는 사람이라면 누구나 앞의 '우리'와 뒤의 '우리'가 아주 다르게 발음되어서 높고 낮은 高低로 보았을 때 'we'를 뜻하는 앞의 '우리'는 '低高'로 발음되지만 'pen'혹은 'cage'를 뜻하는 뒤의 '우리'는 高低로 발음할 것이다. 高低를 바꾸어 읽어 보자. 문장이 아주 이상해 질 것이다. 한번 해 보자.

25.6) **우리*(高低) 오늘 돼지*우리*(低高) 청소하자.

경상도 화자들에게는 이 고저를 바꾸어 읽는 게 매우 이상할 것이다. 중국어나 우리나라의 일부 방언은 이와 같이 강/약이 아니라 고/

저로 그 의미를 구분한다. 다시 얘기하면 강세는 강한 것을 의미하지만 중국어나 경상도방언은 강한 것이 아니라 '도레미파솔라시도'와 같이 높고 낮음으로 그 소리를 구분하게 된다. '도레미파솔라시도'에서 마지막 '도'가 높긴 하지만 꼭 처음 '도' 보다 강할 필요는 없을 것이다. 왜냐하면 건반에서 낮은 도를 더 세게 칠 수도 있기 때문이다. 중국어의 경우에서 보듯이 聲調(성조)란 이와 같이 음의 높고 낮음을 나타낸다. 그러나 이를테면 강세는 얼마나 피아노 건반을 세게 오래 두드려 멀리서도 들릴 수 있도록 만드는 것이라 할 수 있다.

좀 과장해서 읽은 아래 발음을 들으면서 영어발음에서 가장 중요한 강세가 무엇인지 느껴보자. 강세가 있는 앞 음절이 뒤의 음절보다 얼마나 더 크고 강하게 들리는지 또 뒤의 강세가 없는 음절보다 얼마나 더 길게 발음되는지 생각하면서 들어보자.

25.7) happy, people, apple, table

25.8) Look at the ***people***.

25.9) I have an ***apple***.

25.10) The ***people*** saw ***apples*** on the ***table***.

참고로 경상도방언을 사용하는 학생들이 표준어를 사용하는 학생들보다 강세를 습득하기는 어렵지만 강세음절을 두드러지게 발화하는 데는 더 큰 이점이 있을 것이다. 그 이유는 표준어를 구사하는 학생의 경우 동일한 성조로 발음하는 경향이 있는데 반해 경상도방언을 사용하는 학습자는 최소한 고저의 의미와 중요성은 매우 잘 알고 있기 때문이다. 이와 관련된 자세한 얘기는 28장에서 하기로 하자.

이번엔 단어의 끝에 접미사가 붙으면서 단어의 강세가 이동할 때 강세를 받는 모음이 강세를 받지 않는 모음보다 얼마나 더 길어지는지, 발음은 또 어떻게 변화하는지 듣고 읽어 보자.

*강세의 이동에 따른 모음의 길이와 발음의 변화

1음절 강세	2음절 강세	3음절 강세
phótograph	photógraphy	photográphic
díplomat	diplómacy	diplomátic
mónotone	monótony	monotónic

참고로 어떤 언어이건 정해진 강세의 위치가 있어서 체코나 핀란드어는 무조건 단어의 첫 음절에, 폴란드어는 무조건 단어의 끝에서 두 번째 음절에, 불어는 항상 마지막 음절에 강세가 있어서 'hotel'과 같이 불어에서 들어온 단어는 항상 마지막 음절에 강세를 가진다.

영어에 있어서 강세는 발음과 의미, 그리고 때론 문법을 결정하는 가장 중요한 요소 중의 하나이다. 그러면 영어 단어의 강세는 어디에 있을까? 이는 매우 대답하기 어려운 질문으로 Kreidler(2008)의 어색하지만 간결한 설명을 토대로 매우 간략하게 설명하면 다음과 같다.

*영어강세 예측하기

A. **동사의 경우**

a) 마지막 음절이 강세를 가지는 경우

- 마지막 음절이 이중모음 (혹은, 흔히 장모음이라고 생각되어지는 모음) 또는 자음 두 개로 끝나고 2음절어인 경우

(예: erase, achieve, appear, devote, decide, agree/attract, consist, depend)

b) 끝에서 세 번째 음절이 강세를 가지는 경우

- 마지막 음절이 이중모음 (혹은, 흔히 장모음이라고 생각되어지는 모음) 또는 자음 두 개로 끝나고 3음절어 이상인 경우

  (예: compliment, manifest, exercise, modify, penetrate)

c) 끝에서 두 번째 음절이 강세를 가지는 경우

- 그 외의 경우

  (예: astonish, edit, consider, determine)

B. 명사의 경우 (명사의 경우 일반적으로 마지막 음절에 강세를 가지지 않음)

(예외: 항상 마지막 음절에 강세를 가지는 불어에서 유래한 많은 단어)

a) 끝에서 두 번째 음절이 강세를 가지는 경우

- 2음절인 경우
- 3음절 이상인 경우 마지막 음절의 모음과 그 뒤의 모든 자음을 제외하고 보았을 때(아래 괄호 안에 들어있는 소리들) 자음 두 개 혹은 모음이 이중모음, 혹은 장모음인 경우

  (예: verand(a), append(ix), consens(us), synops(is), utens(il), arom(a), coron(a), horiz(on), hypnos(is))

b) 끝에서 세 번째 음절이 강세를 가지는 경우

- 3음절 이상인 경우 마지막 음절의 모음과 그 뒤의 모든 자음을 제외하고 보았을 때(아래 괄호 안에 들어있는 소리들) 자음 두 개 혹은 모음이 이중모음, 혹은 장모음이 없는 경우

  (예: camer(a), Americ(a), citiz(en), pelic(an), nicot(in), cinem(a), aster(isk), alumin(um))

- 3음절 이상의 단어에서 마지막 음절의 모음이 이중모음, 혹은 장모음인 경우

  (예: anecdote, appetite, institute, satelite, porcupine)

이와 같이 명사의 2/3정도를 차지하는 2음절의 경우 단어의 1음절에 강세가 있다. 대부분의 영어이름 역시 1음절에 강세를 가지는데 다음 'first names'를 1음절에 강세를 주어 읽어보자.

25.11) 여자이름: Alice, Angela, Emily, Emma, Helen, Jennifer, Karen, Katherine, Kelly, Kimberly, Linda, Mary, Megan, Susan, Taylor, Tracy

25.12) 남자이름: Arthur, Brian, Daniel, David, George, Harry, Jacob, Justin, Michael, Nicholas, Richard, Robert, Steven, Thomas, Tyler, William

25.13) Talk to ***Susan***.

25.14) ***Brian*** and ***Karen*** love each other.

25.15) ***David*** didn't know that ***Michael*** and ***William*** met ***Angela*** and ***Taylor***.

25.16) ***During*** the ***summer***, ***William*** and ***Nicholas*** studied ***English***.

참고로 강세와 관련된 세 가지 종류의 접미사에 대해 알아보자. 두 종류의 접미사는 접미사가 붙었을 때 원래 단어의 강세를 변화시키는 것이고 다른 하나는 아무런 변화를 일으키지 않는 것이다. 먼저 다음 A에 나오는 라틴(Latin), 희랍(Greek)등 순수영어가 아닌 외래어에서 유래한 접미사들은 원래의 강세와 상관없이 접미사 바로 앞

의 음절로 강세를 이동시킨다.

A. 단어의 강세를 이동시키는 라틴·희랍어 유래 접미사

a) -al: advérbial, òriéntal, ìncidéntal(형용사를 만드는 -al)

b) -cal: philosóphical, geológical, biológical, ècológical, sòciológical

c) -ian: magícian, civílian, musícian

d) -ic: sýstemátic, àlcohólic, dèmocrátic, dìplomátic, heróic, èconómic

e) -ics: acóustics, ballístics, èconómics, semántics

f) -ify/-efy: ámplify, divérsify, exémplify

g) -ity: equálity, nobílity, ìllegálity, àbnormálity, nasálity, ràtionálity, humidity

h) -tion: idèntificátion, elàborátion, ìdolizátion, còmpensátion, adoption

불어의 명사는 항상 마지막 음절에 강세를 가지고 있는데, 그래서 불어에서 들어온 다음과 같은 접미사들은 자신이 강세를 가진다.

B. 불어에서 유입되어 자신이 강세를 가지는 접미사

a) -áire: doctrinaire, millionaire, questionnaire, debonaire

b) -ée: licensee, employee, refugee, indicatee, internee, nominee

c) -é(e)/-et: ballet, bouquet, matinee, valet, negligee

d) -éer, -ier: conventioneer, engineer, mountaineer, bombardier, auctioneer

e) -ése: Japanese, Burmese, Vietnamese, Sudanese, Senegalese

f) -étte: brunette, kitchenette, marionette, basinette

g) -íque: antique, critique, oblique, physique, technique, unique

h) -óon: baloon, cartoon, cocoon, lagoon, baboon

이와는 반대로 다음에 주어진 순수영어에서 유래한 접미사들은 접미사가 단어에 붙어도 전혀 강세를 변화시키지 않는다.

C. **강세에 아무런 변화를 주지 않는 순수영어 접미사**

a) -al: arrival, denial, refusal, trial, burial (명사를 만드는 -al)

b) -age: breakage, postage, marriage, usage

c) -en: broaden, cheapen, lengthen, sharpen, threaten

d) -er: baker, hunter, carpenter, carrier, divider, laborer, announcer

e) -ate: considerate, passionate, fortunate

f) -dom: freedom, boredom

g) -ess: actress, laundress, waitress

h) -ful1: houseful, mouthful, armful, handful

i) $-ful_2$: beautiful, forgetful, plentiful, cheerful, graceful, joyful, mournful,

j) -hood: neighborhood, falsehood

k) -ish: feverish, devilish, impoverish

i) -ist: dentist, novelist, fatalist

l) -less: breathless, bottomless, resistless, peerless, countless

m) -ly: friendly, neighborly, westerly, cowardly

n) -ment: argument, judgement, treatment, development

o) -ness: consciousness, darkness, weariness

p) -ship: censorship, partnership, scholarship

q) -some: burdensome, cumbersome, quarrelsome, venturesome

r) -wise: clockwise, crosswise, lengthwise

s) -y: feathery, hungry, silky, wieldy

참고로 두 개의 '-al' 접미사 중 강세를 이동시키는 접미사는 명사를 형용사로 바꾸는 역할을 하는 접미사이며 강세를 이동시키지 않는 '-al' 접미사는 동사를 명사로 바꾸는 문법적 기능을 하는 접미사이다.

이제 이러한 강세가 단어의 문법적 범주, 즉 품사를 바꾸는 경우를 살펴보자. 영어에서 새 단어가 만들어지는 과정 중 가장 흔한 파생(derivation)은 다양한 접사를 활용한다. 이중 전환(conversion) 혹은 영접사파생(zero-derivation)과 같이 아무런 접사가 붙지 않고도 그 품사가 변환되는 경우가 있다. 예를 들어 'suspect'라는 단어를 사전에서 찾아보면 여러 가지의 품사로 사용된다는 걸 알 수 있는데 먼저 동사로는 '의심하다' 등의 뜻으로, 명사로는 '용의자'란 뜻, 그리고 때로 형용사로는 '의심스러운'이란 뜻으로 한 개의 단어가 여러 가지의 품사로 사용이 된다. 이렇듯 여러 가지의 품사로 사용되는 단어에 있어서 주의 할 점은 첫째, 강세의 위치가 품사별로 다르며 둘째, 강세의 위치에 따라 그 모음의 발음도 다르다는 것이다. 즉, 26장에서 알아본바와 같이 영어의 명사는 일반적으로 마지막 음절에 강세를 가지지 않으므로 명사 'suspect'와 형용사 'suspect'는 1음절에 강세를 주어 'súspect'로 읽어야 한다. 그러나 'suspect'가 동사로 쓰일 때는 강세가 뒤로 가서 'suspéct'로 읽혀져야 한다.

이와 같은 강세의 변화는 해당 음절의 모음 특성에도 영향을 미친다. 'conduct'의 예를 보면 명사일 때는 1음절이 강세를 가져서 'cónduct'로 첫 음절의 'o'가 [a]로 읽히지만 동사가 되면 강세가 뒤로 가면서 'condúct'가 되면서 첫 음절의 'o'는 약화되어 [ə]로 발음되거나 완전히 탈락한다.

다음 단어와 문장을 듣고 강세의 위치와 모음의 발음을 따라해 보자.

25.17) 명사 súspect → 동사 suspéct

명사 cónduct → 동사 condúct
(철자 o → [á]) (철자 o → [ə] 또는 탈락)

명사 óbject → 동사 objéct
(철자 o → [á]) (철자 o → [ə])

명사 cómpact → 동사 compáct
(철자 o → [á]) (철자 o → [ə] 또는 탈락)

명사 prótest → 동사 protést
(철자 o → [ów]) (철자 o → [ə] 또는 탈락)

명사 rébel → 동사 rebél
(철자 첫 e → [ɛ]) (철자 첫 e → [ə])

명사 prógress → 동사 progréss
(철자 o → [á]/[ów]) (철자 o → [ə] 또는 탈락)

25.18) He is a ***suspect***.

25.19) They ***progressed***.

25.20) She ***protested*** in ***protest*** of the discrimination.

25.21) His good ***conduct*** shows how well the lessons have been ***con-***

ducted.

25.22) She is ***progressing***, and I'm satisfied with her ***progress***.

25.23) Development of new ***compacted compact*** disc players is in ***progress***.

25.24) The ***rebel*** leader contended they ***rebelled*** for their freedom.

25.25) The ***suspect*** was charged for his ***misconduct***.

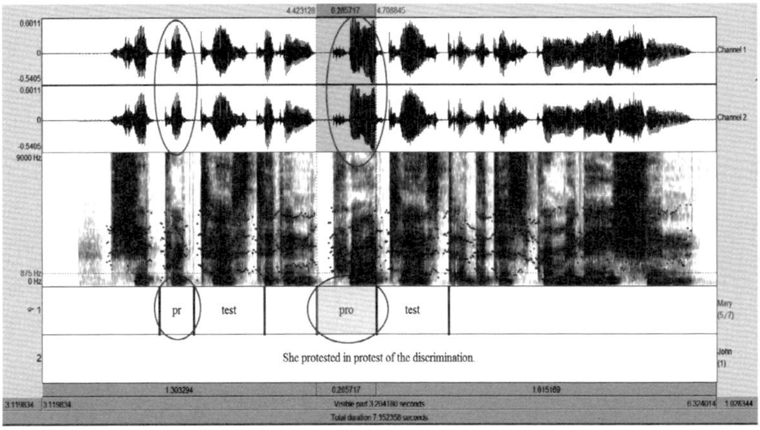

<각각 동사(좌측)와 명사(우측)인 'protest'(♬ 25-17)>

동일한 단어지만 강세에 따라 의미가 달라지는 또 다른 경우는 복합명사와 일반 명사구의 경우이다. 복합명사란 일반적으로 두 개의 단어가 한 개의 단어처럼 사용되어 고유한 특정의 의미를 가지는 것으로 두 개로 이루어진 일반 명사구와는 대조된다. 예를 들어 '백악관'과 '흰 집'의 예를 살펴보자. '백악관'도 영어로는 'White House'이고 '흰 집'도 영어로는 'white house'이니 발음하면 동일할 것으로 생각하기 쉽다.

그러나 'White House'와 같은 복합명사의 특징은 2개의 명사가 아니라 1개의 명사이므로 1개의 제 1강세만을 가지고 뒤에 나오는 단어에 약한 2강세가 있을 뿐이다. 그러나 '흰 집'은 두 개의 단어이므로 두 단어 모두 1강세를 가셔서 'whíte hóuse'와 같이 발음된다.

즉, '백악관'은 1개의 명사이므로 'Whíte Hòuse'로 발음해야하고 '흰 집'은 두 개의 다른 단어로 이루어진 명사구이므로 'white'도 강세를 가지고 'house'도 강세를 가져서 'whíte hóuse'로 발음된다. 듣고 비교해 보자.

25.26) 흰 집: whíte hóuse: I got a ***whíte hóuse***.
백악관: Whíte Hòuse: Who lives in the ***Whíte Hòuse***?

다음은 '초록색 집'이라는 명사구와 '온실'이라는 복합명사 'green house'로 강세와 [h]의 발음에 주의하여 들어보자.

25.27) 초록색 집: gréen hóuse: He lives in a ***gréen hóuse***.
온실: gréenhòuse: Many kinds of tropical plants are in the ***gréenhòuse***.

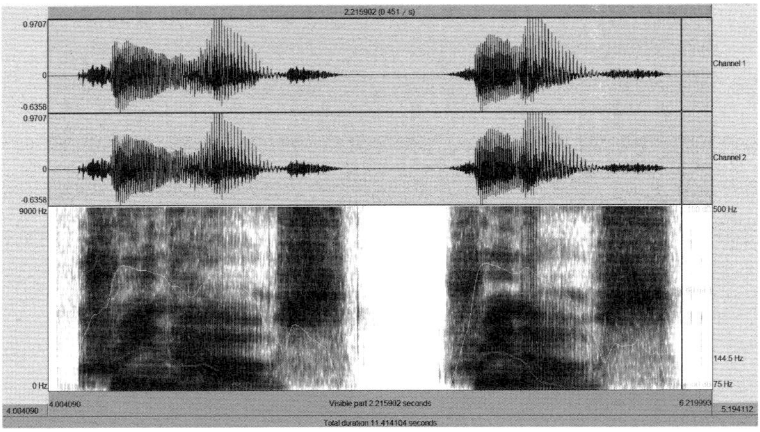

<gréen hóuse(좌)와 gréenhòuse(우)(♬ 25-27)>

한국어에서 사이'ㅅ'으로 표기하는 '나룻배', '콧물', '기왓집', '갓길'등과 같이 영어에도 단어 사이를 띄워 쓰는 'green fly', 'fire fly'(또는 'firefly') 그리고 'gold fish'(또는 'goldfish'), 'black bird'(또는 'blackbird')등 다양한 복합명사가 있고, 붙여서 쓰는 'moonlight', 'railroad', 'bedroom' 등 많은 복합어가 있다. 한 개의 제1강세만을 가진 복합명사의 예를 듣고 연습해 보자.

25.28) móonlìght, ráilròad, bédròom, bóokstòre, góld fìsh, cówbòy, pásspòrt, néwspàper

25.29) I'm going to a ***bóokstòre*** to buy a book about trains and ***ráilròads***.

25.30) The ***bédròom*** looked beautiful in the ***móonlìght***.

25.31) The ***séahàwk*** caught ***góld fìsh***, and the ***jáyhàwk*** caught ***gréen flìes***.

흥미로운 점은 두 개의 단어가 복합어로 사용되었는지 아니면 단순한 구로 사용되었는지에 따라 문장 내에서도 그 의미가 달라진다는 것이다. 다음 문장을 듣고 그 의미를 한번 생각해보자.

25.32) Did you see the ***bús stop***?

25.33) Did you see the ***bús stóp***?

위의 두 문장에서 'bus stop'이 앞에 강세를 가진 복합명사로 사용되는 경우 '버스정류장'을 의미한다. 그러나 뒤의 단어가 1강세로 발음되면 동사 'see'의 목적보어로 동사의 원형이 나타난 경우가 된다. 그래서 강세의 차이 하나만으로 '그 버스 정류장을 보았니?'라는 해석과 '그 버스가 정차하는 것을 보았니?'라는 다른 두 개의 해석이 가능한 것이다.

기억하기

영어로 의사소통을 하고자 할 때 가장 중요한 것 중의 하나는 강세이다. 길고 강하고 높아서 다른 음절보다 더 두드러지는 강세음절은 모음의 발음에 가장 중요한 요인으로 작용하며 다양한 음운현상에도 직접적으로 관여하는 가장 중요한 특성이다. 복합명사는 한 개의 명사로 간주되어 한 개의 1강세만을 가져 두 개의 1강세를 가지는 명사구와 대조를 이룬다.

발음 팁

머리가 아니라 몸이 기억해야 하는 많은 영어발음 중에서 가장 중요한 것이 강세이다. 어떤 경우에도 제대로 된 강세가 전제되지 않으면 다른 모든 것이 소용없게 된다. 강세음절을 2배정도 더 길게 늘이며 강하고 높게 읽는 연습이 습관이 되도록 꾸준히 연습하자.

26. 2강세의 특징

요약

2강세는 1강세와 한 음절 건너 나타나며 강세의 특징을 살려 강하고 길고 높게 발음하여야 한다. 명사의 마지막 음절은 일반적으로 '약'음절이 된다.

연습

26.1) ùnivérsity: I will be graduating from the ***university*** in February.

26.2) Càlifórnia: She is a professor at the ***University*** of ***California***-Los Angeles.

이번 장에서는 단어 내에서 또 다른 강세인 2강세에 대해 알아보자. 영어에서 제1강세를 가지는 음절은 일반적으로 음절말음 혹은 이중모음(또는 장모음)을 가지거나 단어 내에서의 위치에 따라 강세를 가지는 자리에 있는 경우이다. 영어 강세의 기준이 되는 음보(foot)는 1~3음절로 이루어질 수 있는데 영어는 강약격 음보(trochaic foot)로 구성된다. 이와 같은 음보를 기준으로 영어에서 1강세가 정해지면 1강세의 전후로 반복적으로 강세가 나타나는 데 이를 2강세라고 한다. 즉 영어에서는 원칙적으로 '(강/약)(강/약)(강/약)'과 같은 강약의 음보가 항상 번갈아 가며 나오는 데 그 중 한 개의 '강'인 가장 오른쪽의 '강'이 제 1강세이고 나머지 모든 '강'은 2강세가 된다. 대부분 명사의 경우 마지막 음절은 (강/약)의 순서와 상관없이 약이 된다. 즉, 만약 영어의 명사가 5음절이라면 '강약강약', 그리고 마지막 음절은 '강'이 되어야 하지만 마지막 음절은 강'이 될 수 없으므로 '약'이 된다.

예를 들어보자. '대학'이란 단어, 즉, 'university'의 경우 'u. ni. ver.

si. ty', 이렇게 5개의 음절로 이루어져 있는데, 강세규칙은 오른쪽에서 왼쪽으로 방향성이 있다. 먼저, 마지막 음절인 'ty'는 강세를 가질 수 없다. 마지막에서 왼쪽 다음 음절 'si'는 음절말음과 이중모음을 가지지 않으므로 강세를 가질 수 없고 다음 왼쪽의 음절인 'ver'은 무조건 강세를 가지게 된다. 이제 1강세를 가지는 'ver'의 왼쪽에 오는 'ni'는 약음절이 되고 강세음절과 한 음절 건너 나타나는 'u'는 2강세를 가져 다음과 같이 'ùnivérsity'로 발음된다.

- ù. ni. vér. si. ty

  2**강** ← 약 ← 1**강** ←약 ←약

  26.3) 1강세만 가진 틀린 발음: univérsity

  26.4) 1, 2 강세를 모두 가진 올바른 발음: ùnivérsity

2강세를 가진 다른 몇 단어의 예를 더 살펴보자. 미국의 한 개 주에 불과하지만 그 자체만으로도 세계 7위의 경제권인 'California'는 예전부터 금광을 찾아 '노다지'(bonanza: 원래 유래인 스페인어로는 바다에서의 좋은 날씨를 의미)를 꿈꾸던 사람들이 모여들던 곳으로 금광의 역사에 걸맞게 이름도 1510년 스페인의 Montalvo가 쓴 애정소설 중에 나오는 황금으로 가득 찬 낙원과도 같은 섬이란 'Califia'에서 유래한다. 영어에서 'California'는 'Ca. li. for. nia' 이렇게 4개의 음절로 이루어져 있는데, 마지막 음절은 위치의 특성상 강세를 가질 수 없고 끝에서 두 번째 음절인 'for'이 음절말음을 가지고 있어 제1강세를 가지게 된다. 그러면 강/약/강/약의 법칙에 따라 'for'의 앞음절인 'li'는 강세를 가질 수 없고 왼쪽의 'Ca'는 강이 되면서 (2강약)(1강약)의 'Càlifórnia'로 발음된다.

'California'의 주청사가 있는 州都는 과연 어디일까? 'Los Angeles'도 'San Francisco'도 아닌 'Sacramento'라는 도시이다. 2강세를 가진 이 도시의 발음 역시 듣고 연습해보자.

26.5) 1, 2 강세를 모두 가진 올바른 발음: Càlifórnia, Sàcraménto

26.6) The capital of ***Càlifórnia*** is ***Sàcraménto***.

Eagles의 'Hotel California'에서의 'Càlifórnia'의 발음을 들어보자.

♬ Eagles의 Hotel California (1:45)

Welcome to the Hotel ***Càlifórnia***

Such a lovely place (Such a lovely place)

Plenty of room at the Hotel ***Càlifórnia***

미국 대부분의 지명은 인디언어에서 유래한 경우가 많다. 그 외 스페인어 등에서 유래한 경우도 캘리포니아, 텍사스, 애리조나 등 원래 멕시코 영토였던 일부 남부지방을 중심으로 제법 존재한다. 미국의 인디애나 주(Indiana)에 가면 州都가 농구팀 'Indiana Pacers'의 전용구장이 있고 'Indy 500'이라는 자동차 경주로 유명한 도시인 'Indianapolis'이다. '-polis'는 물론 'Minnesota'주에서 가장 큰 도시로 춥기로 아주 유명한 'Mìnneápolis'에서의 '-polis'와 같이 '도시'를 의미한다. 일부 한국인들이 'Indianapolis'쪽으로 여행을 한다거나 거주하기 위해 찾아 올 때 가끔 곤란을 겪는 경우가 바로 이 도시명의 발음 때문이다. 'In.dia.na.po.lis', 이렇게 5음절인 'Indianapolis'란 단어를 '인디애나**폴**리스'와 같이 발음함으로써 미국인들이 경찰서로 안내하거나 주위의 경찰을 부르도록 하는 해프닝을 겪게 만든다는 것이다. 한 번 듣고 따라 읽어보자.

26.7) Ìndianápolis, Mìnneápolis

26.8) She's from ***Ìndianápolis***, and I'm from ***Mìnneápolis***.

이와 같이 4음절어 이상의 단어를 발음할 때는 항상 2강세를 염두에 두어야 한다. 다음 단어에서의 1, 2강세를 따라해 보자.

26.9) Ìndiána, Mìnnesóta, Càlifórnia, ìnternátional, rèputátion, ùnderstánding, dìscontínue, prèsidéntial, inàugurátion, còmpensátion, rèservátion dèstinátion, èconómical

26.10) The capital of ***Ìndiána*** is ***Ìndianápolis***.

26.11) The Indian ***rèservátion*** has gained an ***ìnternátional rèputátion***.

26.12) I'm now ***ùnderstánding*** my ***còmpensátion*** plan in ***Càlifórnia***.

26.13) The ***prèsidéntial inàugurátion*** was ***dìscontínued***.

아래는 'Mìnnesóta'의 스펙트로그램이다. 1강세와 2강세가 모두 강하고 길고 높게 발음되고 있는 것이 잘 드러난다.

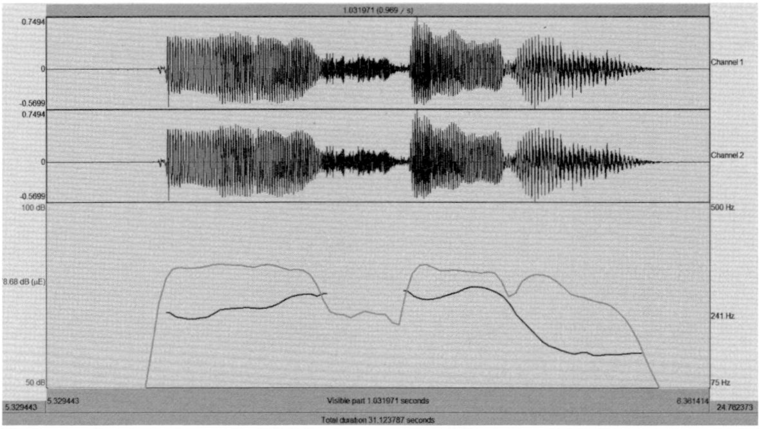

<'Mìnnesóta'에서의 1, 2강세 구현(♬ 26-9)>

이와 같은 2강세는 문장에서 사용될 때 흔히 1강세로 전환되어 사용될 수 있다는 점에서도 그 중요성이 강조되어야 한다. 즉, 영어에서 1강세가 연속해 나올 때는 2강세가 1강세로 사용되기도 한다. 다음 강세전이(stress shift)의 예문을 보자.

26.14) Càlifórnia órange → Cálifòrnia órange

즉, 영어는 강약의 음보가 한 개의 단위를 이루는데 단어가 모여 구를 이룰 때 이러한 강약은 더 넓은 개념에서 문장 단위에서도 적용되어 1강세과 1강세가 연속해 나오게 되면 한 개의 1강세가 2강세가 되면서 번갈아 나타나는 2강세가 1강세가 되어 문장의 단위에서 또 다시 강약강약의 리듬을 구성하게 되는 것이다.

•	(Càli)	(fórnia)	(órange)	→	(Cáli)	(fòrnia)	(órange)
	2강/약	1강/약	1강/약	→	1강/약	2강/약	1강/약
	2강	**1강**	**1강**	→	**1강**	**2강**	**1강**

이와 같이 강세전이를 통해서 강약의 리듬을 지키고자 하는 영어의 특성은 다음 1강세의 이동에서도 잘 드러난다. 즉, 명사구에서 1강세가 연속해 나오는 경우 앞 명사의 1강세가 한 음절 앞으로 가면서 강약의 리듬을 맞추게 된다.

26.15) fourt***é***en → f***ó***urteen w***ó***men
champ***á***gne → ch***á***mpagne p***á***rty
O'H***á***re → ***Ó***'Hare ***á***irport

마지막으로 강조하고 싶은 것은 위에서 본 많은 음운규칙들이 1, 2강세와 같은 영어의 강세와 직접적으로 연관이 있다는 것이다, 예를 들면 'city'에서 [t]가 설탄음화하는 것도 [t]가 모음사이에서 강세 없는 모음 앞에 나타났기 때문이며, 'winter'에서 [n]뒤의 [t]가 발음되지 않는 것도 [t]뒤에 나오는 모음이 강세가 없기 때문이다. 또한, 단어 혹은 문장 안에서 [h]가 발음되지 않는 것 역시 [h]뒤의 모음이 강세를 받지 않기 때문이며 [p, t, k]가 기식음으로 발음되는지 비기식으로 발음되는지 등을 결정하는 것 역시 강세에 달려 있다. 즉, 강세는 1 혹은 2강세를 가진 모음의 발음뿐 아니라 주위의 다른 자음의 발음도 변화시키므로 영어에서 올바른 1, 2강세를 발음한다는 것은 무엇보다 중요하다는 것을 꼭 명심하여야 한다. 특히 영어의 강세는 모음의 경우 모음의 발음을 전혀 다른 모음으로 바꾸기도 하는데 이에 관해서는 다음 장에서 다루도록 하겠다.

기억하기

영어의 가장 기본이 되는 강세형태는 강약의 음보이다. 이와 같은 음보는 1-3개의 음절로 구성되어 1강세를 중심으로 한 음절 건너 2강세가 반복적으로 나타난다. 1, 2강세는 단순히 강세 그 자체로써 뿐만이 아니라 주위의 다른 자음과 모음의 발음에 직접적인 영향을 미치므로 영어발음을 몸에 익히기 위해서는 꼭 강세음절에 익숙해져야 한다.

발음 팁

2강세를 연습할 때도 강세가 무엇이라는 것을 염두에 두는 것이 가장 중요하다. 4음절 이상의 단어를 우리가 들을 때 제법 리듬감이 있게 들리는 이유는 1, 2강세가 번갈아 나옴으로써 '강약강약'이 적절히 조화되기 때문이다. 강/약/강/약의 리듬감을 느끼면서 2강세를 가진 단어를 발음해보자.

27. 약음절의 발화양상

요약

강세를 받지 않는 음절의 모음은 일상적인 발화에서 원래 모음이 가진 특징을 잃어버리고 약화되어 흔히 [ə], [ɨ] 혹은 [ɪ]로 발음되거나 탈락한다. 'can'과 'can't' 역시 마지막 [t]가 탈락하더라도 강세와 모음의 발음으로 구분하는 것이 일반적이다.

연습

27.1) Aláska: She is from ***Aláska***.

27.2) Tom ***can*** swim. Vs. Tom ***can't*** swim.

앞 장에서 우리는 강세음절의 발음에 관해 알아보았다. 이번 장에서는 강세 없는 약음절의 발음에 대해서 알아보자.

영어발화에서 조심해서 천천히 발화하는 경우가 아니라 일상적인 대화(casual speech) 혹은 빠른 대화(fast speech)와 같이 단어를 연결하여 발화(connected speech)하는 경우 단어의 길이는 자연히 줄어들게 되고 이 때 강세를 받지 않는 음절의 모음은 흔히 [ə], [ɨ] 혹은 [ɪ]로 축약되거나 탈락한다.

우리가 영어를 차용어 혹은 외래어로 받아들일 때 흔히 하는 방법은 철자대로 읽는 것이다. 예를 들어 'Digital'이란 단어의 한국어 차용에 대해 생각해 보자. '디지탈'과 '디지털'로 적힌 문구를 여러분이 본다면 어떤 것이 더 좋아 보일까? 왠지 '디지털'이 '디지탈'보다 좀 더 '디지털'스럽고 세련된 것 같지 않을까? 위의 장에서 언급한 2강세의 경우도 살펴보자. 'Ìndiána'와 'Àrizóna'의 경우 이전에는 신문 등에서 늘 '인디아나', '아리조나'라고 표기를 했던 것으로 기억하는데 2000년대에 접어들면서 '인디아나'가 '인디애나'가 되었고 '아리조나'가 '애리조나'로 바뀌었으며 'Alaska'의 경우도 역시 '알래스카'로 바뀌었다.

사실 'Indiana'의 표기가 '인디아나'에서 '인디애나'로 변한 가장 큰 이유는 한국인들이 철자식 표기에서 실제 미국발음과 근접하도록, 최소한 가장 중요한 강세에 관해서는 영어와 유사한 발음으로 표기하고자 하는데 기인할 것이다. 즉, 'Indiana'의 강세는 [ìn.di.ǽ.nə]이다. 미국영어에서 철자 'a'가 강세를 받으면 1) 뒤에 r이 나오는 경우 (예: car Vs. cat)의 발음 [a], 2) 자음과 'e'가 나오는 경우(예: fate Vs. fat)의 발음 [eɪ]를 제외하고는 대부분 [æ]로 발음되게 되고 그래서 '인디아나'가 '인디애나'가 된 것이다. 'Arizona'의 경우도 위의 장에서 연습해 본 것과 마찬가지이다. 우리가 요즘 '아리조나'가 아닌

'애리조나'로 쓰는 이유는 비록 1강세는 아니지만 첫 글자 'A'가 2장에서 본 바와 같이 제 2강세를 받아서 [æ]로 발음되기 때문이다.

이와 같이 강세는 흔히 모음의 발음을 결정한다. 위에서 언급한 'Alaska'의 경우 모두 3개의 철자 'a'를 가지고 있는데, 철자 상으로는 모두 동일하지만 발음은 강세에 따라 달리 결정된다. 강세가 두 번째 음절의 'a'에 있으므로 두 번째 음절의 모음은 [æ]로 발음된다. 그러나 강세를 받지 않는 1음절과 마지막 음절의 철자 'a'는 약화되며 여기서 약화란 아래 그림과 같이 모음이 가진 높고 낮음, 앞과 뒤와 같은 모든 특성을 잃어버리고 특징 없이 가운데에서 발음되는 것을 의미한다.

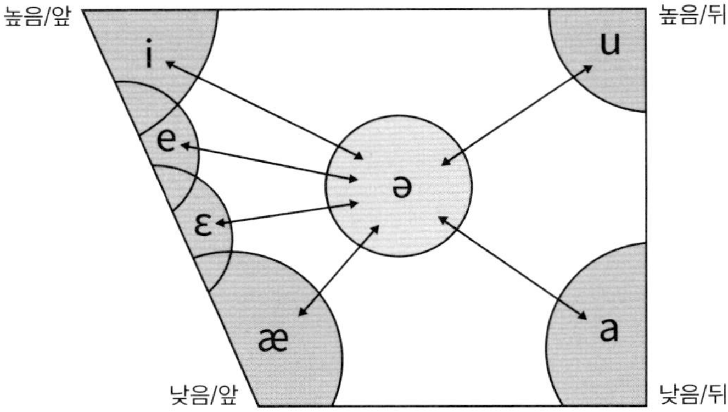

<비강세음절에서 모음의 약화>

위의 모음 삼각도를 보면 약음절에서 모음은 고저와 전후와 같은 고유의 성질을 잃어버리게 되고 철자와 상관없이 가운데에서 발음된다.

주위에서 영어를 참 잘하는 일본인들을 많이 보았다. 그러나 아직 학교에서 영어를 배우고 있는 일본인들을 만나면 그들이 영어를 배울 때 우리가 가지는 어려움과 또 다른 어려움을 겪는다는 것을 새삼 느낄 때가 많다. 우리는 한국어의 음성체계를, 일본인들은 일본어

의 음성체계를 영어에 전이하므로 이러한 차이점은 사실 당연한 것이다. 그런데 영어를 발음할 때 일본인들이 특히 어려움을 겪는 이유 중의 하나는 일본어에 5개의 모음만이 존재하는 데 일부 기인한다. 세계에는 5개의 모음만을 가진 언어가 적지 않은데 이러한 언어는 거의 예외 없이 일본어와 같이 [i], [e], [a], [o], [u]를 가진다. 이와 같이 모음이 5개 밖에 없는 언어를 모국어로 사용하는 경우 영어 비강세음절을 발음할 때 대부분 철자대로 읽는 경향이 있다. 일본어의 예를 보면 'butter'(バター), 'bumper'(バンパー)', 'supermarket'(スーパー.)등이다. 한국어가 일본을 통해 차용한 '파마(permanent의 준말 perm)', '히타', '모타', '잠바'등도 비슷한 예이다. 이런 단어들의 공통적인 특징은 강세를 받지 않아 약화되는 영어음절이 일본어에서는 [a]로 바뀌었고 우리도 그렇게 한동안 그렇게 사용해 왔다는 점이다. 일본어에 [ə]가 있었다면 '히터', '모터', '점퍼'가 되지 않았을까?

이제 위에서 언급한 단어를 예로 들어보자. 'Ìndiána'와 'Àrizóna', 'Aláska'의 경우 철자 'a'가 강세에 따라 1 혹은 2강세를 받는 음절의 경우 [æ]로, 그 이외의 경우 [ɪ] 혹은 [ə]로 발음된다.

27.3) Ìndiána[ìn.dɪ.ǽ.nə], Àrizóna[æ̀.rə.zów.nə], Aláska[ə.lǽ.skə]

27.4) I studied at ***Indiana University***.

27.5) I'm from ***Arizona***.

27.6) Both ***Alaska*** and ***Arizona*** are notorious for their weather.

'banana'와 'camera'의 발음을 비교해 보자. 'banána'는 2음절 'ná'가 강세를 가져 [bə(또는 [ɨ]).nǽ.nə]가 된다. 똑같은 철자 'a'가 3번 나오지만 강세를 받으면 강하고 길게, 받지 않으면 약화되어 [ə]로 발음되는 전형적인 경우이다. 그러나 'camera'의 경우는 강세가 1음절에 있으므로 1음절의 a가 [ǽ]로 발음되고 나머지 두 개의 모음은 약화되어 [ə]로 소리난다. 강세에 따라 달라지는 철자 'a'의 발음 한 번 듣고 따라해 보자.

27.7) banána [bə.nǽ.nə], cámera [khǽ.mə.rə]:
27.8) I've got a ***banana*** and a ***camera***.

이제 동일한 어원을 가진 단어의 강세가 다른 경우의 발음에 대해 생각해보자. 예를 들어 'cómpetence'의 경우 1음절에 강세가 있어서 1음절의 모음은 [a]로 발음된다. 그러나 동사형인 'compéte'의 경우 동일한 1음절 'com-'은 [kʰəm]으로 발음되거나 모음이 흔히 탈락하는 데 그 이유는 1음절이 더 이상 강세를 받지 않아 약화되기 때문이다. 다음 단어와 문장을 읽어보자.

27.9) cómpetence: We trust your ***cómpetence*** as a ***camera*** seller.
27.10) compéte [kʰəm.pʰít]: ***Arizona*** is ***compéting*** with ***Alaska*** to attract the conference.

다음은 여러 단어에서 나타나는 비강세음절의 예이다.

27.11)

aroma [ə.rów.mə]	consider [kʰən.sí.dər]	colony [kʰá.lə.nɪ]
cinema [sí.nə.mə]	melody [mé.lə.dɪ]	elephant [é.lə.fənt]
corona [kʰə.rów.nə]	opera[á.pə.rə]	meditate [mé.də.tèɪt]
aluminum [ə.lú.mə.nəm]		veranda [və.rǽn.də]

27.12) The pot is made of ***aluminum***.

27.13) A movie about ***meditation*** is in the ***cinema***.

27.14) He ***considered*** the ***elephant*** his best friend.

다음 두 쌍의 단어 중 왼쪽 단어들은 마지막 음절에 이중모음이 나타나면서 발음이 약화되지 않는 경우이고 오른쪽 단어들은 마지막 음절이 강세를 받지 않고 약화된 모음으로 발음되는 단어이다. 모음이 약화될 때 어떻게 들리는지 한번 듣고 따라해 보자.

27.15)	circulate	Vs.	circular	minimize	Vs.	minimal
	regulate	Vs.	regular	criticize	Vs.	critical

> 이와 같이 강세를 받지 않은 음들은 약화되는 동시에 종종 탈락하여 약화된 [ə]조차 도 발음되지 않는 경우가 많다.

다음은 약화된 모음이 탈락하는 경우이다. 한번 듣고 모음없이 읽어보자.

27.16) t(o)máto, p(o)líce, p(o)táto, óp(e)ra, sép(a)rate, ínt(e)resting

27.17) They called the ***police***.

27.18) I like ***tomatoes*** and ***potatoes***.

27.19) The ***opera*** is ***interesting***.

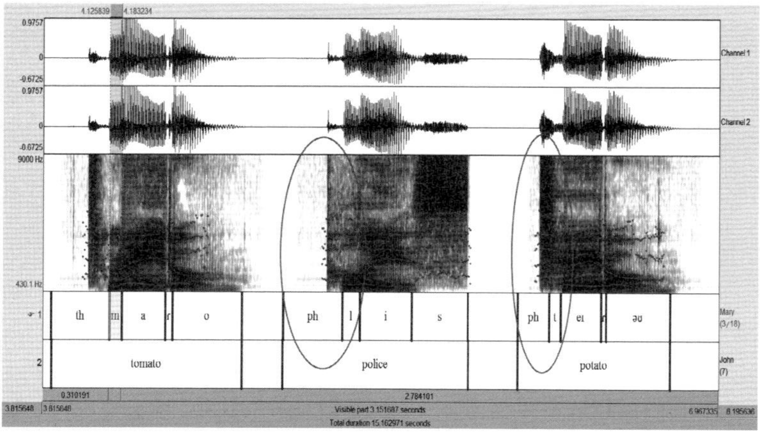

<모음이 탈락된 't(o)máto', 'p(o)líce', 'p(o)táto'(♬ 27-16)>

이와 같은 약음절에서의 모음탈락은 특히 탈락이후에 형성되는 음절두음이 상승공명도를 가지는 경우 위에서 언급한 공명순 배열원칙에 의해 더 흔히 발생한다. 다음은 벅아이코퍼스를 분석한 신승훈(2018b)의 공명도차이에 따른 모음탈락 결과이다. 공명도에 대한 자세한 설명 및 공명도 차이는 23장을 참고하기 바란다.

공명도차이	단어수(개)	모음구현(개)	모음탈락(개)	탈락율(%)
-2	30	30	0	0
-1	22	22	0	0
0	90	79	11	12.22
1	26	15	11	42.31
2	44	15	29	65.91
소계	212	161	51	23.94 (평균)

<영어단어에서 공명도차이에 따른 모음의 탈락양상 (신승훈, 2018b)>

다음 그림은 모음이 탈락한 음절의 스펙트로그램으로 [f]와 [m]사이에 모음의 스펙트로 그램이 전혀 없는 것을 알 수 있다.

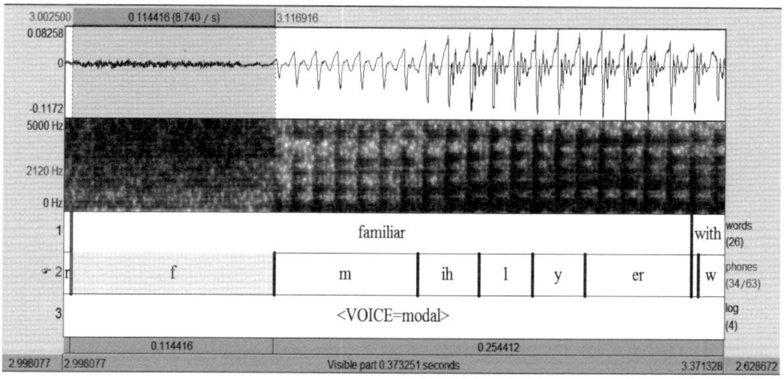

<벅아이 코퍼스 'f[a]miliar'에서의 모음탈락>

이와 유사한 몇 가지 경우를 살펴보자.

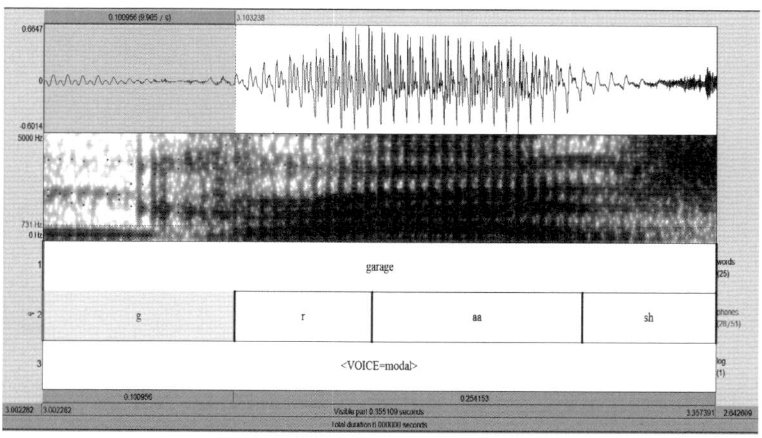

<벅아이 코퍼스 'g[a]rage'에서의 모음탈락>

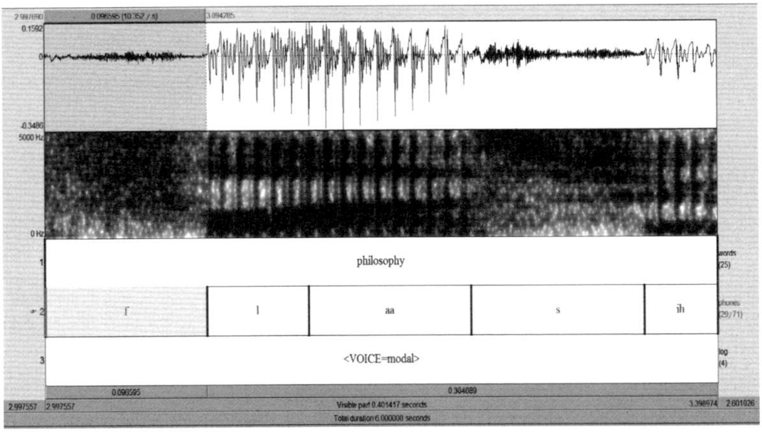

<벅아이 코퍼스 'ph[i]losophy'에서의 모음탈락>

강세를 받지 않은 음절의 모음발음과 관련하여 마지막으로 언급하고 싶은 것은 'can'과 'can't'의 발음차이이다. 사실 눈에 보이는 것처럼 'can'과 'can't'의 발음차이가 늘 [t]인 것은 아니다. 그 이유는 위에서 언급한 바와 같이 무성치경폐쇄음 [t, d]는 'most people', 'the best dog', 'west side'등과 같이 자음과 자음사이에서 매우 흔히 탈락하기 때문이다. 예를 들어 'I can't go'의 발음을 생각해 보자. 'can't'에서의 [t]는 단어사이에서 [n]이라는 자음과 [g]라는 자음사이에 나타나게 되고 이와 같이 자음사이에 나타나는 [t]는 흔히 발음되지 않는다. 이와 같이 [t]가 탈락하게 되면 'can't'의 발음은 이론상 'can'과 같은 것처럼 보인다. 그러면 다음 문장의 발음이 어떤지 한 번 들어보자.

27.20) I ***can't g***o.

실제로도 [t]는 발음되지 않았다. 그런데 원어민들이 'can'의 긍정문과 부정문을 말하고 이해하는데 아무런 문제가 없는 이유는 무엇일까? 그 이유는 역시 강세와 그에 따른 모음발음과 관련이 있다. 일반적으로 문장 속에서의 긍정어 'can'의 발음은 [k^{h}ǽn] 이라기보다는 모음이 약화되거나 없어져서 [k^{h}ən], [k^{h}ɨn] 혹은 [k^{h}n], [k^{h}n]으로 발음된다. 그러나 부정어 'can't'의 발음은 일반적으로 부정어가 문장에서 강세를 받는 특성으로 인해 문장 속에서 강하게 강조되면서 [k^{h}ǽn]이 된다. 다시 얘기하면, 'can'과 'can't'의 발음차이가 겉으로 보기에는 뒤에 나오는 [t]가 가장 큰 차이인 것처럼 보이나 실제로는 모음과 문장 내에서 강세의 차이이며 이런 이유로 [t]가 탈락하더라도 아무 어려움 없이 모음과 강세의 차이로 구별할 수 있는 것이다.

이렇듯 강세의 차이로 쉽게 알아듣는 'can'과 'can't'를 듣고 연습해 보자.

27.21) Tom ***can*** walk. Vs. Tom ***can't*** walk.

27.22) She ***can*** do it. Vs. She ***can't*** do it.

아래 그림은 'Tom can walk.'와 'Tom can't walk.'에 대한 스펙트로그램이다.

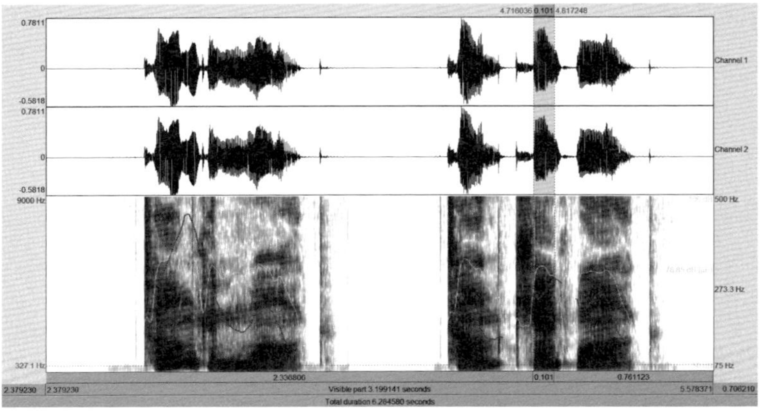

<Tom can walk.(좌)와 Tom can't walk.(우)의 발음 오른쪽 0.101초로 표시된 것이 'can't'에서의 모음(♬ 27-21>

'can'과 'can't'의 뒤에 자음이 아닌 모음이 나오는 경우에는 꼭 [t]를 뒤의 모음과 연음하여 발음하여야 한다. 즉, 'I can't eat it.'과 같이 모음으로 시작하는 단어가 오면 'I can' tea tit'과 같이 연음하여 발음된다. 긍정과 부정을 듣고 따라 읽어보자.

27.23) I can ***eat*** it. Vs. I ***can't eat*** it. (I ***can' tea t***it과 같이 발음)
27.24) She ***can*** open it. Vs. She ***can't open*** it. (She ***can' tope n***it과 같이 발음)

예외적으로 긍정어인 'can'이 강하게 읽혀도 되는 경우가 있는데, 의문문으로 물을 때, 단어 앞에서, 그리고 'Yes' 뒤에서이다. 즉, 'Yes,

I can'. 'Yes, she can.' 등의 경우에서는 영어에서 축약이 되는 경우 마지막 남은 단어는 강하게 발음하므로 (예: Tom likes soccer like I do.) 강하게 발음된다.

27.25) ***Can*** ([kʰǽn]) you swim? Yes, I ***can***. [kʰǽn]

참고로 간혹 영어의 약음절은 모음 뿐 아니라 자음의 탈락을 동시에 수반하기도 하는데 특히 동일한 자음이 연속되는 경우 흔히 적용된다. 예를 들어 Feb(rua)ry, lib(ra)ry등의 예를 보면 약음절 전체가 탈락하는 경우가 빈번하다.

기억하기

영어의 모음이 어떻게 발음되는 지는 전적으로 강세에 달려있다. 강세음절에서는 원래의 특성을 모두 가지고 발음되지만 그렇지 않은 경우 약화되어 [ə], [ɨ] 혹은 [ɪ]로 발음된다. 일반적으로 영어가 '강약강약'이 반복된다는 것을 생각하면 영어에서 가장 많이 사용되는 모음은 단연 약모음이다.

발음 팁

당연한 얘기 같지만 강세를 받지 않는 모음은 약하게 발음하여야 한다. 그러나 '약한'의 의미는 '짧고 약하고 낮다'의 의미뿐만 아니라 특징이 없는 약화모음(예: [ə])로 발음한다는 것이다. 약모음의 경우 철자를 무시하는 것도 좋은 발음방법이며 가능하면 발음하지 않고 탈락시키는 것도 인지에 도움을 준다는 측면에서 매우 좋은 방법이다.

28. 강세박자와 리듬

요약

영어의 경우 강세를 받는 음절과 다음 강세를 받는 음절사이에는 중간에 나타나는 비강세음절의 숫자와 상관없이 걸리는 시간이 거의 동일하다. 이와 같이 강세를 받는 음절 간 일정한 시간적 간격으로 나타나는 것을 영어의 리듬이라고 한다. 이러한 영어의 리듬은 영어의 가장 중요한 특징 중의 하나이며 영어를 말하는 것은 물론이거니와 영어를 청취하는데 가장 중요한 요인 중의 하나이다.

연습

28.1) I *eat lunch* at *12*.

28.2) The *box* is *full* of *apples*.

이번 장에서는 문장의 강세와 리듬에 대해 알아보자. 영어는 강세가 동일한 시간적 간격을 두고 반복해서 나타나는 강세박자언어(Stress-timed Language)로 유명한데 이러한 강세박자는 영어의 리듬(Rhythm)으로 나타난다. 다음 유명한 Ladefoged(2006)의 설명을 먼저 이해하고 문장을 리듬감 있게 읽어보자.

> *'Stresses in 'English 'tend to re'cur at 'regular 'intervals of 'time. (') It's 'often 'perfectly 'possible to 'tap on the 'stresses in 'time with a 'metronome. (') The 'rhythm can 'even be 'said to de'termine the 'length of the 'pause between 'phrases. (') An 'extra 'tap can be 'put in the 'silence, (') as 'shown by the 'marks with'in the pa'rentheses. (')*

(Ladefoged, 2006: 115)

영어는 이와 같이 강세와 강세중간에 나타나는 비강세음절의 개수와 상관없이 강세와 강세사이의 걸리는 시간은 동일하게 반복적으로 나타나 리듬을 구성한다. 이와 같은 영어의 리듬을 이해하고 학습하기 위해 먼저 우리가 익숙한 다음 4가지의 언어유형을 살펴보고 이를 토대로 영어의 리듬을 연습하기로 하자.

a) 강세박자언어(Stress-timed language): 강세음절 사이에 나타나는 비강세음절의 숫자와 상관없이 강세음절과 강세음절 간 걸리는 시간은 동일하다. 즉, 강세음절과 비강세음절이 구성하는 음보(foot)를 발화하는 데 동일한 시간이 소요된다.
b) 음절박자언어(Syllable-timed language) 문장의 강세와 상관없이 동일한 음절을 발화하는데는 동일한 시간이 소요된다. 즉, 이론적으로 만약 1개의 음절에 걸리는 시간이 0.5초라면 5개 음절이 걸리는 시간은 2.5초, 한 문장이 20개의 음절로 구성이 되어 있다면 10초가 걸린다. 불어와 한국의 표준어가 대표적인 경우이다.
c) 성조언어(Tonal (or Tone) language) 원칙적으로 성조가 환경에 따른 규칙에 의해 정해지는 것이 아니라 고유의 성조가 기저에서 이미 정해져 있다. 음의 높낮이(pitch)의 차이는 의미의 차이로 이어지며 성조가 다르면 전혀 다른 단어가 된다. 중국어가 대표적인 경우로 아래의 예는 'ma'의 예이다.

한자어	성조	성조고저	특징	의미
媽	1	˥	일정하게 높음	어머니
麻	2	˧˥	상승	대마
馬	3	˨˩˦	낮은 하강과 상승	말
罵	4	˥˩	높은 곳에서 하강	꾸짖다

<표준 중국어에서의 [ma]>

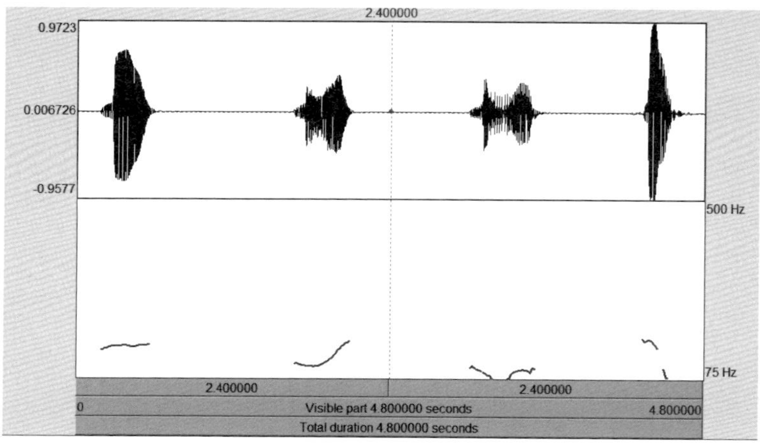

<위 도표에서의 1~4성 성조변화(Ladefoged, 2006)>

d) 피치액센트언어(Pitch-accent language) 경북방언과 일본어가 대표적이다. 음절의 강세를 성대 떨림에 의한 음의 높낮이로 구현하며 규칙에 의해 모음의 고저가 결정된다. 다음은 경북방언의 피치규칙을 설명한 Wikipedia의 설명이다.

Korean [edit]

Standard Seoul Korean uses pitch only for prosodic purposes. However, several dialects outside Seoul retain a Middle Korean pitch accent system. In the dialect of North Gyeongsang, in southeastern South Korea, any one syllable may have pitch accent in the form of a high tone, as may the initial two syllables. For example, in trisyllabic words, there are four possible tone patterns:[16]

Examples

Hangul	IPA	English
며느리	mjé.nə.ri	daughter-in-law
어머니	ə.mə.ni	mother
원어민	wə.nə.mín	native speaker
오라비	ó.rá.bi	elder brother

<Wikipedia에서의 경북방언 기술>

우리가 멀리서 어떤 언어의 발화를 들었을 때 그 내용을 몰라도 그 언어가 영어인지, 중국어인지, 경북방언인지, 한국표준어인지 알 수 있을 때가 있다. 이는 그 언어가 가지는 다양한 특징에 의해서 가능한데 영어는 규칙적으로 강세음절이 반복적으로 나타남으로써 영어임을 인지할 수 있다. 즉, 멀리서 규칙적으로 북을 두드리는 소리가 난다면 아마 영어일 것이지만 중국인이나 경북방언 화자가 말을 한다면 규칙적인 북소리가 아니라 노랫가락과 같이 들릴 수 있을 것이다.

이와 같이 영어라는 한 언어를 특징짓는 여러 가지 특성 중에서 가장 중요한 것 중의 하나는 영어의 강세가 일정하게 나타나 리듬을 가진다는 것이다. 즉, 강세를 받지 않는 음절은 약화하여 읽는 시간을 짧게 만들어 강세를 받는 음절 사이에 나타나는 단어의 수와 상관없이 강세는 일정한 시간적 간격을 두고 나타난다. 예를 들어 4명이 모여서 동시에 박수를 치되 박수를 칠 때만 숫자(one, two, three, four...)를 센다고 가정하자. 한 명은 'One-two-three-four...'라고 말하고 다른 한 명은 'One (and) two (and) three (and) four (and)...'라고 말하고 또 다른 한 명은 'One (and a) two (and a) three (and a) four (and a)...'라고 말하고 나머지 한 명은 'One (and then a) two (and then a) three (and then a) four (and then a)..'.라고 말한다면 아무도 박자를 어기지 않고 같은 리듬을 수행할 수 있을 것이다.

실제 문장의 예를 들어보자. 다음 모든 문장은 단어 위에 ●로 표시된 명사 혹은 동사인 'boys', 'like', 'cars'만이 강세를 가진다. 이러한 문장에서 강세를 받는 단어인 ●와 ●사이에는 중간에 강세를 받지 않는 단어의 수와 상관없이 일정한 시간으로 읽혀 결국 각각의 문장을 읽는데 거의 동일한 시간이 걸린다.

28.3) ●와 ●사이, 그리고 각 문장을 읽는데 동일한 시간이 걸리는 문장들

● ● ●
Boys make toys.

● ● ●
Boys make the ***toys***.

● ● ●
The ***boys*** will ***make*** the ***toys***.

● ● ●
The ***boys*** will be ***mak***ing the ***toys***.

● ● ●
The ***boys*** would have ***made*** the ***toys***.

● ● ●
The ***boys*** would have been ***mak***ing the ***toys***.

이제 어떤 단어가 문장에서 강세를 받는지 살펴보자. 기본적으로 문장에서 강세를 받는 단어는 많은 정보를 가지는 단어들로 그 예를 들면 다음과 같다.

A. **문장에서 강세를 받는 품사**

a) 명사 - English, student, class, desk

b) 고유명사 - Tom, Canada, CNN, LA Times

c) 동사 - learn, talk, love, forget

d) 형용사 - pretty, lovely, good, bad

e) 부사 - very, so, often, well

f) 부정어 - none, no, can't, not

g) 의문사 - what, which, where, when

h) 소유대명사 - mine, yours, his, hers

i) 지시대명사 - this, that, it, these

위에서 나열한 품사들은 문장 내에서 늘 강하게 읽히는 단어들이다. 이와는 달리 문장 내에서 특별한 경우가 아니면 강하게 읽히지 않는 품사들은 다음과 같다.

B. **문장에서 강세를 받지 않는 품사**

a) 관사 - a, an, the

b) 전치사 - in, on, at, of

c) 조동사 - can, will, should, may, 완료형에서의 have

d) 인칭대명사 - he, she, they, them

e) 소유형용사 - my, his, her, their

f) 지시형용사 - this, that, these, those

g) 관계대명사 - what, which, that, who

h) 접속사 - and, but, or, if

i) be, have동사 - am, are, was, have

이러한 품사는 외우려고 하기보다 많은 문장을 읽으면서 자연스레 몸에 체득되도록 하여야만 한다.

왜냐하면 'what'의 경우에도 의문사인 경우 강세를 가지지만 관계대명사인 경우 강세를 가지지 않으며 'this'의 경우에도 대명사인 경우 강세를 가지지만 형용사인 경우 강세를 가지지 않기 때문이다.

문장을 자연스럽게 읽어보고 위의 내용과 일치하는지 확인해 보자. 다음 예문에서 이탤릭체로 써진 단어들이 강세를 받는 단어들이다.

28.4) He *has* a ***dog***.

28.5) Her ***father can't cook very well***.

28.6) She is ***very pretty***, but her ***sister***, who is ***living*** in ***Seoul***, is ***not***.

28.7) ***Tom likes apples***, but ***Jane doesn't like*** them.

28.8) I'm ***very proud*** of the ***fact*** that ***Jane bought*** an ***automobile*** that was ***made*** by a ***Korean company*** in the ***States***.

이제 위에서 언급한 영어의 리듬과 문장의 강세를 같이 생각하면서 리듬감을 가지고 다음 문장들을 한번 읽어보자.

28.9) I ***want*** a ***cup*** of ***water***.

28.10) I'm ***glad*** to ***see*** you.

28.11) I ***bought*** a ***book*** to ***read***.

28.12) The ***door*** is ***closed*** at ***seven***.

이러한 리듬감이 몸에 자연스레 체득되면 회화, 청취에 큰 도움이 될 것이다. 영어신문이나 수필집, 소설 등을 읽으면서 저절로 익숙해질 때까지 어떤 단어가 강하게 읽혀야 하는지 단어의 강약을 연습하도록 하자.

기억하기

영어는 강세가 동일한 시간적 간격을 두고 나타나는 강세박자언어로 규칙적으로 나타나는 강세는 영어의 리듬을 형성한다. 일반적으로 새로운 정보를 가지고 있는 단어는 문장강세를 가진다.

발음 팁

일반적으로 문장 속에서 명사, 동사, 형용사, 부사, 의문사, 부정어와 같은 단어들은 강세를 가지는 반면 특별히 강조할 경우가 아니라면 전치사, 관사, 대명사, 조동사와 같은 단어들은 강세 없이 발화된다. 영어의 문장 강세와 리듬은 머리로 이해하고 암기하여 사용되기 보다는 자연스럽게 몸에 체득되어야 적절히 사용될 수 있다. 처음 연습할 때 신경 쓰고 많이 읽다보면 저절로 몸에 체득이 되며 한번 체득이 되고 나면 청취에 상당한 도움이 된다. 특히 문장 내에서의 강/약 리듬은 영어를 자연스럽게 말하고 듣는데 큰 도움이 되며 영어를 읽을 때 생기는 한국어 액센트를 없애는 데도 큰 도움이 된다.

참고문헌

참고문헌

신승훈. 2008.『토종발음 이렇게 하면 Native된다!』서울: 교보문고.

신승훈. 2012. 발화 및 인지학습의 상호 전이연구: 영어음소 및 음소배열을 중심으로.『현대영미어문학』30(2), 47-73.

신승훈. 2013a. 영어 지역액센트와 그 친숙도가 미국영어의 이해도에 미치는 영향.『현대영미어문학』31(2), 173-191.

신승훈. 2013b. 최적음운론을 향해: 최적성이론의 도입과 발전.『현대언어학의 흐름』. 25-72. 서울: 동인.

신승훈. 2013c. 인지에 미치는 모국어, 보편언어지식 및 언어경험의 상관관계: 영어분절음과 음절접촉위반을 중심으로.『언어』38(1), 141-172.

신승훈. 2014. 치경비음을 선행하는 치경폐쇄음의 발화양상: 벅아이 코퍼스의 미국영어를 중심으로.『영어학』14(2), 279-300.

신승훈. 2015a. 영어강세전이 실현양상: 미국영어 4음절규칙을 중심으로.『신영어영문학』60(1), 287-311.

신승훈. 2015b. /n/을 후행하는 /t/의 발화양상: 코퍼스 연구를 기반으로.『현대영미어문학』33(2), 177-193.

신승훈. 2016a. 자음을 후행하는 영어무성폐쇄음의 기식 양상: 코퍼스 연구.『영어학』16(2), 197-220.

신승훈. 2016b.경북지역 한국어화자 영어발화의 선호도, 명료도, 억양도 및 음향특성 분석 연구.『언어』41(1), 41-67.

신승훈. 2016c. 모음 간 영어치경폐쇄음의 변이양상: 코퍼스 연구.『신영어영문학』65, 181-207.

신승훈, 2017. 단어 경계에서의 영어 기식음화 양상: 코퍼스 연구.『영어학』17(2), 379-400.

신승훈, 2018a. 자음 간 영어 설단폐쇄음 변이양상: 단어 경계를 중심으로.『언어과학』 25(2), 79-100.
신승훈, 2018b. 영어 어두 약음절에서의 모음 탈락 양상: 코퍼스 연구. 『언어과학연구』 87, 371-92.
신승훈. 2019a. 영어 음운불투명성과 탈락 모음 복원: ‘s(V)C’ 연속에서의 무성폐쇄음 기식을 중심으로. 『언어과학연구』 89.
신승훈. 2019b. 단어사이 강세 받는 음절에서의 설탄음화. 미출판 원고. 영남대학교.
신승훈, 김주영. 2014. 영어음장 인지 및 발화에 나타난 모국어 전이양상: 영어어말 자음을 선행하는 모음을 중심으로. 『인문연구』 71, 227-260.
신승훈, 백선주. 2010. 한국인 영어학습자의 영어강세전이 실현양상 연구. 『영어학』 10(1), 171-193.
신승훈·윤규철. 2012. 『음성음운실험 및 분석을 위한 자료구축처리 방안과 통계활용』 경산: 영남대학교 출판부.
신승훈·윤규철. 2014. 영어 무성치경폐쇄음의 성문음화 양상 연구: 벅아이 코퍼스에서 나타난 미국영어를 중심으로. 『언어과학』 21(1), 63-83.
신승훈, 윤규철, 윤남희. 2011. 한국인 영어학습자와 영어원어민이 발화한 영어약화모음에 관한 연구. 『말소리와 음성과학』 3(4), 45-53.
신승훈·이정화. 2010. /n/-삽입현상의 영어전이양상: 경상방언화자를 중심으로. 『현대영미어문학』 28(2), 195-213.
신승훈·이진희. 2019. 자음을 후행하는 영국영어 무성폐쇄음의 기식양상: 코퍼스 연구. 『신영어영문학』 73.
신승훈·정원철. 2013. 영어설측음의 한국인학습자 인지와 발화양상: 복합두음과 양음절 환경을 중심으로. 『영어영문학연구』 39(4), 279-301.
신승훈·최수희. 2013. 무성폐쇄음의 기식음화양상: 미국영어와 영국영어의 비교. 『신영어영문학』 54, 185-208.
윤규철. 2011a. 운율 복제 기법을 이용한 영어 운율 교육. 『영어영문학연구』 37(1), 245-272.
윤규철. 2011b. 억양이 과장된 원어민 발화를 통한 영어 억양 교육과 평가. 『말소리와 음성과학』 3(1), 35-43.
윤규철. 2011c. 영어발음 자동평가 모델. 『언어학연구』 19, 149-167.
윤규철. 2013a. 스펙트럼 비교를 통한 문장 분절음 자동평가와 수동평가와의 관계 연구. 『신영어영문학』 55, 241-261.
윤규철. 2013b. 영어 발음 평가 모델을 활용한 수동 평가자 연구. 『말소리와 음성과학』 5(4), 109-119.

이연경·신승훈. 2015. 설단공명음 연쇄의 설측음화와 비음화 영어전이양상: 성별 및 연령 변인를 중심으로. 『언어과학』 22(4), 67-86.

이진희·신승훈. 2017. 한국인 영어발화에 대한 영어원어민의 평가양상: 명료도와 억양도 측면에서. 『현대영미어문학』 35(4), 203-223.

Altenberg, E. 2005. The perception of word boundaries in a second language. *Second Language Research* 21, 325-358.

Chen, M. 1970. Vowel length variation as a function of the voicing consonant environment. *Phonetica* 22, 129-159.

Church, K. 1987. Phonological parsing and lexical retrieval. *Cognition* 25, 53-69.

Crystal, T. and A. House. 1988. The duration of American-English vowels: an overview. *Journal of Phonetics* 16, 263-84.

Davis, S. and S. H. Shin. 1999. The syllable contact constraint in Korean: an optimality-theoretic analysis. *Journal of East Asian Linguistics* 8, 285-312.

Flege, J. E., MacKay, I. and Meador, D. 1999. Native Italian speakers' perception and production of English vowels. *The Journal of the Acoustical Society of America* 106, 2973-987.

Flege, J. E., M. J. Munro and I. MacKay. 1995. Effects of age of second language learning on the production of English consonants. Speech *Communication* 16, 1-26.

Flege, J., M. J. Munro and I. MacKay. 1995. Factors affecting strength of perceived foreign accent in a second language. *Journal of the Acoustical Society of America* 97, 3125-3134.

Giegerich, H. 1992. *English Phonology: An Introduction*. Cambridge: Cambridge University Press.

Gimson, A. 1980, *An Introduction to the Pronunciation of English*. Third edition. London: Edward Arnold.

Gimson, A. 1989. *An introduction to the pronunciation of English* Fourth edition. New York: Edward Arnold.

Gussmann, E. 2002. *Phonology: Analysis and Theory*. Cambridge: University Press.

Herd, W., A. Jongman and J. Sereno. 2010. An acoustic and perceptual analysis of /t/ and /d/ flaps in American English. *Journal of Phonetics* 38, 504-516.

House, A. and G. Fairbanks. 1953. The influence of consonant environment upon the secondary acoustical characteristics of vowels. *Journal of the Acoustical Society of America* 25, 105-113.

Hualde, I. 2011. Sound change. In Oostendorp. M., C. Ewen, E. Hume and K. Rice, eds., *The Blackwell Companion to Phonology Volume I, General Issues and Segmental Phonology*, 2214-2235. Malden, MA: Blackwell Publishing.

Jenkins, J. 2000. *The Phonology of English as an International Language*. Oxford: Oxford University Press.

Jensen, J. 1993. *English Phonology*. Philadelphia: John Benjamins Publishing Company.

Kaye, A. 2005. Gemination in English, *English Today* 82 21(2), 43-55.

Kenyon, J. 1977. *American Pronunciation*. Ann Arbor: George Wahr.

Kreidler, C. 2008. *The Pronunciation of English: A Course Book*. Second edition. Malden, MA: Blackwell publishing.

Ladefoged, P. 2006. *A Course in Phonetics*. Fifth edition, Boston: Wadsworth.

Lenneberg, E. H. 1967. *Biological Foundations of Language*. Wiley

Lisker, L. 1974. On "Explaining" vowel duration variation. *Glossa* 8, 223-246.

Munro, M. J., J. E. Flege and I. MacKay. 1996. The effects of age of second language learning on the production of English vowels. *Applied Psycholinguistics* 17, 313-334.

Peterson, G. E. and I. Lehiste. 1960. Duration of syllable nuclei in English. *Journal of the Acoustical Society of America* 32(6), 693-702.

Selkirk, E. 1984. On the major class features and syllable theory. In Aronoff, M. and R. Oehrle eds., *Language Sound Structure: Studies in Phonology*, 107-136. Cambridge, Massachusetts: MIT Press.

Shin, S. H. 1996a. Syllable contact and correspondence in Correspondence theory. *Proceedings of the First Seoul International Conference on Phonetic Sciences*, 176-181.

Shin, S. H. 1996b. Coronal specification and licensing in place assimilation. *Proceedings of 11th Pacific Asia Conference on Language, Information and Computation*, 489-500.

Shin, S. H. and S. Davis. 1997. Is There a Syllable Contact Constraint? Paper presented at Hopkins Optimality Theory Workshop. University of Maryland

Mayfest, Baltimore, Maryland.

Shin, S. H. 1997a. Umlaut in Kyungsang Korean: optimal domains theoretic account. ***Japanese/Korean Linguistics*** 6, 283-302, 1997

Shin, S. H. 1997b. *Constraints within and between Syllables: Syllable Licensing and Contact in Optimality Theory*. Ph. D. dissertation. Indiana University.

Shin, S. H. 1997c. Interaction of syllable contact and correspondence constraints in Korean manner assimilation. *Kansas Working Papers in Linguistics: Special Issue on Optimality Theory* 23(3), 79-93.

Shin, S. H. 1997d. Correspondence in Kyungsang Korean truncation. *Optimal Viewpoints*, 115-138.

Shin, S. H. 1997e. Coda licensing in Correspondence theory: evidence from Korean. *Harvard Studies in Korean Linguistics* 7. 197-212.

Shin, S. H. 1998a. Extended sympathy and English hypocoristic truncation. *Proceedings of Western Conference on Linguistics*, 440-451.

Shin, S. H. 1998b. Correspondence in Korean hypocoristic truncation. *Japanese/ Korean Linguistics* 7. 595-610.

Shin, S. H. 1999a. Consonantal weakening and licensing in Optimality theory. *Proceedings of 13th Pacific Asia Conference on Language, Information and Computation*, 203-214.

Shin, S. H. 1999b. Typology of consonantal weakening in a constraint-based approach. *Proceedings of 18th West Coast Conference on Formal Linguistics*, 506-518.

Shin, S. H. 2000. Onset breaking and sympathy: t-insertion in Korean revisited. *Proceedings of Western Conference on Linguistics 2000*, 443-455.

Shin, S. H. 2002. Constraint conjunction and distinctive marker of Korean noun compounds. *Korean Journal of Linguistics*, 27(1), 63-84.

Shin, S. H. 2003a. Coronal unmarkedness in Comparative Markedness. *Korean Journal of Linguistics*, 28(1), 51-66.

Shin, S. H. 2003b. Extended sympathy on comparative markedness: evidence from English hypocoristics. *Studies in Phonetics, Phonology and Morphology* 9(2), 415-430.

Shin, S. H. 2004. [long] as a noun compound marker in Korean. *Korean Journal of Linguistics* 29(4), 661-679.

Shin, S. H. 2005a. The unmarked nature of constricted glottis in Korean. *Journal of Language Sciences* 12(2), 93-107.

Shin, S. H. 2005b. Richness of the base and underlying representation in loanword phonology. *The New Korean Journal of English Language and Literature* 47(1), 261-283.

Shin, S. H. 2006a. Manner assimilation and roles of OCP-SV in Korean. *The New Korean Journal of English Language and Literature*, 48(3), 235-254.

Shin, S. H. 2006b. Monosyllabicity and structural restrictions in English hypocoristics revisited. *Korean Journal of English Language and Linguistics* 6(4), 808-823.

Shin, S. H. 2007a. Application of OT-CC to a non-opacity issue: realization of an epenthetic segment in Korean noun compounding, *Studies in Phonetics, Phonology and Morphology* 13(3), 453-473.

Shin, S. H. 2007b. Constraint conjunction, comparative markedness and precedence in typology of lenition. *Korean Journal of Linguistics* 32(4), 607-626.

Shin, S. H. 2008. Gradual divergence of OT-CC revisited. *Korean Journal of Linguistics* 33(2), 283-303.

Shin, S. H. 2009. Eliminating marked structures and opacity in OT: focusing on DEE and chain shift. *Studies in Phonetics, Phonology and Morphology* 15(1), 35-52.

Shin, S. H. 2010. Anti-precedence and chain shifts in OT-CC. Korean Journal of Linguistics, 35(2), 381-405.

Shin, S. H. 2011a. Perception and production of illicit lateral sequences by Korean learners of English. *Korean Journal of Linguistics* 36(2), 415-437.

Shin, S. H. 2011b. Typological gaps in lenition and harmonic serialism. *The Journal of Linguistic Science* 58, 111-132.

Shin, S. H and S. Davis. 2008. Where have all the lax stops gone?: on the possible restructuring of the Korean stop system. *Japanese/Korean Linguistics* 13, 69-80.

Shin, S. H, and Y. Hwang. 2012. Perception and production of English geminate consonants across word boundaries by Korean learners and native speakers of English. *Studies in Phonetics, Phonology and Morphology* 18(1), 85-110.

Shin, S. H. Y. Im, Y. E. 2010. Production of laterals in English consonant clusters

by Korean learners of English. *The Journal of Linguistic Science* 53, 125-148.
Yeni-Komshian, G., J. Flege and S. Liu. 2000. Pronunciation proficiency in the first and second languages of Korean-English bilinguals. *Language and Cognition* 3. 131-149.

<사이트>

Wikipedia. https://en.wikipedia.org/wiki/Pitch_accent

저자 소개

신승훈

- 영남대학교 영어영문학과 학사
- Indiana University(Bloomington, USA) 언어학과 석사
- Indiana University(Bloomington, USA) 언어학과 박사
- (전) 동서대학교 영어학과 교수
- (현) 영남대학교 영어영문학과 교수